Tout exemplaire de cet ouvrage non revêtu de ma griffe sera réputé contrefait.

[signature]

AVERTISSEMENT DE LA 5e ÉDITION.

Depuis cinq ans que notre Grammaire française a été publiée pour la première fois, nous nous sommes efforcé par de nouvelles recherches, par de nouveaux travaux de rendre cet ouvrage de plus en plus digne de la bienveillance qu'il a rencontrée tout d'abord. Ne nous bornant pas à nos propres lumières, nous avons fait appel à l'expérience et au savoir de nos collègues, et nous leur avons demandé de nous communiquer les observations pratiques que suggère l'enseignement quotidien.

Un grand nombre ont répondu à cet appel. Nous avons recueilli avec soin les notes qu'ils ont bien voulu nous adresser, et nous avons attendu que le temps et la réflexion vinssent confirmer ces remarques et les sanctionner. C'est donc le résultat de recherches patientes, contrôlées par un examen consciencieux, que nous offrons au public dans cette cinquième édition. On pourra remarquer les heureuses modifications qui ressortent surtout d'une classification plus méthodique, les additions nombreuses de détail qui, sans rien changer au plan de l'ouvrage et aux principes qui y sont contenus, forment néanmoins un ensemble plus harmonieux et plus complet. Nous espérons que les améliorations sensibles que renferme cette nouvelle édition la feront accueillir favorablement.

L. L.

AVIS IMPORTANT (11e édition).

A la demande de plusieurs Chefs d'Etablissements qui ne font usage que de notre *Grammaire complète*, et dans le but de guider les Professeurs dans le choix des règles fondamentales, nous avons marqué d'un astérisque (*) les paragraphes dont l'étude peut être différée, et qui seront appris avec fruit par des élèves plus avancés.

PRÉFACE.

Si l'exposé complet de toutes les difficultés que peut présenter une langue constituait une bonne grammaire, nous nous serions bien gardé de reproduire un travail qui a été fait avant nous avec tout le soin désirable. Mais tel n'est pas notre sentiment ; la grammaire est autre chose qu'une nomenclature de règles isolées et sans lien ; elle repose sur des principes fondamentaux qui entraînent après eux un certain nombre de règles ; ce sont les principes qu'il importe surtout de connaître, c'est par les principes seulement qu'on a l'intelligence d'une langue et qu'on en pénètre le génie. Or, comme ces principes sont les mêmes dans toutes les langues, nous avons dû les appliquer tout d'abord à l'idiome maternel, avec cette pensée que sur un terrain connu, il nous serait plus facile de faire comprendre tous les éléments et le mécanisme du langage, et de préparer ainsi de jeunes esprits à l'étude des langues anciennes aussi bien que des modernes.

Aussi la partie capitale de notre travail, c'est la syntaxe. La plupart des grammairiens reprennent ordinairement dans cette partie chacune des espèces de mots, pour en signaler successivement les particularités. Le défaut de cette méthode est de manquer d'ensemble : on y cherche vainement un principe général qui domine toutes les formes du langage. Nous croyons avoir établi ce principe, en renfermant toute la syntaxe dans l'étude de la proposition. Avec la proposition se présente naturellement la liaison des mots, et cette liaison se réduit à deux principes invariables : *accord* et *dépendance*. Les deux mêmes principes régissent la liaison des propositions.

Ainsi, accord et dépendance des mots entre eux, accord et dépendance des propositions entre elles, voilà toute la syntaxe.

En ce qui concerne les neuf espèces de mots, les modifications que nous avons introduites sont moins nombreuses, et s'appliquent principalement à l'article, au verbe, aux prépositions et aux conjonctions.

Bien que tous les grammairiens s'accordent sur la nature de l'article et le regardent avec raison comme un adjectif déterminatif, ils ont néanmoins continué à en faire un mot à part. Nous avons cru plus logique de le ranger parmi les adjectifs déterminatifs, dont il est le premier et le plus usité.

Le tableau des verbes offre un changement plus important.

La manière habituelle de présenter les conjugaisons a l'inconvénient de laisser quelque chose de confus dans l'esprit de l'élève, quand il s'agit de distinguer les temps et les modes. Dans notre ouvrage, chaque verbe est présenté en un tableau synoptique où les temps figurent horizontalement, les modes verticalement. Cette disposition matérielle rend sensible aux yeux de l'élève la différence essentielle qui existe entre les modes et les temps, et, par les yeux, la lui fixe dans l'esprit.

Quant aux prépositions et aux conjonctions, nous avons dû les diviser conformément au rôle important que nous leur assignons dans la syntaxe.

A l'exposé des neuf espèces de mots se rattache un supplément, où nous passons en revue certaines formes particulières, qui, mises à la suite des premières règles, auraient pu les obscurcir et les compliquer, et qui cependant n'appartiennent pas à la syntaxe, dans laquelle on a coutume de les ranger.

Notre méthode se divise en trois parties, formant trois volumes distincts.

La première partie contient l'exposé pur et simple des neuf espèces de mots, et les premières règles de la syntaxe; c'est le livre destiné aux commençants.

La deuxième partie comprend presque tout ce qui se rapporte aux neuf espèces de mots, ainsi que les règles principales de la syntaxe des mots et des propositions.

La troisième partie renferme la grammaire complète; elle se termine par trois chapitres spéciaux, l'un sur les gallicismes, l'autre sur la construction; le troisième forme un appendice sur la composition et la dérivation des mots.

La première et la deuxième partie ne diffèrent de la Grammaire complète que parce qu'elles renferment moins de matériaux; tout y est semblable d'ailleurs : même plan, mêmes définitions, mêmes exemples. L'élève n'aura donc rien à désapprendre, et, en étudiant l'ouvrage complet, il ne fera qu'ajouter à ce qu'il sait déjà.

Du reste, ces modifications ne sont pas dues uniquement à notre propre expérience, elles sont aussi le fruit des conseils aussi bienveillants qu'éclairés de nos supérieurs et de nos collègues dans l'enseignement. Qu'il nous soit permis, à cette occasion, de témoigner toute notre gratitude à M. le Proviseur du lycée Louis-le-Grand, dont l'esprit judicieux et le savoir éminemment pratique ont beaucoup contribué aux améliorations introduites dans l'ouvrage.

L. L.

GRAMMAIRE FRANÇAISE

PREMIÈRE PARTIE.

INTRODUCTION.

§ 1. — La *grammaire* est l'ensemble des règles du langage.

Le langage est parlé ou écrit.

Pour parler et pour écrire on emploie des *mots*.

Les mots sont composés de *lettres*.

Il y a deux sortes de lettres : les *voyelles* et les *consonnes*.

VOYELLES.

§ 2. — Les voyelles sont : *a*, *e*, *i*, *o*, *u*, *y*.

On les appelle *voyelles* parce que, seules et sans le secours d'aucune autre lettre, elles forment une *voix*, c'est-à-dire un *son*.

§ 3. — L'*e* se prononce de trois manières, et cette diversité de prononciation lui a fait donner trois noms différents : *e muet*, *é fermé*, *è ouvert*.

L'*e muet* se fait à peine entendre, comme dans ces mots : *homme*, *monde*, *mandement*.

L'*é fermé* se prononce la bouche presque fermée, comme dans ces mots : *bonté*, *café*.

L'*è ouvert* se prononce en ouvrant davantage la bouche, comme dans ces mots : *succès*, *procès*.

§ 4. — L'*y* grec s'emploie pour un *i* après une consonne, ou bien au commencement et à la fin des mots : *lyre*, *yeux*, *dey*; il s'emploie pour deux *i* après une voyelle : *pays*, *moyen*, *joyeux*, qui se prononcent *pai-is*, *moi-ien*, *joi-ieux*.

CONSONNES.

§ 5. — Les consonnes sont : *b*, *c*, *d*, *f*, *g*, *h*, *j*, *k*, *l*, *m*, *n*, *p*, *q*, *r*, *s*, *t*, *v*, *x*, *z*.

Ces lettres s'appellent *consonnes*, parce qu'elles ne forment un son qu'avec le secours des voyelles, comme *ba*, *be*, *bi*, *bo*, *bu* ; *da*, *de*, *di*, *do*, *du*, etc. *Consonne* veut dire qui *sonne avec*.

§ 6. — La lettre *h* est muette ou aspirée : elle est *muette* quand elle ne se fait pas entendre dans la prononciation : l'*honneur*, l'*histoire*, qu'on prononce l'*onneur*, l'*istoire* ; elle est *aspirée* quand elle fait prononcer du gosier la voyelle qui suit : le *héros*, la *haine*, et non pas l'*héros*, l'*haine*.

x est une lettre double qui équivaut à *cs*, *gz* : *Alexandre*, *examen*, qu'on prononce comme s'il y avait *Alecsandre*, *egzamen*.

SYLLABES.

§ 7. — On appelle *syllabe* une ou plusieurs lettres qu'on prononce par une seule émission de voix.

Un mot formé d'une seule syllabe se nomme *monosyllabe* : *feu*, *roi* ; un mot formé de deux syllabes s'appelle *disyllabe* : *bonté*, *vertu* ; un mot formé de trois syllabes se nomme *trisyllabe* : *vérité*, *firmament* ; en général, on appelle *polysyllabe* un mot qui a plus d'une syllabe.

DIPHTHONGUES.

§ 8. — On appelle *diphthongue* la réunion de *deux sons* en une seule syllabe, comme dans les mots *Dieu*, *bien*, *oui* ; il y a deux sons distincts prononcés par une seule émission de voix. Mais si deux voyelles réunies ne produisent qu'un seul son, comme *ai*, *au*, *ou*, *œu*, ce ne sont pas des diphthongues, ce sont des *voyelles composées*.

ACCENTS.

§ 9. — Outre les caractères de l'alphabet, on emploie en écriture de petits signes appelés vulgairement *accents*.

Ces accents sont au nombre de trois : l'accent *aigu*, l'accent *grave*, l'accent *circonflexe*.

L'accent *aigu* (´) se met sur les *é* fermés : *bonté, café*.

L'accent *grave* (`) se met sur les *è* ouverts : *succès, procès*.

On le met aussi sur d'autres voyelles : *à, où, là*, qu'il ne faut pas confondre avec *a, ou, la*.

L'accent *circonflexe* (ˆ) sert à indiquer que les voyelles sont longues ; ainsi :

a, bref dans *patte*, est long dans *pâte*.
e, bref dans *trompette*, est long dans *tempête*.
i, bref dans *petite*, est long dans *gîte*.
o, bref dans *dévote*, est long dans *apôtre*.
u, bref dans *butte*, est long dans *flûte*.

§ 10. — On fait encore usage d'autres signes orthographiques, à savoir :

L'*apostrophe* ('), qui marque la suppression d'une des voyelles *a, e, i : l'âme, l'orgueil, l'homme, s'il pleut*.

La *cédille* (¸), qui donne le son de *s* au *c* placé devant *a, o, u : français, glaçon, reçu*.

Le *tréma* (¨), qui se met sur les voyelles *e, i, u*, pour les détacher d'une autre voyelle et les faire prononcer séparément : *poëme, naïf, Saül*.

Le *trait d'union* (-), qui joint plusieurs mots pour n'en former qu'un par le sens : *arc-en-ciel, pied-à-terre*.

DES MOTS.

§ 11.— Il y a en français neuf espèces de mots, qu'on appelle les *parties du discours*, savoir : le *nom* ou *substantif*, l'*adjectif*, le *pronom*, le *verbe*, le *participe*, la *préposition*, l'*adverbe*, la *conjonction*, l'*interjection* (1).

§ 12. — Ces neuf espèces de mots se divisent en mots *variables* et en mots *invariables*.

---

(1) Nous disons neuf espèces de mots et non pas dix, parce que l'*article* étant un *adjectif déterminatif*, nous avons cru plus juste de le ranger en tête de ces derniers que d'en faire un mot à part, conformément à une classification généralement adoptée, mais que rien ne justifie, selon nous. (Voir page 14.)

Les mots *variables*, c'est-à-dire ceux dont la terminaison peut changer, sont : le *nom*, l'*adjectif*, le *pronom*, le *verbe*, le *participe*.

Les mots *invariables*, c'est-à-dire ceux dont la terminaison ne change jamais, sont : la *préposition*, l'*adverbe*, la *conjonction*, l'*interjection*.

MOTS VARIABLES

CHAPITRE PREMIER.

DU NOM OU SUBSTANTIF.

§ 13. — Le *nom* ou *substantif* est un mot qui sert à nommer, à désigner une personne ou une chose.

Ex. : *Pierre, Paul, habit, chapeau.*

REMARQUE. — Parmi les choses, les unes frappent nos sens, comme *maison, jardin, soleil ;* les autres sont seulement conçues par l'esprit, comme *bonté, justice, courage.*

§ 14. — Il y a deux sortes de noms : le nom *commun* et le nom *propre.*

I. Le nom *commun* est celui qui convient à toutes les personnes et à toutes les choses de la même espèce.

Ex. : *Homme, cheval, maison.*

II. Le nom *propre* est celui qui s'applique à des personnes ou à des choses seules de leur espèce.

Ex. : *Adam, Eve, Paris, la Seine, les Romains, les Alpes.*

NOMS COLLECTIFS.

§ 15. — On appelle *noms collectifs* ceux qui, tout en étant au singulier, expriment un assemblage, une *collection* de plusieurs personnes ou de plusieurs choses.

Ex. : *Armée, peuple, flotte.*

§ 16. — Le collectif est *général* ou *partitif*.

I. Le collectif est *général* lorsqu'il exprime une collection complète ; dans ce cas, il est ordinairement précédé de *le*, *la*, *les*.

Ex. : *La foule* des hommes.

II. Le collectif est *partitif* lorsqu'il n'exprime qu'une partie de la collection ; dans ce cas, il est ordinairement précédé de *un*, *une*.

Ex. : *Une infinité* d'oiseaux.

§ 17. — Il y a deux choses à considérer dans les substantifs : le *genre* et le *nombre*.

GENRE.

§ 18. — Le *genre* est la propriété qu'a le substantif de désigner le sexe.

§ 19. — Il y a en français deux genres : le *masculin* et le *féminin*.

I. Les noms d'hommes ou d'animaux mâles sont du genre *masculin*.

Ex. : Un *père*, un *lion*.

II. Les noms de femmes ou de femelles sont du genre *féminin*.

Ex. : Une *mère*, une *lionne*.

§ 20. — L'usage a ensuite assigné aux choses le genre masculin ou le genre féminin.

Ex. : Un *livre*, une *table*, le *soleil*, la *lune* (1).

Distinction du genre.

*(2) § 21. — La distinction du genre pour les êtres animés se fait, en français, de trois manières :

I. Par l'emploi de mots différents au masculin et au féminin.

---

(1) On reconnaît qu'un nom est du genre *masculin*, quand on peut le faire précéder de *un*, *le* ; qu'il est du genre *féminin*, quand on peut le faire précéder de *la*, *une*.

(2) Nous avons marqué d'un astérisque les paragraphes dont on peut remettre l'étude à plus tard ; dans cette élimination, nous avons suivi la marche qui nous a guidé dans la composition de notre *Grammaire abrégée*. L'astérisque placé en tête d'un paragraphe s'applique à tout le paragraphe.

	Masculin.	Féminin.
Ex. :	Homme,	*femme.*
	Bélier,	*brebis.*
	Bouc,	*chèvre.*
	Taureau,	*vache.*
	Cerf,	*biche.* Etc.

II. Par l'addition d'un *e* muet au masculin.

	Masculin.	Féminin.
Ex. :	Président,	*présidente.*
	Cousin,	*cousine.*
	Ours,	*ourse.* Etc.

Quelquefois on double la consonne finale avant d'ajouter l'*e* muet.

	Masculin.	Féminin.
Ex. :	Paysan,	*paysanne.*
	Chien,	*chienne.*
	Lion,	*lionne.*
	Chat,	*chatte.* Etc.

III. Par diverses terminaisons.

	Masculin.	Féminin.
Ex. :	Bailleur,	*bailleresse.*
	Danseur,	*danseuse.*
	Acteur,	*actrice.*
	Gouverneur,	*gouvernante.*
	Tourtereau,	*tourterelle.*
	Héros,	*héroïne.*
	Tigre,	*tigresse.* Etc.

* § 22. — Quelques noms ont la même forme pour le masculin et le féminin.

Ex. : *Auteur.* *Graveur.*
Poëte. *Philosophe.*

Si l'on veut spécifier le féminin, on place devant le mot *femme.*

Ex. : Une *femme poëte.*
Une *femme auteur.*

*§ 23. — Un même mot sert aussi à désigner les deux genres de certains noms d'animaux.

On emploie tantôt le masculin.

Ex. : *Le rossignol.* *Le perroquet.*
L'éléphant. *Le pigeon.*

Tantôt le féminin.

Ex. : *La fauvette.* *La tortue.*
La bécasse. *La girafe.*

Si l'on veut préciser, on est obligé d'ajouter les mots *mâle* ou *femelle.*

Ex. : L'*éléphant mâle,* l'*éléphant femelle.*

NOMBRE.

§ 24. — Le *nombre* est la propriété qu'a le substantif de désigner l'*unité* ou la *pluralité.*

§ 25. — Il y a en français deux nombres : le *singulier* et le *pluriel.*

I. Le *singulier* désigne une seule personne ou une seule chose.

Ex. : Un *homme*, un *livre.*

II. Le *pluriel* désigne plusieurs personnes ou plusieurs choses.

Ex. : Des *hommes*, des *livres.*

Formation du pluriel dans les noms.

§ 26. — Règle. On forme le pluriel des noms en ajoutant *s* au singulier.

Ex. : Un père, des *pères.*
Une sœur, des *sœurs.*

Remarques. — I. Quand les noms sont terminés au singulier par *s*, *x*, *z*, on n'ajoute rien pour le pluriel.

Ex. : Un fils, des *fils*.
Une voix, des *voix*.
Un nez, des *nez*.

II. Les noms terminés au singulier par *au*, *eu*, prennent *x* au pluriel.

Ex. : Un vaisseau, des *vaisseaux*.
Un feu, des *feux*.

Il en est de même des sept noms suivants en *ou* : bijou, caillou, chou, genou, hibou, joujou, pou, qui font au pluriel *bijoux*, *cailloux*, *choux*, *genoux*, *hiboux*, *joujoux*, *poux*.
Mais les autres noms en *ou* suivent la règle générale et prennent *s* au pluriel.

Ex. : Un sou, des *sous*.
Un clou, des *clous*.

III. La plupart des noms terminés au singulier par *al* changent au pluriel *al* en *aux*.

Ex. : Un mal, des *maux*.
Un cheval, des *chevaux*.

Cependant *aval*, *bal*, *cal*, *cantal*, *carnaval*, *chacal*, *narval*, *nopal*, *pal*, *régal*, *serval*, suivent la règle générale et prennent *s* au pluriel.

Ex. : Un bal, des *bals*.
Un carnaval, des *carnavals*.

IV. Les noms terminés en *ail* forment leur pluriel régulièrement par l'addition d'un *s*.

Ex. : Un portail, des *portails*.
Un éventail, des *éventails*.

Il faut en excepter les sept noms : bail, corail, émail, soupirail, travail, vantail, vitrail (peu usité), qui font au pluriel *baux*, *coraux*, *émaux*, *soupiraux*, *travaux*, *vantaux*, *vitraux*.

Bétail n'a pas de pluriel; on se sert de *bestiaux*.

V. Les noms en *ent* ou *ant* conservent toujours, au pluriel, le *t* devant l'*s*, quel que soit le nombre de syllabes dont ils se composent.

Ex. : Une dent, des *dents*.
Un diamant, des *diamants*.

CHAPITRE II.

DE L'ADJECTIF.

§ 27. — L'*adjectif* est un mot qui sert à qualifier ou à déterminer les personnes et les choses.

§ 28. — De là deux classes d'adjectifs : les adjectifs *qualificatifs* et les adjectifs *déterminatifs*.

ADJECTIFS QUALIFICATIFS.

§ 29. — Les adjectifs *qualificatifs* sont ceux qui servent à exprimer les qualités des personnes et des choses.

Ex. : *Bon* père, *beau* jardin, table *ronde*.

§ 30. — Les adjectifs, servant à qualifier les noms, en prennent le genre et le nombre; de là, pour les adjectifs comme pour les noms, le masculin et le féminin, le singulier et le pluriel.

Formation du féminin dans les adjectifs qualificatifs.

§ 31. — Règle. On forme le féminin des adjectifs en ajoutant un *e* muet au masculin.

Ex. : Grand, *grande*.
Joli, *jolie*.

Remarques. — I. Quand les adjectifs sont terminés par un *e* muet au masculin, on n'ajoute rien pour le féminin.

Ex. : Brave, *brave;* sage, *sage.*

II. Quand les adjectifs sont terminés par *er* au masculin, on met un accent grave sur l'*e* qui précède l'*r*, avant d'ajouter l'*e* muet.

Ex. : Altier, *altière;* fier, *fière.*

III. Quand les adjectifs sont terminés par *gu* au masculin, on met un tréma sur l'*e* du féminin.

Ex. : Aigu, *aiguë;* ambigu, *ambiguë.*

IV. Quand les adjectifs sont terminés par *el, eil, en, on, et* au masculin, on double au féminin la consonne finale avant d'ajouter l'*e* muet.

Ex. : Cruel, *cruelle.* Bon, *bonne.*
Pareil, *pareille.* Net, *nette.*
Ancien, *ancienne.* Muet, *muette.*

Dans les six adjectifs suivants, terminés en *et*, et dans leurs composés, il est d'usage, aujourd'hui, de remplacer le redoublement de la consonne par un accent grave placé sur l'*e* qui précède le *t.*

Ex. : Complet, *complète.* Inquiet, *inquiète.*
Concret, *concrète.* Replet, *replète.*
Discret, *discrète.* Secret, *secrète.*

V. Les adjectifs *nul, gentil, bellot, sot, vieillot, bas, gras, gros, las, épais, exprès, profès,* doublent aussi leur dernière consonne : *nulle, gentille, belotte, sotte, vieillotte, basse, grasse, grosse, lasse, épaisse, expresse, professe.*

VI. Les adjectifs *beau, nouveau, fou, mou, vieux,* font au féminin : *belle, nouvelle, folle, molle, vieille,* parce qu'au masculin on dit, devant une voyelle ou une *h* muette : *bel, nouvel, fol, mol, vieil. Jumeau* fait *jumelle.*

VII. Les adjectifs terminés par *f* changent *f* en *ve.*

Ex. : Bref, *brève;* naïf, *naïve.*

VIII. Les adjectifs terminés en *x* changent *x* en *se.*

Ex. : Honteux, *honteuse;* jaloux, *jalouse.*

Cependant, *doux*, *faux*, *roux*, *préfix*, font *douce*, *fausse*, *rousse*, *préfixe.*

IX. 1° Les adjectifs en *eur* ou en *teur* qui dérivent d'un participe présent, font leur féminin en *euse.*

Ex. : Menteur, *menteuse;* trompeur, *trompeuse.*

Cependant *exécuteur*, *inventeur*, *persécuteur*, quoique formés d'un participe présent, font au féminin *exécutrice*, *inventrice*, *persécutrice;* *pécheur* (qui commet des péchés) fait *pécheresse;* *enchanteur*, *enchanteresse;* *vengeur*, *vengeresse.*

2° Les adjectifs en *teur* qui ne dérivent pas d'un participe présent font leur féminin en *trice.*

Ex. : Accusateur, *accusatrice.*
Délateur, *délatrice.*
Conducteur, *conductrice*, etc.

X. Les adjectifs *meilleur*, *majeur*, *mineur*, et ceux qui sont terminés au masculin en *érieur*, forment, d'après la règle générale, leur féminin par l'addition d'un *e* muet.

Ex. : Meilleur, *meilleure;* supérieur, *supérieure.*

XI. Les adjectifs *châtain*, *dispos*, *fat*, n'ont pas de féminin.

XII. Les adjectifs *blanc*, *franc*, *sec*, *frais*, *public*, *caduc*, *turc*, *grec*, *malin*, *bénin*, *long*, *tiers*, *favori*, *coi*, font au féminin : *blanche*, *franche*, *sèche*, *fraîche*, *publique*, *caduque*, *turque*, *grecque*, *maligne*, *bénigne*, *longue*, *tierce*, *favorite*, *coite.*

Formation du pluriel dans les adjectifs qualificatifs.

§ 32. — Règle. On forme le pluriel des adjectifs en ajoutant un *s* au singulier.

Ex. : Grand, *grands.*
Petite, *petites.*

REMARQUES. — I. Quand les adjectifs sont terminés au singulier par *s* ou *x*, on n'ajoute rien pour le pluriel masculin.

Ex. : Un mur épais, des murs *épais.*
Un fruit doux, des fruits *doux.*

II. Les adjectifs en *eau : beau, nouveau, jumeau*, prennent *x* au pluriel masculin.

Ex. : Un beau jardin, de *beaux* jardins.

III. La plupart des adjectifs en *al* font leur pluriel masculin en *aux.*

Ex. : Égal, *égaux;* moral, *moraux* (1).

IV. Un certain nombre d'adjectifs en *al,* peu usités d'ailleurs au masculin pluriel, forment leur pluriel par l'addition d'un *s.*

Ex. : Des saluts *amicals;* des combats *navals* (2).

V. D'autres adjectifs en *al* ne prennent guère le pluriel qu'au féminin.

Ex. : Des plantes *médicinales;* des fêtes *patronales* (3).

Degrés de signification dans les adjectifs.

§ 33. — On distingue dans les adjectifs trois degrés de signification : le *positif,* le *comparatif,* le *superlatif.*

---

(1) Voici les plus usités : *baptismal, capital, cardinal, commercial, cordial, dotal, épiscopal, féodal, fondamental, général, impartial, infernal, légal, libéral, local, national, nuptial, ordinal, original, pontifical, principal, royal, rural, sacerdotal, social, vénal, vital.*

(2) Il faut y ajouter les suivants : *automnal, colossal, fatal, final, frugal, glacial, initial, jovial, labial, matinal, natal, théâtral.*

(3) Tels sont encore : *central, diagonal, diamétral, expérimental, instrumental, lustral, médical, mental, paroissial, pénal, total, virginal, vocal, zodiacal.*

§ 34. — Positif. Le *positif* n'est autre chose que l'adjectif même.

Ex. : *Grand, beau, agréable.*

§ 35. — Comparatif. Le *comparatif* exprime que telle qualité est *supérieure*, *inférieure* ou *égale* à une autre.

De là trois sortes de comparatif : le comparatif de *supériorité*, le comparatif d'*infériorité*, le comparatif d'*égalité*.

1° Pour marquer un comparatif de supériorité, on met *plus* devant l'adjectif.

Ex. : Le soleil est *plus* brillant que la lune.

2° Pour marquer un comparatif d'infériorité, on met *moins* devant l'adjectif.

Ex. : La lune est *moins* brillante que le soleil.

3° Pour marquer un comparatif d'égalité, on met *aussi* devant l'adjectif.

Ex. : La rose est *aussi* charmante que la tulipe.

(Le mot *que* sert à joindre les deux choses comparées.)

§ 36. — Les trois adjectifs *bon, mauvais, petit*, forment leur comparatif de supériorité sans l'aide d'un adverbe, et l'expriment par un mot différent du positif.

Bon,	*meilleur.*
Mauvais,	*pire.*
Petit,	*moindre.*

On peut dire aussi *plus mauvais, plus petit*, mais on ne dit jamais *plus bon.*

§ 37. — Superlatif. Le *superlatif* exprime la qualité dans un *très-haut* degré ou dans *le plus haut* degré.

De là deux sortes de superlatif : le superlatif *absolu* et le superlatif *relatif.*

1° Le superlatif *absolu* marque une qualité portée à un très-haut degré, sans comparaison avec d'autres objets ; on le forme en mettant un des adverbes *très*, *bien*, *fort*, *extrêmement*, ou bien *le plus*, *le moins* (invariables), devant le positif (1).

Ex. : Londres est une *très*-grande ville.
C'est en été que les sources sont *le plus* froides.

2° Le superlatif *relatif* marque une qualité portée dans le plus haut degré, par comparaison avec d'autres objets ; on le forme en mettant *le, la, les, mon, ton, son, notre, votre, leur*, devant le comparatif de supériorité ou d'infériorité.

Ex. : *Le* plus beau jardin ; *ton* moindre souci.

ADJECTIFS DÉTERMINATIFS.

§ 38. — Les adjectifs *déterminatifs* sont ceux qui, en restreignant l'étendue du substantif, servent à le préciser, à le *déterminer*.

Ex. : *La* maison, *deux* portes, *ma* fenêtre.

§ 39. — Il y a sept sortes d'adjectifs déterminatifs : l'*article*, les adjectifs *numéraux*, les adjectifs *démonstratifs*, les adjectifs *possessifs*, les adjectifs *conjonctifs*, les adjectifs *interrogatifs*, les adjectifs *indéfinis*.

Parmi les déterminatifs, il y en a cinq qui sont employés tantôt comme adjectifs, tantôt comme pronoms : ce sont les adjectifs *démonstratifs, possessifs, conjonctifs, interrogatifs* et *indéfinis*.

L'ARTICLE.

§ 40. — L'*article* est le premier et le plus employé des adjectifs déterminatifs ; on le met devant les noms communs pour marquer qu'ils sont pris dans un sens *déterminé*.

(1) Nous avons, à l'exemple des Italiens, quelques superlatifs exprimés en un seul mot, dont les plus usités sont : *excellentissime*, *illustrissime*, *richissime*, *sérénissime*, etc., ainsi que *généralissime*.

Ainsi, quand je dis : *le livre*, *la table*, *le*, *la* indiquent que je veux parler de tel ou tel livre, de telle ou telle table.

§ 41. — Il n'y a en français qu'un article, c'est *le*, masculin singulier, qui fait *la* au féminin singulier, et *les* au pluriel des deux genres.

Ex. : *Le* père, *la* mère ; *les* pères, *les* mères.

REMARQUES. — I. Quand le mot qui suit l'article commence par une voyelle ou une *h* muette, on retranche *e* dans *le*, *a* dans *la*, et on les remplace par une apostrophe ; c'est ce qu'on appelle *élision*.

Ex. : *L'*argent, pour *le* argent.
*L'*histoire, pour *la* histoire.

II. Devant un nom singulier commençant par une consonne ou une *h* aspirée, *de le*, *à le* sont remplacés par un seul mot, et l'on dit : *du* pour *de le*, *au* pour *à le* ; c'est ce qu'on appelle *contraction*.

Ex. : *Du* roi, pour *de le* roi.
Au héros, pour *à le* héros.

III. Devant tout nom au pluriel, *de les* se change en *des*, *à les* se change en *aux*.

Ex. : *Des* livres, pour *de les* livres.
Aux maisons, pour *à les* maisons.

Les mots *au*, *aux*, *du*, *des*, sont des articles *contractés*.

ADJECTIFS NUMÉRAUX.

§ 42. — Les adjectifs *numéraux* sont ceux qui désignent le *nombre* ou le *rang*.

De là deux sortes d'adjectifs numéraux : les adjectifs numéraux *cardinaux*, et les adjectifs numéraux *ordinaux*.

I. — Adjectifs numéraux cardinaux.

§ 43. — Les adjectifs numéraux *cardinaux* expriment le *nombre*, la *quantité*.

Ces adjectifs sont :

Un, *deux*, *trois*, *quatre*, *cinq*, etc.
Dix, *vingt*, *trente*, *quarante*, etc.
Cent, *deux cents*, *mille*, *million*, etc.

II. — Adjectifs numéraux ordinaux.

§ 44. — Les adjectifs numéraux *ordinaux* expriment l'*ordre*, le *rang*.

Ces adjectifs sont :

Premier, *deuxième* ou *second*, *troisième*, *quatrième*, *cinquième*, etc.

Dixième, *vingtième*, *trentième*, *quarantième*, etc.

Centième, *millième*, *millionième*, etc.

*REMARQUES. — I. A l'exception de *premier* et de *second*, tous les nombres ordinaux se forment des cardinaux par l'addition de la terminaison *ième*.

Ex. : Deux, *deuxième* ; trois, *troisième*.

II. Les nombres cardinaux terminés par un *e* perdent cette lettre devant la terminaison *ième*.

Ex. : Trente, *trentième*, etc.

III. Cinq fait *cinquième* ; neuf, *neuvième*.

IV. Au lieu de *deuxième* on dit aussi *second*, mais principalement lorsqu'il n'est question que de deux personnes ou de deux choses.

* § 45. — Aux adjectifs numéraux se rattachent :

1° Les noms de nombre qui servent à marquer une certaine quantité, comme une *dizaine*, une *douzaine*.

2° Ceux qui marquent les parties d'un tout, comme la *moitié*, le *tiers*, le *quart*.

3° Ceux qui servent à multiplier, comme le *double*, le *triple*, etc.

4° Les adjectifs distributifs *deux à deux*, *quatre à quatre*, etc.

ADJECTIFS ou PRONOMS DÉMONSTRATIFS (1).

§ 46. — ADJECTIFS. Les adjectifs *démonstratifs* sont ceux qui servent à montrer la personne ou la chose dont on parle.

Ces adjectifs sont :

Masculin singulier.	Féminin singulier.	Pluriel des deux genres.
Ce, cet,	*cette,*	*ces.*

REMARQUE. — On met *ce* devant les noms qui commencent par une consonne ou une *h* aspirée.

Ex. : *Ce* corbeau, *ce* hérisson.

On met *cet* devant les noms qui commencent par une voyelle ou une *h* muette.

Ex. : *Cet* oiseau, *cet* homme.

§ 47. — PRONOMS. Les *pronoms démonstratifs* se rapportent à un nom précédemment exprimé qu'ils rappellent à l'esprit.

Ce est pronom démonstratif quand il est suivi du verbe *être*, ou d'un pronom relatif.

Ex. : *Ce qui* me plaît, *c'est* la chasse.

En combinant *ce* avec le pronom personnel *lui*, *elle*, *eux*, *elles*, on a formé les pronoms démonstratifs *celui*, *celle*, *ceux*, *celles*.

Ces pronoms ne s'emploient jamais seuls ; ils ont besoin d'être déterminés par la proposition *de* suivie d'un régime ou par une préposition relative.

Ex. : Ce jardin est *celui* de mon oncle.
De toutes les fleurs, la rose est *celle* que je préfère.

---

(1) Ces mots et les suivants, employés tantôt comme *adjectifs*, tantôt comme *pronoms*, offrent dans la forme et dans le sens des ressemblances si frappantes, que nous avons jugé plus utile de les présenter simultanément, au lieu de les reporter en partie dans le chapitre des pronoms, comme le voudrait une rigoureuse logique.

En ajoutant les particules *ci* et *là* aux pronoms démonstratifs, on a formé les composés suivants :

SINGULIER.		PLURIEL.	
Celui-ci,	*celle-ci.*	*Ceux-ci,*	*celles-ci.*
Celui-là,	*celle-là.*	*Ceux-là,*	*celles-là.*
Ceci, cela.			

Remarque. — Sous cette forme, ces pronoms s'emploient seuls, mais en se rapportant à un nom exprimé dans la phrase précédente.

ADJECTIFS ou PRONOMS POSSESSIFS.

§ 48. — Adjectifs. Les adjectifs *possessifs* sont ceux qui marquent la possession de la personne ou de la chose dont on parle.

Ex. : *Mon* père, *votre* cheval, *son* chapeau.

Ces adjectifs sont :

SINGULIER.		PLURIEL.
Masculin.	Féminin.	Des deux genres.
Mon,	*ma,*	*mes.*
Ton,	*ta,*	*tes.*
Son,	*sa,*	*ses.*
Des deux genres.		
Notre,		*nos.*
Votre,		*vos.*
Leur,		*leurs.*

Remarque. — *Mon, ton, son* s'emploient, par euphonie, au lieu de *ma, ta, sa,* lorsque le nom féminin qui suit commence par une voyelle ou par une *h* muette.

Ainsi l'on dit : *mon* âme, pour *ma* âme ; *ton* humeur, pour *ta* humeur ; *son* épée, pour *sa* épée.

§ 49. — Pronoms. Quand les adjectifs possessifs ne sont

pas suivis d'un nom, ils deviennent *pronoms*. Dans ce cas, ils sont ordinairement précédés de l'article *le*, *la*, *les*.

Ex. : Ce livre est le *mien*.

J'ai mon chapeau, voici *le vôtre*.

SINGULIER.		PLURIEL.	
Masculin.	Féminin.	Masculin.	Féminin.
Le mien,	*la mienne*.	*Les miens*,	*les miennes*.
Le tien,	*la tienne*.	*Les tiens*,	*les tiennes*.
Le sien,	*la sienne*.	*Les siens*,	*les siennes*.
		Des deux genres.	
Le nôtre,	*la nôtre*.	*Les nôtres*.	
Le vôtre,	*la vôtre*.	*Les vôtres*.	
Le leur,	*la leur*.	*Les leurs*.	

Remarque. — On voit que les pronoms possessifs, *le nôtre*, *le vôtre*, etc., ont un accent circonflexe sur l'*o*, tandis que les adjectifs possessifs *notre*, *votre*, etc., ne prennent pas d'accent.

ADJECTIFS ou PRONOMS CONJONCTIFS.

§ 50. — Les adjectifs ou pronoms *conjonctifs* sont ceux qui servent à lier deux membres de phrase ; on les appelle aussi *relatifs*, parce qu'ils se rapportent à un nom précédemment exprimé : ce nom s'appelle *antécédent*.

Adjectifs. Ces mots sont *adjectifs* si l'antécédent est répété.

Ex. : La gloire est le *but* des ambitieux, *lequel but* est quelquefois difficile à atteindre.

§ 51. — Pronoms. Mais le plus souvent l'antécédent n'est pas exprimé une seconde fois, et alors le relatif est employé comme *pronom*.

Ex. : Les fruits *qui* sont mûrs sont agréables à manger.

Fruits est l'antécédent du pronom relatif *qui*.

Voici les adjectifs ou pronoms conjonctifs :

SINGULIER.		PLURIEL.	
Masculin.	Féminin.	Masculin.	Féminin.
Lequel,	*laquelle.*	*Lesquels,*	*lesquelles.*
Duquel,	*de laquelle.*	*Desquels,*	*desquelles.*
Auquel,	*à laquelle.*	*Auxquels,*	*auxquelles.*

Qui, que, quoi. } Des deux genres
Dont ou *de qui.* } et des deux nombres.

Ces derniers ne s'emploient que comme pronoms.

ADJECTIFS ou PRONOMS INTERROGATIFS.

§ 52. — Quand les adjectifs conjonctifs deviennent *interrogatifs*, on supprime l'article qui les précède, et l'on dit : *quel ? quelle ? quels ? quelles ?*

Ex. : *Quel* pays habitez-vous ?

Mais ces mêmes mots employés comme pronoms interrogatifs ne perdent pas l'article.

Ex. : Voici deux pommes, *laquelle* voulez-vous ?

On reconnaît que les pronoms *qui, que, quoi*, sont interrogatifs, quand ils n'ont point d'antécédent et qu'ils équivalent à *quelle personne ? quelle chose ?*

Ex. : *Qui* a dit cela ? *Que* voulez-vous ? A *quoi* pense-t-il ?

ADJECTIFS ou PRONOMS INDÉFINIS.

§ 53. — Adjectifs. Les adjectifs *indéfinis* sont ceux qui modifient le substantif d'une manière vague et générale.

Ex. : *Chaque* pays a ses coutumes.

Ces adjectifs sont : *Chaque, plusieurs, aucun, nul, un, pas un, même, autre, tout, certain, quelque, quelconque, tel.*

§ 54. — Pronoms. Quand ces adjectifs sont employés seuls, ils deviennent *pronoms*.

Ex. : *Nul* n'est heureux ici-bas.

Les mots suivants s'emploient toujours seuls, et sont

considérés comme pronoms indéfinis. Ce sont : *on*, *personne*, *rien*, *chacun*, *quelqu'un*, *quiconque*, *autrui* (1).

CHAPITRE III.

DU PRONOM.

§ 55. — Le *pronom* est un mot qui tient la place du nom. Le pronom sert à désigner les rôles que les personnes et les choses jouent dans le discours; ces rôles s'appellent, en grammaire, *personnes*.

Il y a trois personnes: la première personne est celle qui parle; la deuxième est celle à qui l'on parle; la troisième est celle de qui l'on parle.

Les pronoms se divisent en pronoms *personnels* et en pronoms *adjectifs*.

PRONOMS PERSONNELS.

§ 56. — Les pronoms *personnels* sont ceux qui représentent d'une manière plus spéciale chacune des trois personnes. En voici le tableau.

Pronoms de la première personne.

Je, me, moi, nous.

Pronoms de la deuxième personne.

Tu, te, toi, vous (2).

Pronoms de la troisième personne.

Il, elle, lui, ils, elles, eux, le, la, les, leur, se, soi.

REMARQUES. — I. Les pronoms *il*, *ils*, *eux*, *le*, sont du masculin; *elle*, *elles*, *la* sont du féminin; les autres sont des deux genres.

(1) *On*, *personne*, *rien*, *autrui* seraient plus justement considérés comme des *noms indéfinis*.

(2) Souvent la politesse veut qu'on emploie *vous*, quoiqu'en ne parlant qu'à une seule personne : Je *vous* remercie.

II. Il ne faut pas confondre *le, la, les*, pronom, avec *le, la, les,* article. *Le, la, les*, pronom, accompagne toujours un verbe : je *le* connais, je *la* vénère ; *le, la, les,* article, accompagne toujours un substantif : *le* livre, *la* maison.

III. *Leur*, pronom personnel, est toujours joint à un verbe et reste invariable : je *leur* ai dit la vérité ; *leur, leurs,* adjectifs ou pronoms possessifs, se rapportent à un substantif et sont susceptibles d'accord : *leur* encrier, *leurs* plumes ; voici mes livres, voilà les *leurs*.

Pronoms composés.

§ 57. — En combinant les pronoms personnels *moi, toi, lui, elle, nous, vous, eux, elles, soi,* avec l'adjectif *même*, on a fait des pronoms composés *moi-même, toi-même, lui-même, nous-mêmes, vous-mêmes*, etc.

PRONOMS ADJECTIFS.

§ 58. — On a vu (§ 46 et suiv.) que les adjectifs *démonstratifs, possessifs, conjonctifs, indéfinis,* deviennent *pronoms*, lorsqu'ils ne sont pas suivis d'un nom.

Les exemples suivants feront sentir la différence de ce double rôle.

ADJECTIFS.	PRONOMS.
Ce château est magnifique.	*Ce* que j'aime, c'est la musique.
Mon père est malade.	*Le tien* est en bonne santé.
J'étudie les lois des Romains, *lesquelles lois* sont admirables.	Les études *auxquelles* je me livre me plaisent beaucoup.
Quels hommes fréquentez-vous ?	*Qui* sont-ils ?
Plusieurs personnes sont rarement d'accord.	*Plusieurs* m'ont raconté cette histoire.

Le, en, y.

Aux pronoms soit personnels, soit adjectifs, se rattachent les mots *le, en, y*, tous trois invariables.

Le représente *ceci, cela, cette chose :* Venez ici, je *le* veux ; c'est-à-dire je veux *cela.*

En représente *de lui, d'elle, d'eux, d'elles, de cela :* J'ai vu votre mère, j'aime à *en* parler. Voici des fruits, prenez-*en.*

Y représente *à lui, à elle, à eux, à elles, à cela :* C'est un fourbe, ne vous *y* fiez pas. L'étude me charme, je m'*y* applique.

CHAPITRE IV.

DU VERBE.

§ 59. — On a vu jusqu'ici que le nom désigne les personnes et les choses, et que l'adjectif sert à les qualifier : *Paris beau ;* mais ces deux mots ne suffisent pas pour exprimer une pensée complète.

Si l'on juge que la qualité de *beau* convient à *Paris,* il faut recourir à un troisième mot, et dire : Paris *est* beau. Ce troisième mot, c'est le *verbe.*

La personne ou la chose qui est l'objet du jugement s'appelle *sujet* (Paris).

La qualité que l'on juge convenir au sujet se nomme *attribut* (beau).

Le *verbe* est le mot par lequel on affirme que l'attribut convient au sujet (est).

La réunion de ces trois termes : *sujet, verbe, attribut,* forme une *proposition.*

VERBE SUBSTANTIF.

§ 60. — Il n'existe, à proprement parler, qu'un seul verbe, c'est le verbe *être.* On le nomme *verbe substantif.* Ce verbe exprime simplement l'existence ; il est toujours séparé de l'attribut.

VERBES ATTRIBUTIFS.

§ 61. — Les autres verbes, au contraire, renferment en eux-mêmes le verbe *être* et l'*attribut;* on les appelle, pour cette raison, *verbes attributifs.*

Ainsi, quand on dit : Le soleil *brille,* Paul *joue,* les verbes *brille, joue,* équivalent *grammaticalement* à *est brillant, est jouant* (1).

Tout verbe attributif exprime l'état ou l'action du sujet.

Tous les verbes, excepté *être,* sont attributifs (2).

Du sujet.

§ 62. — On vient de voir que le sujet, ou l'objet du jugement, est la personne ou la chose qui fait l'action exprimée par le verbe.

Ex. : *L'enfant* court.
La pluie tombe.

On trouve le sujet d'un verbe en faisant la question *qui est-ce qui,* pour les personnes, et *qu'est-ce qui,* pour les choses, devant le verbe. *Qui est-ce qui* court ? *l'enfant ; l'enfant* est le sujet du verbe *court.* — *Qu'est-ce qui* tombe ? *la pluie ; la pluie* est le sujet du verbe *tombe.*

Des compléments du verbe.

§ 63. — Le verbe est susceptible de trois sortes de complément : le complément *direct,* le complément *indirect* et le complément *circonstanciel.*

I. Le complément *direct* est le mot sur lequel tombe *directement* l'action exprimée par le verbe.

Ex. : J'aime *Dieu.*
Il mange *un fruit.*

---

(1) Nous disons *grammaticalement;* car dans certains cas, comme dans *le soleil brille,* le verbe *brille* n'équivaut pas pour le sens à *est brillant ; brille* exprime une action, *est brillant* une qualité.

(2) Le verbe *être* lui-même est quelquefois attributif. Ainsi, quand on dit : Dieu *est,* c'est comme si l'on disait : Dieu *existe* ou *est existant.* Le mot *est,* dans ce cas, devient verbe attributif.

On trouve le complément direct en faisant la question *qui*, pour les personnes, et *quoi*, pour les choses, après le verbe. J'aime *qui? Dieu; Dieu* est le complément direct de *j'aime*. — Il mange *quoi? un fruit; un fruit* est le complément direct de *il mange*.

II. Le complément *indirect* est le mot qui complète *indirectement*, c'est-à-dire à l'aide de prépositions, l'action exprimée par le verbe.

Ex. : J'ai donné un livre *à Pierre*.
Nous parlons *de vous*.

On trouve le complément indirect en faisant l'une des questions *à qui? de qui? pour qui? avec qui?* etc., pour les personnes; *à quoi? de quoi? pour quoi? avec quoi?* etc., pour les choses. J'ai donné un livre *à qui? à Pierre;* nous parlons *de qui? de vous. A Pierre, de vous* sont les compléments indirects des verbes *j'ai donné, nous parlons*.

III. Le complément *circonstanciel* est le mot qui exprime les diverses circonstances de cause, de manière, de temps, de lieu.

Ex. : Il combat *pour la gloire*. Il viendra *dimanche*.
Il marche *avec rapidité*. J'irai *à Rome*.

Il répond aux quatre questions : *Pourquoi? Comment? Quand? Où?* — Il combat *pour quoi? Pour la gloire*. — Il marche *comment? Avec rapidité*. — Il viendra *quand? Dimanche*. — J'irai *où? à Rome*.

§ 64. — Il y a quatre choses à considérer dans les verbes : les *nombres*, les *personnes*, les *temps* et les *modes*.

NOMBRES.

§ 65. — La langue française a *deux nombres* pour les verbes comme pour les noms : le *singulier*, quand il s'agit d'une seule personne ou d'une seule chose : *Je lis, l'enfant dort ;* le *pluriel*, quand il s'agit de plusieurs personnes ou de plusieurs choses : *Nous lisons, les enfants dorment*.

PERSONNES.

§ 66. — Il y a *trois personnes* dans les verbes, et ces personnes sont indiquées par les noms ou les pronoms.

Je, *nous*, marquent la *première* personne, c'est-à-dire celle qui parle.

Tu, *vous*, marquent la *seconde* personne, c'est-à-dire celle à qui l'on parle.

Il, *elle*, ou un nom au singulier; *ils*, *elles*, ou un nom au pluriel, marquent la *troisième* personne, c'est-à-dire celle dont on parle.

TEMPS.

§ 67. — Les *temps* sont les différentes formes que prend le verbe pour exprimer à quel moment se fait la chose dont on parle.

On distingue dans la durée *trois temps* principaux :

Le *présent*, qui marque que la chose *est* ou *se fait* au moment de la parole, comme *je lis*.

Le *passé*, qui marque que la chose *a été faite*, comme *j'ai lu*.

Le *futur*, qui marque que la chose *sera* ou *se fera*, comme *je lirai*.

§ 68. — Le présent n'admet pas de divisions; mais une action peut être plus ou moins passée, plus ou moins future.

De là, des subdivisions dans le passé et dans le futur.

§ 69. — On distingue cinq sortes de passé ou parfait : l'*imparfait*, le *parfait défini*, le *parfait indéfini*, le *parfait antérieur*, et le *plus-que-parfait*.

I. L'IMPARFAIT exprime une chose actuellement passée, mais *qui n'était pas achevée*, quand une autre s'est faite : *je lisais*, quand on m'a appelé.

II. Le PARFAIT DÉFINI exprime une chose faite dans un temps *déterminé*, jour, mois, année, etc., et entièrement passé : *je lus* hier.

III. Le PARFAIT INDÉFINI exprime une chose faite dans un temps *non déterminé*, ou dans un temps *déterminé, mais qui n'est pas encore tout à fait passé : J'ai lu* cet ouvrage; je *l'ai lu* aujourd'hui.

IV. Le PARFAIT ANTÉRIEUR exprime une chose passée faite immédiatement *avant* une autre qui est également passée : Quand *j'eus lu*, je sortis.

V. Le PLUS-QUE-PARFAIT, ainsi nommé parce qu'il désigne une action en quelque sorte *doublement passée*, exprime une chose passée faite, immédiatement ou non, avant une autre qui est également passée : *J'avais fini*, lorsqu'il arriva.

§ 70. — On distingue deux futurs : le *futur simple* et le *futur antérieur*.

I. Le FUTUR SIMPLE indique simplement que la chose sera ou se fera : *j'écrirai* demain.

II. Le FUTUR ANTÉRIEUR marque que la chose sera faite *avant* une autre qui est à faire ; *j'aurai écrit*, quand vous arriverez.

§ 71. — Les temps se divisent en *temps simples* et en *temps composés*.

I. On appelle *temps simples* les temps qui se forment sans le secours d'un verbe auxiliaire : *Je marche, tu jouais, il dormit*.

II. On appelle *temps composés* les temps qui se forment à l'aide d'un verbe auxiliaire : *Je suis tombé, j'ai marché*.

MODES.

§ 72. — Les *modes* sont les différentes manières de présenter l'état ou l'action exprimés par le verbe.

§ 73. — Il y a *six modes* en français : l'*indicatif*, le *conditionnel*, l'*impératif*, le *subjonctif*, l'*infinitif*, le *participe*.

I. L'INDICATIF sert à *affirmer* que la chose est, ou qu'elle a été, ou qu'elle sera : *je lis, j'ai lu, je lirai*.

II. Le CONDITIONNEL exprime qu'une chose serait ou aurait été, moyennant une *condition :* Paul *réussirait*, s'il travaillait; Pierre *aurait joué*, s'il avait pu.

III. L'IMPÉRATIF indique le *commandement*, la *prière :* *venez* ici.

IV. Le SUBJONCTIF marque que la chose, état ou action, est *dépendante* d'une autre: je veux *qu'il sorte*.

V. L'INFINITIF exprime l'état ou l'action d'une manière vague et *indéfinie : travailler*, c'est *prier*.

VI. Le PARTICIPE, tout en marquant le temps, sert à qualifier d'une manière générale les personnes et les choses : *aimant, ayant aimé*.

§ 74. — On divise les modes en modes *personnels* et en modes *impersonnels*.

Les modes *personnels* sont : l'*indicatif*, le *conditionnel*, l'*impératif*, le *subjonctif*. On les appelle ainsi, parce que l'état ou l'action qu'ils expriment s'appliquent à l'une des trois personnes.

Les modes *impersonnels* sont l'*infinitif* et le *participe*. On les nomme ainsi, parce qu'ils expriment l'état ou l'action sans désigner particulièrement les personnes.

§ 75. — Tout verbe est composé de deux éléments : le *radical* et la *terminaison*.

Le *radical* représente l'état ou l'action marqués par le verbe ; c'est la partie du verbe qui reste invariable.

La *terminaison* est la partie du verbe qui varie suivant le nombre, la personne, le temps, le mode.

Ainsi, dans *aim-er*, *j'aim-e*, *nous aim-ons*, *ils aim-èrent*, le radical est *aim*, et on le retrouve dans tous les temps et dans tous les modes du verbe. Dans *aim-ons*, la terminaison est *ons*, qui indique le nombre pluriel, la première personne, le temps présent, le mode impératif.

§76. — On appelle *conjugaison* l'ensemble des formes que prend le verbe pour exprimer toutes les différences de nombre, de personne, de temps, de mode.

Il y a quatre espèces de conjugaison, que l'on distingue entre elles par la terminaison du présent de l'infinitif.

La première conjugaison a le présent de l'infinitif terminé en *er*, comme *aim-er;* la deuxième, en *ir*, comme *fin-ir;* la troisième, en *oir*, comme *recev-oir;* la quatrième, en *re*, comme *rend-re*.

§77. — On appelle verbes *réguliers* ceux qui, dans leur formation, suivent les règles de la conjugaison à laquelle ils appartiennent.

DES DIFFÉRENTES SORTES DE VERBES.

§78. — On distingue cinq sortes de verbes : les verbes *actifs* ou *transitifs*, les verbes *passifs*, les verbes *neutres* ou *intransitifs*, les verbes *réfléchis* ou *pronominaux*, les verbes *impersonnels*.

VERBES ACTIFS OU TRANSITIFS.

§79. — Le verbe *actif* est celui qui exprime une action faite par le sujet et qui a un complément direct.

Ex. : Je *connais* Paul.
Le chat *mange* la souris.

On reconnaît qu'un verbe est actif quand on peut mettre après ce verbe *quelqu'un* ou *quelque chose : connaître, manger* sont des verbes actifs parce qu'on peut dire *connaître quelqu'un, manger quelque chose*.

VERBES AUXILIAIRES.

§80. — Avant de donner les quatre modèles de conjugaison des verbes réguliers, il est à propos de commencer par le tableau des deux verbes qui aident à conjuguer tous les autres, et que l'on nomme pour cette raison *verbes auxiliaires :* c'est le verbe *avoir* et le verbe *être*.

	MODES		
	INDICATIF.	CONDITIONNEL.	IMPÉRATIF.
PRÉSENT.	PRÉSENT. J'ai. Tu as. Il *ou* elle a. Nous avons. Vous avez. Ils *ou* elles ont.	J'aurais. Tu aurais. Il *ou* elle aurait. Nous aurions. Vous auriez. Ils *ou* elles auraient.	Aie. Ayons. Ayez.
PASSÉ.	IMPARFAIT. J'avais. Tu avais. Il *ou* elle avait. Nous avions. Vous aviez. Ils *ou* elles avaient.		
	PARFAIT DÉFINI. J'eus. Tu eus. Il *ou* elle eut. Nous eûmes. Vous eûtes. Ils *ou* elles eurent.		
	PARFAIT INDÉFINI. J'ai eu. Tu as eu. Il *ou* elle a eu. Nous avons eu. Vous avez eu. Ils *ou* elles ont eu.	J'aurais eu. Tu aurais eu. Il *ou* elle aurait eu. Nous aurions eu. Vous auriez eu. Ils *ou* elles auraient eu (1).	
	PARFAIT ANTÉRIEUR. J'eus eu. Tu eus eu. Il *ou* elle eut eu. Nous eûmes eu. Vous eûtes eu. Ils *ou* elles eurent eu.		
	PLUS-QUE-PARFAIT. J'avais eu. Tu avais eu. Il *ou* elle avait eu. Nous avions eu. Vous aviez eu. Ils *ou* elles avaient eu.		
FUTUR.	FUTUR SIMPLE. J'aurai. Tu auras. Il *ou* elle aura. Nous aurons. Vous aurez. Ils *ou* elles auront.		
	FUTUR ANTÉRIEUR. J'aurai eu. Tu auras eu. Il *ou* elle aura eu. Nous aurons eu. Vous aurez eu. Ils *ou* elles auront eu.		Aie eu. Ayons eu. Ayez eu.

(1) *On dit aussi :* J'eusse eu, tu eusses eu, il eût eu, nous eussions eu, vous eussiez eu, ils eussent eu.

MODES		
SUBJONCTIF.	INFINITIF.	PARTICIPE.
Que j'aie. Que tu aies. Qu'il *ou* qu'elle ait. Que nous ayons. Que vous ayez. Qu'ils *ou* qu'elles aient.	Avoir.	Ayant.
Que j'eusse. Que tu eusses. Qu'il *ou* qu'elle eût. Que nous eussions. Que vous eussiez. Qu'ils *ou* qu'elles eussent.		
Que j'aie eu. Que tu aies eu. Qu'il *ou* qu'elle ait eu. Que nous ayons eu. Que vous ayez eu. Qu'ils *ou* qu'elles aient eu.	Avoir eu.	Ayant eu.
Que j'eusse eu. Que tu eusses eu. Qu'il *ou* qu'elle eût eu. Que nous eussions eu. Que vous eussiez eu. Qu'ils *ou* qu'elles eussent eu.		
Que j'aie, etc. (Comme le *présent.*)		
Que j'aie eu, etc. (Comme le *parfait.*)		

	MODES		
	INDICATIF.	CONDITIONNEL.	IMPÉRATIF.
PRÉSENT.	PRÉSENT. Je suis. Tu es. Il *ou* elle est. Nous sommes. Vous êtes. Ils *ou* elles sont.	Je serais. Tu serais. Il serait. Nous serions. Vous seriez. Ils seraient.	Sois. Soyons. Soyez.
PASSÉ.	IMPARFAIT. J'étais. Tu étais. Il *ou* elle était. Nous étions. Vous étiez. Ils *ou* elles étaient.		
	PARFAIT DÉFINI. Je fus. Tu fus. Il *ou* elle fut. Nous fûmes. Vous fûtes. Ils *ou* elles furent.		
	PARFAIT INDÉFINI. J'ai été. Tu as été. Il *ou* elle a été. Nous avons été. Vous avez été. Ils *ou* elles ont été.	J'aurais été. Tu aurais été. Il aurait été. Nous aurions été. Vous auriez été. Ils auraient été (1).	
	PARFAIT ANTÉRIEUR. J'eus été. Tu eus été. Il *ou* elle eut été. Nous eûmes été. Vous eûtes été. Ils *ou* elles eurent été.		
	PLUS-QUE-PARFAIT. J'avais été. Tu avais été. Il *ou* elle avait été. Nous avions été. Vous aviez été. Ils *ou* elles avaient été.		
FUTUR.	FUTUR SIMPLE. Je serai. Tu seras. Il *ou* elle sera. Nous serons. Vous serez. Ils *ou* elles seront.		
	FUTUR ANTÉRIEUR. J'aurai été. Tu auras été. Il *ou* elle aura été. Nous aurons été. Vous aurez été. Ils *ou* elles auront été.		Aie été. Ayons été. Ayez été.

(1) *On dit aussi :* J'eusse été, tu eusses été, il *ou* elle eût été, nous eussions été, vous eussiez été, ils *ou* elles eussent été.

MODES		
SUBJONCTIF.	INFINITIF.	PARTICIPE.
Que je sois. Que tu sois. Qu'il soit. Que nous soyons. Que vous soyez. Qu'ils soient.	Être.	Étant.
Que je fusse. Que tu fusses. Qu'il fût. Que nous fussions. Que vous fussiez. Qu'ils fussent.		
Que j'aie été. Que tu aies été. Qu'il ait été. Que nous ayons été. Que vous ayez été. Qu'ils aient été.	Avoir été.	Ayant été.
Que j'eusse été. Que tu eusses été. Qu'il eût été. Que nous eussions été. Que vous eussiez été. Qu'ils eussent été.		
Que je sois, etc. (Comme le *présent*.)		
Que j'aie été, etc. (Comme le *parfait*.)		

MODES

	INDICATIF.	CONDITIONNEL.	IMPÉRATIF.
PRÉSENT.	PRÉSENT. J' aim e. Tu aim es. Il *ou* elle aim e. Nous aim ons. Vous aim ez. Ils *ou* elles aim ent.	J' aim erais. Tu aim erais. Il aim erait. Nous aim erions. Vous aim eriez. Ils aim eraient.	 Aim e. Aim ons. Aim ez.
PASSÉ.	IMPARFAIT. J' aim ais. Tu aim ais. Il aim ait. Nous aim ions. Vous aim iez. Ils aim aient.		
	PARFAIT DÉFINI. J' aim ai. Tu aim as. Il aim a. Nous aim âmes. Vous aim âtes. Ils aim èrent.		
	PARFAIT INDÉFINI. J'ai aim é. Tu as aim é. Il a aim é. Nous avons aim é. Vous avez aim é. Ils ont aim é.	 J'aurais aim é. Tu aurais aim é. Il aurait aim é. Nous aurions aim é. Vous auriez aim é. Ils auraient aim é (1).	
	PARFAIT ANTÉRIEUR. J'eus aim é. Tu eus aim é. Il eut aim é. Nous eûmes aim é. Vous eûtes aim é. Ils eurent aim é.		
	PLUS-QUE-PARFAIT. J'avais aim é. Tu avais aim é. Il avait aim é. Nous avions aim é. Vous aviez aim é. Ils avaient aim é.		
FUTUR.	FUTUR SIMPLE. J' aim erai. Tu aim eras. Il aim era. Nous aim erons. Vous aim erez. Ils aim eront.		
	FUTUR ANTÉRIEUR. J'aurai aim é. Tu auras aim é. Il aura aim é. Nous aurons aim é. Vous aurez aim é. Ils auront aim é.		 Aie aim é. Ayons aim é. Ayez aim é.

(1) *On dit aussi :* J'eusse aimé, tu eusses aimé, il eût aimé, nous eussions aimé, vous eussiez aimé, ils eussent aimé.

MODES		
SUBJONCTIF.	INFINITIF.	PARTICIPE.
Que j' aim e. Que tu aim es. Qu'il aim e. Que nous aim ions. Que vous aim iez. Qu'ils aim ent.	Aim er.	Aim ant.
Que j' aim asse. Que tu aim asses. Qu'il aim ât. Que nous aim assions. Que vous aim assiez. Qu'ils aim assent.		
Que j'aie aim é. Que tu aies aim é. Qu'il ait aim é. Que nous ayons aim é. Que vous ayez aim é. Qu'ils aient aim é.	Avoir aim é.	Ayant aim é.
Que j'eusse aim é. Que tu eusses aim é. Qu'il eût aim é. Que nous eussions aim é. Que vous eussiez aim é. Qu'ils eussent aim é.		
Que j'aime, etc. (Comme le *présent*.)		
Que j'aie aimé, etc. (Comme le *parfait*.)		

Ainsi se conjuguent : *chanter, danser, marcher, parler, porter, estimer, donner, trouver*, etc.

§ 84. — 2e conjugaison,

	MODES		
	INDICATIF.	**CONDITIONNEL.**	**IMPÉRATIF.**
PRÉSENT.	PRÉSENT. Je fin is. Tu fin is. Il *ou* elle fin it. Nous fin issons. Vous fin issez. Ils *ou* elles fin issent.	Je fin irais. Tu fin irais. Il fin irait. Nous fin irions. Vous fin iriez. Ils fin iraient.	Fin is. Fin issons. Fin issez.
PASSÉ.	IMPARFAIT. Je fin issais. Tu fin issais. Il fin issait. Nous fin issions. Vous fin issiez. Ils fin issaient.		
	PARFAIT DÉFINI. Je fin is. Tu fin is. Il fin it. Nous fin îmes. Vous fin îtes. Ils fin irent.		
	PARFAIT INDÉFINI. J'ai fin i. Tu as fin i. Il a fin i. Nous avons fin i. Vous avez fin i. Ils ont fin i.	J'aurais fin i. Tu aurais fin i. Il aurait fin i. Nous aurions fin i. Vous auriez fin i. Ils auraient fin i (1).	
	PARFAIT ANTÉRIEUR. J'eus fin i. Tu eus fin i. Il eut fin i. Nous eûmes fin i. Vous eûtes fin i. Ils eurent fin i.		
	PLUS-QUE-PARFAIT. J'avais fin i. Tu avais fin i. Il avait fin i. Nous avions fin i. Vous aviez fin i. Ils avaient fin i.		
FUTUR.	FUTUR SIMPLE. Je fin irai. Tu fin iras. Il fin ira. Nous fin irons. Vous fin irez. Ils fin iront.		
	FUTUR ANTÉRIEUR. J'aurai fin i. Tu auras fin i. Il aura fin i. Nous aurons fin i. Vous aurez fin i. Ils auront fin i.		 Aie fin i. Ayons fin i. Ayez fin i.

(1) *On dit aussi :* J'eusse fini, tu eusses fini, il eût fini, nous eussions fini, vous eussiez fini, ils eussent fini.

MODES		
SUBJONCTIF.	INFINITIF.	PARTICIPE.
Que je fin isse. Que tu fin isses. Qu'il fin isse. Que nous fin issions. Que vous fin issiez. Qu'ils fin issent.	Fin ir.	Fin issant.
Que je fin isse. Que tu fin isses. Qu'il fin it. Que nous fin issions. Que vous fin issiez. Qu'ils fin issent.		
Que j'aie fin i. Que tu aies fin i. Qu'il ait fin i. Que nous ayons fin i. Que vous ayez fin i. Qu'ils aient fin i.	Avoir fin i.	Ayant fin i.
Que j'eusse fin i. Que tu eusses fin i. Qu'il eût fin i. Que nous eussions fin i. Que vous eussiez fin i. Qu'ils eussent fin i.		
Que je finisse, etc. (Comme le *présent*.)		
Que j'aie fini, etc. (Comme le *parfait*.)		

Ainsi se conjuguent : *punir*, *avertir*, *guérir*, *remplir*, *embellir*, *trahir*, *adoucir*, *nourrir*, etc.

	MODES		
	INDICATIF.	CONDITIONNEL.	IMPÉRATIF.
PRÉSENT.	PRÉSENT. Je reç ois. Tu reç ois. Il *ou* elle reç oit. Nous recev ons. Vous recev ez. Ils *ou* elles reç oivent.	Je recev rais. Tu recev rais. Il recev rait. Nous recev rions. Vous recev riez. Ils recev raient.	Reç ois Recev ons. Recev ez.
PASSÉ.	IMPARFAIT. Je recev ais. Tu recev ais. Il recev ait. Nous recev ions. Vous recev iez. Ils recev aient.		
	PARFAIT DÉFINI. Je reç us. Tu reç us. Il reç ut. Nous reç ûmes. Vous reç ûtes. Ils reç urent.		
	PARFAIT INDÉFINI. J'ai reç u. Tu as reç u. Il a reç u. Nous avons reç u. Vous avez reç u. Ils ont reç u.	J'aurais reç u. Tu aurais reç u. Il aurait reç u. Nous aurions reç u. Vous auriez reç u. Ils auraient reç u (1).	
	PARFAIT ANTÉRIEUR. J'eus reç u. Tu eus reç u. Il eut reç u. Nous eûmes reç u. Vous eûtes reç u. Ils eurent reç u.		
	PLUS-QUE-PARFAIT. J'avais reç u. Tu avais reç u. Il avait reç u. Nous avions reç u. Vous aviez reç u. Ils avaient reç u.		
FUTUR.	FUTUR SIMPLE. Je recev rai. Tu recev ras. Il recev ra. Nous recev rons. Vous recev rez. Ils recev ront.		
	FUTUR ANTÉRIEUR. J'aurai reç u. Tu auras reç u. Il aura reç u. Nous aurons reç u. Vous aurez reç u. Ils auront reç u.		Aie reç u. Ayons reç u. Ayez reç u.

(1) *On dit aussi :* J'eusse reçu, tu eusses reçu, il eût reçu, nous eussions reçu, vous eussiez reçu, ils eussent reçu.

MODES		
SUBJONCTIF.	INFINITIF.	PARTICIPE.
Que je reç oive. Que tu reç oives. Qu'il reç oive. Que nous recev ions. Que vous recev iez. Qu'ils reç oivent.	Recev oir.	Recev ant.
Que je reç usse. Que tu reç usses. Qu'il reç ût. Que nous reç ussions. Que vous reç ussiez. Qu'ils reç ussent.		
Que j'aie reç u. Que tu aies reç u. Qu'il ait reç u. Que nous ayons reç u. Que vous ayez reç u. Qu'ils aient reç u.	Avoir reç u.	Ayant reç u.
Que j'eusse reç u. Que tu eusses reç u. Qu'il eût reç u. Que nous eussions reç u. Que vous eussiez reç u. Qu'ils eussent reç u.		
Que je reçoive, etc. (Comme le *présent.*)		
Que j'aie reçu, etc. (Comme le *parfait.*)		

Ainsi se conjuguent : *devoir*, *apercevoir*, *concevoir*, *percevoir*, etc.

	MODES		
	INDICATIF.	CONDITIONNEL.	IMPÉRATIF.
PRÉSENT.	PRÉSENT. Je rend s. Tu rend s. Il *ou* elle rend. Nous rend ons. Vous rend ez. Ils *ou* elles rend ent.	Je rend rais. Tu rend rais. Il rend rait. Nous rend rions. Vous rend riez. Ils rend raient.	Rend s. Rend ons. Rend ez.
PASSÉ.	IMPARFAIT. Je rend ais. Tu rend ais. Il rend ait. Nous rend ions. Vous rend iez. Ils rend aient.		
	PARFAIT DÉFINI. Je rend is. Tu rend is. Il rend it. Nous rend îmes. Vous rend îtes. Ils rend irent.		
	PARFAIT INDÉFINI. J'ai rend u. Tu as rend u. Il a rend u. Nous avons rend u. Vous avez rend u. Ils ont rend u.	J'aurais rend u. Tu aurais rend u. Il aurait rend u. Nous aurions rend u. Vous auriez rend u. Ils auraient rend u (1).	
	PARFAIT ANTÉRIEUR. J'eus rend u. Tu eus rend u. Il eut rend u. Nous eûmes rend u. Vous eûtes rend u. Ils eurent rend u.		
	PLUS-QUE-PARFAIT. J'avais rend u. Tu avais rend u. Il avait rend u. Nous avions rend u. Vous aviez rend u. Ils avaient rend u.		
FUTUR.	FUTUR SIMPLE. Je rend rai. Tu rend ras. Il rend ra. Nous rend rons. Vous rend rez. Ils rend ront.		
	FUTUR ANTÉRIEUR. J'aurai rend u. Tu auras rend u. Il aura rend u. Nous aurons rend u. Vous aurez rend u. Ils auront rend u.		Aie rend u. Ayons rend u. Ayez rend u.

(1) *On dit aussi :* J'eusse rendu, tu eusses rendu, il eût rendu, nous eussions rendu, vous eussiez rendu, ils eussent rendu.

MODES		
SUBJONCTIF.	INFINITIF.	PARTICIPE.
Que je rend e. Que tu rend es. Qu'il rend e. Que nous rend ions. Que vous rend iez. Qu'ils rend ent.	Rend re.	Rend ant.
Que je rend isse. Que tu rend isses. Qu'il rend it. Que nous rend issions. Que vous rend issiez. Qu'ils rend issent.		
Que j'aie rend u. Que tu aies rend u. Qu'il ait rend u. Que nous ayons rend u. Que vous ayez rend u. Qu'ils aient rend u.	Avoir rend u.	Ayant rend u.
Que j'eusse rend u. Que tu eusses rend u Qu'il eût rend u. Que nous eussions rend u. Que vous eussiez rend u. Qu'ils eussent rend u.		
Que je rende, etc. (Comme le *présent*.)		
Que j'aie rendu, etc. (Comme le *parfait*.)		

Ainsi se conjuguent : *Attendre, défendre, répondre, perdre, mordre,* etc.

DIFFÉRENCE ENTRE LES TEMPS ET LES MODES.

§ 87. — Les tableaux précédents font voir la différence qui existe entre les *temps* et les *modes*

Les *temps* représentent les trois divisions de la durée : *présent*, *passé*, *futur*, et leurs subdivisions.

Les *modes* sont les différentes manières de présenter l'état ou l'action exprimés par le verbe.

Ainsi *j'aime*, mode indicatif; *aime*, mode impératif; *que j'aime*, mode subjonctif; *aimer*, mode infinitif; *aimant*, mode participe, expriment tous l'action d'*aimer*, et sont tous au temps présent, mais le point de vue n'est pas le même, il change avec chacun de ces modes.

J'aime exprime cette action d'une manière positive;

Aime l'exprime avec une idée de commandement;

Que j'aime l'exprime avec une idée de dépendance;

Aimer, *aimant* l'expriment d'une manière vague et indéfinie.

REMARQUES SUR CERTAINS VERBES

QUI SE CONJUGUENT SUR CES QUATRE MODÈLES.

Première conjugaison.

§ 88. — 1° Les verbes terminés à l'infinitif par *cer* prennent une cédille sous le *c* devant les voyelles *a*, *o*.

Ex. : Forcer, nous *forçons*, il *força*.

2° Les verbes terminés à l'infinitif par *ger* prennent un *e* muet après le *g* devant les voyelles *a*, *o*.

Ex. : Manger, *mangeant*, nous *mangeons*.

3° Les verbes qui ont un *e* muet à l'avant-dernière syllabe, changent cet *e* muet en *è* ouvert devant une syllabe muette.

Ex. : Mener; je *mène;* lever, je *lèverai.*

4° Les verbes qui ont un *é* fermé à l'avant-dernière syllabe, changent cet *é* fermé en *è* ouvert devant une syllabe muette.

Ex. : Végéter, je *végète.*

Cependant, d'après l'Académie, l'*é* fermé se conserve au futur et au conditionnel.

Ex. : Je *végéterai.*

Les verbes en *éger* conservent même l'accent aigu dans toute leur conjugaison.

Ex. : Je *protége.*
Il *assiégera.*

5° Les verbes en *eler*, *eter*, doublent *l* et *t* devant un *e* muet.

Ex. : Appeler, j'*appelle*, j'*appellerai.*
Jeter, je *jette*, je *jetterai.*

Il faut en excepter les verbes *acheter, racheter, becqueter*, *bourreler*, *céler, déceler, recéler, crocheter, décolleter, écarteler, étiqueter, geler, dégeler*, *haleter, harceler*, *marteler*, *modeler, peler*, qui changent *e* muet en *è* ouvert.

Ex. : J'*achète*, je *modèle.*

6° Les verbes en *ier,* dont le radical est terminé par un *i* au participe présent, prennent deux *i* de suite à la première et à la deuxième personne du pluriel de l'imparfait de l'indicatif et du présent du subjonctif.

Ex. : Nous *priions*, vous *priiez*, que nous *priions.*

7° Les verbes en *yer* changent *y* en *i* devant les syllabes muettes.

Ex. : Employer, j'*emploie*, j'*emploierai.*

Il faut en excepter les verbes en *ayer*, dans lesquels on peut conserver l'*y* devant l'*e* muet.

Ex. : Il *paie* ou il *paye*.
Je *paierai* ou je *payerai*.

8° Les verbes en *éer* ont un *é* fermé suivi d'un *e* muet à toutes les personnes dont la terminaison commence par un *e* muet.

Ex. : Je *crée*, je *créerai*.

Le participe passé du féminin a trois *e*, dont deux *é* fermés, suivis d'un *e* muet : *créée*.

Deuxième conjugaison.

§ 89. — Bénir a deux participes : 1° *Bénit*, *bénite*, pour les personnes et les choses consacrées par une cérémonie religieuse; cette forme ne s'emploie que dans un sens passif avec l'auxiliaire *être* : Pain *bénit*, eau *bénite*; ces époux *ont été bénits* à Notre-Dame; 2° *béni*, *bénie*, dans tous les autres cas : roi *béni*, nation *bénie*.

Haïr conserve le tréma sur l'*i* dans toute la conjugaison, excepté : 1° aux trois personnes du singulier du présent de l'indicatif : je *hais*, tu *hais*, il *hait*; 2° à la seconde personne de l'impératif : *hais*.

Fleurir est régulier dans le sens de *être en fleur*; mais dans le sens de *prospérer*, *être en honneur*, il fait au participe présent *florissant*, et à l'imparfait de l'indicatif, je *florissais*.

Troisième conjugaison.

§ 90. — Parmi les verbes qui appartiennent à cette conjugaison, il n'y a que les verbes en *evoir* qui se conjuguent sur *recevoir*; tous les autres sont irréguliers.

Devoir et *mouvoir* prennent un accent circonflexe au masculin singulier du participe passé : *dû*, *mû*.

Dans certains verbes, dont le radical renferme la lettre *c*, on met une cédille sous le *c* quand il est suivi de *o* ou de *u*.

Ex. : Recevoir, il *reçoit*, il *reçut*.

Quatrième conjugaison.

§ 91. — Dans les verbes de cette conjugaison dont le radical n'est pas terminé par *d*, comme *luire*, *paraître*, et dans les verbes en *indre* et en *soudre*, la troisième personne du présent de l'indicatif a un *t*, et non un *d*.

Ex. : Il *luit*, il *paraît*, il *peint*, il *résout*.

Les verbes en *aître* et en *oître*, comme *paraître*, *croître*, prennent un accent circonflexe sur l'*i*, quand il est suivi de *t*.

Ex. : Il *paraît*.
Il *croîtra*.

Le verbe *croître* prend l'accent circonflexe au participe passé : *crû*.

Plaire et ses composés prennent également l'accent circonflexe à la troisième personne du singulier du présent de l'indicatif.

Ex. : Il *plaît*.

DE LA FORMATION DES TEMPS.

§ 92. — On distingue dans les verbes les *temps primitifs* et les *temps dérivés*.

Les *temps primitifs* sont ceux qui servent à former tous les autres.

Les *temps dérivés* sont ceux qui sont formés des temps primitifs.

Il y a cinq temps primitifs : le *présent de l'infinitif*, le *participe présent*, le *participe passé*, le *présent de l'indicatif*, le *parfait défini*.

Du PRÉSENT DE L'INFINITIF on forme deux temps :

1° Le *futur simple*, par le changement de *r*, *oir* ou *re* en *rai* :

Aime-r.	J'aime-rai.
Fini-r.	Je fini-rai.
Recev-oir.	Je recev-rai.
Rend-re.	Je rend-rai.

Le *conditionnel présent* par le changement de *r*, *oir* ou *re* en *rais*.

Aime-r.	J'aime-rais.
Fini-r.	Je fini-rais.
Recev-oir.	Je recev-rais.
Rend-re.	Je rend-rais.

Du PARTICIPE PRÉSENT on forme trois temps :

1° Le *pluriel du présent de l'indicatif*, par le changement de *ant* en *ons*, *ez*, *ent* :

Aim-ant.	Aim-ons, ez, ent.
Finiss-ant.	Finiss-ons, ez, ent.
Recev-ant.	Recev-ons, ez, reçoiv-ent.
Rend-ant.	Rend-ons, ez, ent.

REMARQUE. — Dans les verbes en *oir*, la troisième personne du pluriel reprend la voyelle composée du singulier : Je reç-oi-s, ils reç-*oi*-vent ; je m-eu-s, ils m-*eu*-vent.

2° L'*imparfait de l'indicatif*, par le changement de *ant* en *ais* :

Aim-ant.	J'aim-ais.
Finiss-ant.	Je finiss-ais.
Recev-ant.	Je recev-ais.
Rend-ant.	Je rend-ais.

3° Le *présent du subjonctif*, par le changement de *ant* en *e* :

Aim-ant.	Que j'aim-e.
Finiss-ant,	Que je finiss-e.
Recev-ant.	Que nous recev-ions, que vous recev-iez.
Rend-ant.	Que je rend-e.

REMARQUE. — Dans les verbes en *oir*, la voyelle composée du singulier de l'indicatif reparaît encore aux trois personnes du singulier et à la troisième personne du pluriel : Je reç-oi-s, que je reç-*oi*-ve, que tu reç-*oi*-ves, qu'il reç-*oi*-ve, qu'ils reç-*oi*-vent ; je m-eu-s, que je m-*eu*-ve, que tu m-*eu*-ves, qu'il m-*eu*-ve, qu'ils m-*eu*-vent.

Du PARTICIPE PASSÉ, construit avec les temps *simples*

des auxiliaires *avoir* ou *être*, on forme *tous les temps composés :*

J'ai aimé.	Tu avais reçu.
Nous avons fini.	Qu'ils aient rendu.

Du PRÉSENT DE L'INDICATIF, on forme un temps :

L'*impératif*, par la simple suppression du pronom sujet, et par le retranchement de *s* final dans les verbes de la première conjugaison.

Tu aimes.	Aime.
Tu finis.	Finis.
Tu reçois.	Reçois.
Tu rends.	Rends.

Du PARFAIT DÉFINI on forme un temps :

L'*imparfait du subjonctif*, par l'addition de *se* à la deuxième personne du singulier.

Tu aimas.	Que j'aimas-se.
Tu finis.	Que je finis-se.
Tu reçus.	Que je reçus-se.
Tu rendis.	Que je rendis-se.

CONJUGAISON UNIQUE

§ 93. — On voit, par la formation des quatre modèles de conjugaison, combien ces conjugaisons diffèrent peu les unes des autres. Il serait donc facile de ramener les quatre formes à une *conjugaison unique*, car les désinences sont communes aux quatre conjugaisons, à l'exception, et pour la première seulement, des trois premières personnes du présent de l'indicatif, et de tout le parfait défini. Nous ne donnons les désinences que de ces deux temps.

PRÉSENT.		PARFAIT	DÉFINI.
e	s.	ai	s.
es	s.	as	s.
e	t.	a	t.
	ons.	âmes	mes.
	ez.	âtes	tes.
	ent.	èrent	rent.

REMARQUE SUR LES TEMPS DU SUBJONCTIF.

§ 94. — Les temps du subjonctif ont une double signification, comme le feront comprendre les exemples suivants.

1° Le subjonctif présent sert aussi de subjonctif futur.

Ex. : Je ne crois pas qu'il *lise* maintenant. (*Sans négation;* je crois qu'il *lit* maintenant.)

Je ne crois pas qu'il *lise* demain. (*Sans négation :* je crois qu'il *lira* demain.)

2° Le subjonctif *parfait* sert aussi de subjonctif *futur antérieur.*

Ex. : Je ne crois pas qu'il *soit arrivé*. (*Sans négation :* je crois qu'il *est arrivé.*)

Je ne crois pas qu'il *soit arrivé*, quand vous partirez. (*Sans négation :* je crois qu'il *sera arrivé* quand vous partirez.)

3° Le subjonctif *imparfait* sert aussi de subjonctif *au conditionnel présent.*

Ex. : Je ne croyais pas qu'il *lût* en ce moment. (*Sans négation :* je croyais qu'il *lisait* en ce moment.)

Je ne croyais pas qu'il *lût* demain. (*Sans négation :* je croyais qu'il *lirait* demain.)

4° Le subjonctif *plus-que-parfait* se confond avec une des formes du *conditionnel passé.*

Ex. : Je ne croyais pas qu'*il fût venu.* (*Sans négation :* je croyais qu'il *était venu.*)

Je ne croyais pas qu'il *fût venu*, quand même il l'aurait pu. (*Sans négation :* je croyais qu'il *serait venu*, s'il l'avait pu.)

Du reste, cette forme de conditionnel passé s'emploie même dans les propositions principales.

Ex. : Il serait *ou* il fût venu, s'il l'eût pu.

VERBES IRRÉGULIERS ET DÉFECTIFS.

§ 95. — On appelle verbes *irréguliers* ceux qui, dans leur formation, s'écartent du modèle de la conjugaison à laquelle ils appartiennent.

On nomme verbes *défectifs* ceux qui manquent de certains temps ou de certaines personnes.

§ 96. — Première conjugaison.

ALLER. — *Ind.* Je vais, tu vas, il va, nous allons, vous allez, ils vont. J'allais, nous allions. J'allai, nous allâmes. J'irai, nous irons. *Cond.* J'irais, nous irions. *Impér.* Va, allons, allez. *Subj.* Que j'aille, que nous allions. Que j'allasse, que nous allassions. *Part.* allant; allé, allée. — Les temps composés prennent l'auxiliaire *être*. — Dans le verbe *s'en aller*, l'auxiliaire se place entre le pronom *en* et le participe : *je m'en suis allé.*

ENVOYER. — *Ind.* J'envoie, nous envoyons. J'envoyais, nous envoyions. J'envoyai, nous envoyâmes. J'enverrai, nous enverrons. *Cond.* J'enverrais, nous enverrions. *Impér.* Envoie, envoyons. *Subj.* Que j'envoie, que nous envoyions. Que j'envoyasse. *Part.* Envoyant; envoyé, envoyée. — Il en est de même de *renvoyer;* mais *convoyer*, *dévoyer*, *fourvoyer*, *louvoyer* sont réguliers.

PUER. — Ce verbe n'a ni passé défini ni participe passé.

§ 97. — Deuxième conjugaison.

ACQUÉRIR. — *Ind.* J'acquiers, tu acquiers, il acquiert, nous acquérons, vous acquérez, ils acquièrent. J'acquérais, nous acquérions. J'acquis, nous acquîmes. J'acquerrai, nous acquerrons. *Cond.* J'acquerrais, nous acquerrions. *Imp.* Acquiers, acquérons. *Subj.* Que j'acquière, que nous acquérions. Que j'acquisse, que nous acquissions. *Part.* Acquérant; acquis, acquise. — Conjuguez de même : *Conquérir, s'enquérir, requérir.*

ASSAILLIR. — *Ind.* J'assaille, nous assaillons. J'assaillais, nous assaillions. J'assaillis, nous assaillîmes. J'assaillirai, nous assaillirons. *Cond.* J'assaillirais, nous assaillirions. *Impér.* Assaille, assaillons. *Subj.* Que j'assaille, que nous assaillions. Que j'assaillisse, que nous assaillissions. *Part.* Assaillant; assailli, assaillie. — La même particularité s'applique au verbe *tressaillir*.

BOUILLIR. — *Ind.* Je bous, tu bous, il bout, nous bouillons, vous bouillez, ils bouillent. Je bouillais, nous bouillions. Je bouillis, nous bouillîmes. Je bouillirai, nous bouillirons. *Cond.* Je bouillirais, nous bouillirions. *Impér.* Bous, bouillons, bouillez. *Subj.* Que je bouille, que nous bouillions. Que je bouillisse, que nous bouillissions. *Part.* Bouillant; bouilli, bouillie.

COURIR. — *Ind.* Je cours, nous courons. Je courais, nous courions. Je courus, nous courûmes. Je courrai, nous courrons. *Cond.* Je courrais, nous courrions. *Impér.* Cours, courons. *Subj.* Que je coure, que nous courions. Que je courusse, que nous courussions. *Part.* Courant; couru, courue. — Conjuguez ainsi *accourir*, etc.

Cueillir. — *Ind.* Je cueille, nous cueillons. Je cueillais, nous cueillions. Je cueillis, nous cueillîmes. Je cueillerai, nous cueillerons. *Impér.* Cueille, cueillons. *Subj.* Que je cueille, que nous cueillions. Que je cueillisse, que nous cueillissions. *Part.* Cueillant; cueilli, cueillie. — Les composés ont les mêmes irrégularités.

Dormir. — *Ind.* Je dors. Je dormais. Je dormis. Je dormirai. *Impér.* Dors. *Subj.* Que je dorme. Que je dormisse. *Part.* Dormant; dormi (invariable). — Conjuguez de même : *endormir* et *s'endormir*, qui ont le participe passé variable, *endormie.*

Faillir. — *Ind.* Je faux, tu faux, il faut, nous faillons, vous faillez, ils faillent. Je faillais. Je faillis. Je faudrai. *Part.* Faillant; failli (invariable) (1). — *Défaillir* a les mêmes temps, sauf le futur.

Férir. — Ce verbe n'est usité qu'au présent de l'infinitif et dans cette locution : *sans coup férir.*

Fuir. — *Ind.* Je fuis, tu fuis, il fuit, nous fuyons, vous fuyez, ils fuient. Je fuyais, nous fuyions. Je fuis, nous fuîmes. Je fuirai. *Impér.* Fuis, fuyons. *Subj.* Que je fuie, que nous fuyions. Que je fuisse, que nous fuissions. *Part.* Fuyant; fui, fuie. — Conjuguez de même *s'enfuir.*

Gésir. — Ce verbe est usité seulement dans : *ci-gît. Ind.* Il gît, nous gisons, vous gisez, ils gisent. Je gisais, etc. *Part.* Gisant.

Mentir. — *Ind.* Je mens. Je mentais. Je mentis. Je mentirai. *Cond.* Je mentirais. *Impér.* Mens. *Subj.* Que je mente. Que je mentisse. *Part.* Mentant; menti (invariable). — Conjuguez de même *démentir* dont le participe passé est variable, *démentie.*

Mourir. — *Ind.* Je meurs, tu meurs, il meurt, nous mourons, vous mourez, ils meurent. Je mourais, nous mourions. Je mourus. Je mourrai, nous mourrons. *Cond.* Je mourrais, nous mourrions. *Impér.* Meurs, mourons. *Subj.* Que je meure, que nous mourions. Que je mourusse, que nous mourussions. *Part.* Mourant; mort, morte. — Les temps composés prennent l'auxiliaire *être.*

Offrir. — *Ind.* J'offre, nous offrons. J'offrais, nous offrions. J'offris, nous offrîmes. J'offrirai, nous offrirons. *Cond.* J'offrirais. *Impér.* Offre, offrons. *Subj.* Que j'offre, que nous offrions. Que j'offrisse, que nous offrissions. *Part.* Offrant; offert, offerte.

Ouïr. — Ce verbe n'est guère usité aujourd'hui qu'au participe passé *ouï*, avec l'auxiliaire *avoir;* et au présent de l'infinitif *ouïr.* Les autres formes *j'oyais*, *j'ouïs*, *oyons* sont rares.

Ouvrir, *rouvrir*, *couvrir* se conjuguent comme *offrir.*

Partir. — *Ind.* Je pars, nous partons. Je partais. Je partis. Je partirai. *Cond.* Je partirais. *Impér.* Pars, partons. *Subj.* Que je parte. Que je partisse. *Part.* Partant; parti, partie. — Ainsi se con-

(1) *Faillir* est peu usité sous cette forme; l'usage tend de plus en plus à rendre ce verbe régulier : *Ind. pr.* Je faillis, tu faillis, etc. *Imparfait.* Je faillissais, tu faillissais, etc.

jugue *repartir*, dans le sens de *partir de nouveau* et de *répliquer;* mais *répartir* dans le sens de *distribuer* est régulier : Je répartis. Je répartissais, etc.

QUÉRIR. — Ce verbe ne s'emploie qu'à l'infinitif, avec les verbes *aller*, *envoyer*.

REPENTIR (SE). — Comme *mentir*.

SAILLIR (s'avancer en dehors, être en saillie). — Ce verbe ne s'emploie qu'aux troisièmes personnes et aux temps suivants : *Ind.* Il saille, ils saillent. Il saillait, ils saillaient. Il saillera, ils sailleront. *Cond.* Il saillerait, ils sailleraient.

SAILLIR (jaillir). — Ce verbe est régulier, mais ne s'emploie qu'aux troisièmes personnes et au présent de l'infinitif. Il saillit, ils saillissent. Il saillissait, ils saillissaient. Il saillira, ils sailliront, etc.

SENTIR. — Comme *mentir*.

SERVIR. — *Ind.* Je sers, nous servons. Je servais, nous servions. Je servis. Je servirai. *Impér.* Sers, servons. *Subj.* Que je serve, que nous servions. *Part.* Servant; servi, servie. — Ainsi se conjugue *desservir ;* mais *asservir* est régulier : J'asservis. J'asservissais, etc.

SORTIR. — *Ind.* Je sors, nous sortons. Je sortais, nous sortions. Je sortis. Je sortirai. *Impér.* Sors, sortons. *Subj.* Que je sorte, que nous sortions. Que je sortisse. *Part.* Sortant; sorti, sortie. — Ainsi se conjugue *ressortir*, dans le sens de *sortir de nouveau ;* mais *ressortir*, dans le sens de *dépendre de quelque juridiction*, est régulier : Je ressortis. Je ressortissais, etc.

SOUFFRIR. — Comme *ouvrir*.

TENIR. — *Ind.* Je tiens, tu tiens, il tient, nous tenons, vous tenez, ils tiennent. Je tenais, nous tenions. Je tins, nous tînmes. Je tiendrai, nous tiendrons. *Cond.* Je tiendrais, nous tiendrions. *Impér.* Tiens, tenons. *Subj.* Que je tienne, que nous tenions. Que je tinsse, que nous tinssions. *Part.* Tenant; tenu, tenue. — Ainsi se conjuguent *appartenir*, *soutenir*, *maintenir*, etc.

VENIR. — Ce verbe et ses composés se conjuguent comme *tenir*. *Venir* prend l'auxiliaire *être*.

VÊTIR. — *Ind.* Je vêts, tu vêts, il vêt; nous vêtons, vous vêtez, ils vêtent. Je vêtais, nous vêtions. Je vêtis, nous vêtîmes. Je vêtirai, nous vêtirons. *Cond.* Je vêtirais. *Impér.* Vêts, vêtons, vêtez. *Subj.* Que je vête, que nous vêtions. Que je vêtisse. *Part.* Vêtant ; vêtu, vêtue. — Les composés *revêtir* et *dévêtir* se conjuguent de même.

§ 98. — **Troisième conjugaison.**

ASSEOIR. — *Ind.* J'assieds, tu assieds, il assied, nous asseyons, vous asseyez, ils asseyent. J'asseyais, nous asseyions. J'assis, nous assîmes. J'assiérai *ou* j'asseyerai. *Cond.* J'assiérais *ou* j'asseyerais. *Impér.* Assieds, asseyons, asseyez. *Subj.* Que j'asseye, que nous asseyions. Que j'assisse, que nous assissions. *Part.* Asseyant; assis, assise. — On dit aussi, mais plus rarement : J'assois, il assoit, nous assoyons, vous assoyez, ils assoient. J'assoyais. J'assoirai. Assois, assoyez. Que j'assoie. Assoyant.

Choir. — Ce verbe n'est usité qu'à l'infinitif, et quelquefois au participe passé *chu*, *chue*.

Déchoir. — *Ind.* Je déchois, tu déchois, il déchoit, nous déchoyons, vous déchoyez, ils déchoient. (Sans imparfait.) Je déchus, nous déchûmes. Je décherrai, nous décherrons. *Cond.* Je décherrais. (Sans impératif.) *Subj.* Que je déchoie, que nous déchoyions. Que je déchusse, que nous déchussions. *Part.* Déchu, déchue. (Sans participe présent.) — Les temps composés prennent *avoir* ou *être*.

Devoir. — *Ind.* Je dois, tu dois, il doit, nous devons, vous devez, ils doivent. Je devais. Je devrai. *Cond.* Je devrais. *Subj.* Que je doive, que nous devions. Que je dusse. *Part.* Devant; dû, due.

Échoir. — Au présent de l'indicatif, ce verbe n'est guère usité qu'à la 3e personne du singulier *il échoit*. Autres temps usités : J'échus. J'écherrai. Que j'échusse. Échéant; échu, échue. — Les temps composés prennent l'auxiliaire *être*.

Falloir. — *Ind.* Il faut. Il fallait. Il fallut. Il a fallu. Il faudra. *Cond.* Il faudrait. *Subj.* Qu'il faille. Qu'il fallût. *Part.* Fallu (invariable).

Mouvoir. — *Ind.* Je meus, tu meus, il meut, nous mouvons, vous mouvez, ils meuvent. Je mouvais. Je mus. Je mouvrai. *Cond.* Je mouvrais. *Impér.* Meus, mouvons. *Subj.* Que je meuve, que nous mouvions. Que je musse, que nous mussions. *Part.* Mouvant; mû, mue. — Ainsi se conjugue *émouvoir*. *Promouvoir* n'est guère usité qu'à l'infinitif, au participe passé *promu*, et aux temps composés.

Pleuvoir. — *Ind.* Il pleut. Il pleuvait. Il plut. Il a plu. Il pleuvra. *Subj.* Qu'il pleuve. Qu'il plût. *Part.* Pleuvant; plu. — Au figuré, ce verbe peut avoir la troisième personne du pluriel : Les coups *pleuvent* sur lui.

Pourvoir. — *Ind.* Je pourvois, nous pourvoyons. Je pourvoyais, nous pourvoyions. Je pourvus, nous pourvûmes. Je pourvoirai. *Cond.* Je pourvoirais. *Impér.* Pourvois, pourvoyons. *Subj.* Que je pourvoie, que nous pourvoyions. Que je pourvusse, que nous pourvussions. *Part.* Pourvoyant; pourvu, pourvue.

Pouvoir. — *Ind.* Je peux *ou* je puis, tu peux, il peut, nous pouvons, vous pouvez, ils peuvent. Je pouvais. Je pus. Je pourrai, nous pourrons. *Cond.* Je pourrais, nous pourrions. (Pas d'impératif.) *Subj.* Que je puisse. Que je pusse. *Part.* Pouvant; pu (invariable). — Avec l'interrogation, on dit *puis-je?* et non *peux-je?*

Ravoir. — Ce verbe n'est usité qu'à l'infinitif.

Savoir. — *Ind.* Je sais, tu sais, il sait, nous savons, vous savez, ils savent. Je savais. Je sus. Je saurai, nous saurons. *Cond.* Je saurais. *Impér.* Sache, sachons. *Subj.* Que je sache, que nous sachions. Que je susse, que nous sussions. *Part.* Sachant; su, sue.

Seoir (résider, être placé, situé). — Ce verbe ne s'emploie qu'aux participes : Séant; sis, sise.

Seoir (être convenable). — Ce verbe n'est usité qu'aux troisièmes personnes des temps suivants : *Ind.* Il sied, ils siéent. Il seyait, ils seyaient. Il siéra, ils siéront. *Cond.* Il siérait, ils siéraient. *Subj.* Qu'il siée, qu'ils siéent. *Part.* Seyant.

SURSEOIR. — *Ind.* Je sursois, nous sursoyons. Je sursoyais, nous sursoyions. Je sursis, nous sursîmes. Je surseoirai, nous surseoirons. *Cond.* Je surseoirais, nous surseoirions. (Pas d'impératif ni de subjonctif présent.) Que je sursisse, que nous sursissions. *Part.* Sursoyant ; sursis, sursise.

VALOIR. — *Ind.* Je vaux, tu vaux, il vaut, nous valons, vous valez, ils valent. Je valais, nous valions. Je valus, nous valûmes. Je vaudrai, nous vaudrons. *Cond.* Je vaudrais, nous vaudrions. (Point d'impératif.) *Subj.* Que je vaille, que nous valions, que vous valiez, qu'ils vaillent. Que je valusse. *Part.* Valant ; valu, value. — Conjuguez de même *équivaloir*, *prévaloir ;* ce dernier fait au subjonctif présent *que je prévale, que tu prévales*, etc.

VOIR. — *Ind.* Je vois, nous voyons, ils voient. Je voyais, nous voyions. Je vis. Je verrai. *Cond.* Je verrais. *Impér.* Vois, voyons, voyez. *Subj.* Que je voie, que nous voyions. Que je visse. *Part.* Voyant ; vu, vue. — Conjuguez ainsi *revoir* et *entrevoir ; prévoir* fait au futur et au conditionnel *je prévoirai, je prévoirais.*

VOULOIR. — *Ind.* Je veux, tu veux, il veut, nous voulons, vous voulez, ils veulent. Je voulais, nous voulions. Je voulus. Je voudrai, nous voudrons. *Cond.* Je voudrais, nous voudrions. *Impér.* Veux *et* veuille, voulons, voulez *et* veuillez. *Subj.* Que je veuille, que nous voulions, que vous vouliez, qu'ils veuillent. Que je voulusse. *Part.* Voulant ; voulu, voulue. — Des deux impératifs *veux, voulez ; veuille, veuillez,* le premier, plus rare, présente un sens de commandement, d'exhortation ; le second exprime le désir.

§ 99. — **Quatrième conjugaison.**

ABSOUDRE. — *Ind.* J'absous, tu absous, il absout, nous absolvons, vous absolvez, ils absolvent. J'absolvais, nous absolvions. (Pas de parfait défini.) J'absoudrai, nous absoudrons. *Cond.* J'absoudrais. *Impér.* Absous, absolvons. *Subj.* Que j'absolve, que nous absolvions. (Pas d'imparfait du subjonctif.) *Part.* Absolvant ; absous, absoute. — Conjuguez de même *dissoudre*. — Voir le mot *résoudre*.

ACCROIRE. — Ce verbe n'est guère employé qu'à l'infinitif.

ATTEINDRE. — *Ind.* J'atteins, tu atteins, il atteint, nous atteignons, vous atteignez, ils atteignent. J'atteignais, nous atteignions. J'atteignis. J'atteindrai. *Cond.* J'atteindrais. *Impér.* Atteins. *Subj.* Que j'atteigne. Que j'atteignisse. *Part.* Atteignant ; atteint, atteinte. — Conjuguez de même les verbes en *eindre*, *aindre* et *oindre*.

BATTRE. — *Ind.* Je bats, nous battons. Je battais. Je battis. Je battrai. *Cond.* Je battrais. *Imp.* Bats, battons, battez. *Subj.* Que je batte. Que je battisse. *Part.* Battant ; battu, battue.

BOIRE. — *Ind.* Je bois, tu bois, il boit, nous buvons, vous buvez, ils boivent. Je buvais, nous buvions. Je bus, nous bûmes. Je boirai, nous boirons. *Cond.* Je boirais. *Impér.* Bois, buvons, buvez.

Subj. Que je boive, que nous buvions, que vous buviez, qu'ils boivent. Que je busse, que nous bussions. *Part.* Buvant; bu, bue.

Braire. — *Ind.* Il brait, ils braient. Il brayait, ils brayaient. Il braira, ils brairont. *Subj.* Qu'il braye, qu'ils brayent. *Part.* Brayant. — Les autres temps et les autres personnes sont inusités.

Bruire. — *Ind.* Il bruit. Il bruyait, ils bruyaient. Quelques auteurs écrivent, au présent de l'indicatif : Les flots *bruyent*, les insectes *bruissent.*

Ceindre. — Comme *atteindre.*

Clore. — *Ind.* Je clos, tu clos, il clôt (point de pluriel). Je clorai. *Cond.* Je clorais. *Impér.* Clos. *Part. passé.* Clos, close. — Tous les temps composés qui en sont formés sont usités : J'ai clos. J'eus clos, etc. — Conjuguez de même *enclore.*

Conclure. — *Ind.* Je conclus, tu conclus, il conclut, nous concluons, vous concluez, ils concluent. Je concluais, nous concluïons. Je conclus. Je conclurai, nous conclurons. *Cond.* Je conclurais. *Impér.* Conclus, concluons. *Subj.* Que je conclue, que nous concluïons. Que je conclusse. *Part.* Concluant; conclu, conclue. — *Exclure* se conjugue de même.

Conduire. — *Ind.* Je conduis, nous conduisons. Je conduisais. Je conduisis. Je conduirai. *Cond.* Je conduirais. *Impér.* Conduis. *Subj.* Que je conduise, que nous conduisions. Que je conduisisse, que nous conduisissions. *Part.* Conduisant ; conduit, conduite. — Ainsi se conjuguent les verbes en *uire*, excepté *bruire*, *luire* et *nuire.*

Confire. — *Ind.* Je confis, nous confisons. Je confisais. Je confis. J'ai confit. Je confirai. *Impér.* Confis. *Part.* Confisant; confit, confite. — L'imparfait du subjonctif est inusité.

Connaître. — *Ind.* Je connais, il connaît. Je connaissais. Je connus. Je connaîtrai. *Cond.* Je connaîtrais. *Impér.* Connais. *Subj.* Que je connaisse. Que je connusse. *Part.* Connaissant; connu, connue. — Conjuguez ainsi les composés *méconnaître*, *reconnaître.*

Construire. — Comme *conduire.*

Contraindre. — Comme *atteindre.*

Coudre. — *Ind.* Je couds, tu couds, il coud, nous cousons, vous cousez, ils cousent. Je cousais, nous cousions. Je cousis, nous cousîmes. Je coudrai, nous coudrons. *Cond.* Je coudrais, nous coudrions. *Impér.* Couds, cousons. *Subj.* Que je couse, que nous cousions. Que je cousisse, que nous cousissions. *Part.* Cousant; cousu, cousue. — De même *découdre* et *recoudre.*

Craindre. — Comme *atteindre.*

Croire. — *Ind.* Je crois, tu crois, il croit, nous croyons, vous croyez, ils croient. Je croyais, nous croyions. Je crus, nous crûmes. Je croirai. *Cond.* Je croirais. *Impér.* Crois, croyons. *Subj.* Que je croie, que nous croyions. Que je crusse. *Part.* Croyant; cru, crue.

Croître. — *Ind.* Je crois, tu crois, il croît, nous croissons, vous croissez, ils croissent. Je croissais. Je crûs, nous crûmes. Je croîtrai. *Cond.* Je croîtrais. *Impér.* Crois, croissons. *Subj.* Que je croisse. Que je crusse. *Part.* Croissant; crû, crue. — Les composés *accroître*, *décroître* ne prennent pas l'accent circonflexe au participe passé : *accru*, *décru*.

CUIRE, DÉDUIRE. — Comme *conduire*.

DIRE. — *Ind.* Je dis, nous disons, vous dites, ils disent. Je disais. Je dis, nous dîmes. Je dirai. *Cond.* Je dirais. *Impér.* Dis, disons, dites. *Subj.* Que je dise, que nous disions. Que je disse, que nous dissions. *Part.* Disant; dit, dite. — *Redire* est le seul de tous les composés de *dire* qui se conjugue absolument de même. *Contredire*, *dédire*, *interdire*, *médire*, *prédire*, font, à la seconde personne plurielle du présent de l'indicatif : vous contredisez, vous dédisez, etc. ; mais, à l'impératif, ils se conjuguent comme *dire* : Contreditesmoi, si vous l'osez. — *Maudire* fait : nous maudissons, vous maudissez, ils maudissent. Je maudissais, tu maudissais, etc. *Impér.* Maudis, maudissons, maudissez. *Part.* Maudissant.

ÉCLORE. — Ce verbe n'est usité qu'à l'infinitif et aux troisièmes personnes de quelques temps. *Ind.* Il éclôt, ils éclosent. Il éclora, ils écloront. *Cond.* Il éclorait, ils écloraient. *Subj.* Qu'il éclose, qu'ils éclosent. *Part.* Eclos, éclose. — Les temps composés prennent l'auxiliaire *être* ; ils sont usités seulement aux troisièmes personnes.

ÉCRIRE. — *Ind.* J'écris, nous écrivons. J'écrivais. J'écrivis. J'écrirai. *Subj.* Que j'écrive. Que j'écrivisse. *Part.* Écrivant; écrit, écrite. — Conjuguez de même les dérivés *décrire*, *inscrire*.

FAIRE. — *Ind.* Je fais, tu fais, il fait, nous faisons, vous faites, ils font. Je faisais. Je fis. Je ferai. *Impér.* Fais, faisons, faites. *Subj.* Que je fasse. Que je fisse. *Part.* Faisant; fait, faite. — Ainsi se conjuguent *contrefaire*, *défaire*, etc. *Parfaire* et *forfaire* ne s'emploient qu'au présent de l'infinitif et aux temps composés. *Malfaire* et *méfaire* n'ont que le présent de l'infinitif.

FRIRE. — Ce verbe n'est usité qu'aux personnes et aux temps suivants : *Ind.* Je fris, tu fris, il frit. Je frirai, tu friras, etc. *Cond.* Je frirais, tu frirais, etc. *Impér.* Fris. *Part.* Frit, frite.

INSTRUIRE. — Comme *conduire*.

JOINDRE. — Comme *atteindre*.

LIRE. — *Ind.* Je lis, nous lisons. Je lisais. Je lus. Je lirai. *Cond.* Je lirais. *Impér.* Lis, lisons, lisez. *Subj.* Que je lise. Que je lusse. *Part.* Lisant; lu, lue. — Ainsi se conjuguent les composés.

LUIRE. — *Ind.* Je luis, nous luisons. Je luisais. (Point de passé défini ni d'imparfait du subjonctif.) Je luirai. *Cond.* Je luirais. *Impér.* Luis. *Subj.* Que je luise. *Part.* Luisant ; lui (invariable). — *Reluire* se conjugue de même.

METTRE. — *Ind.* Je mets, nous mettons. Je mettais. Je mis. Je mettrai. *Cond.* Je mettrais. *Impér.* Mets, mettons, mettez. *Subj.* Que je mette. Que je misse. *Part.* Mettant ; mis, mise.

MOUDRE. — *Ind.* Je mouds, tu mouds, il moud, nous moulons, vous moulez, ils moulent. Je moulais, nous moulions. Je moulus, nous moulûmes. Je moudrai, nous moudrons. *Cond.* Je moudrais. *Impér.* Mouds, moulons. *Subj.* Que je moule, que nous moulions. Que je moulusse, que nous moulussions. *Part.* Moulant ; moulu, moulue.

Naitre. — *Ind.* Je nais, tu nais, il naît, nous naissons, vous naissez, ils naissent. Je naissais, nous naissions. Je naquis, nous naquîmes. Je naîtrai, nous naîtrons *Cond.* Je naîtrais. *Impér.* Nais, naissons *Subj.* Que je naisse, que nous naissions. Que je naquisse. *Part.* Naissant; né, née. — Ainsi se conjugue *renaître.*

Nuire. — *Ind.* Je nuis, nous nuisons. Je nuisais. Je nuisis. Je nuirai. *Impér.* Nuis. *Subj.* Que je nuise. Que je nuisisse. *Part.* Nuisant; nui (invariable).

Oindre. — Comme *atteindre.*

Paître. — *Ind.* Je pais, il paît, nous paissons. Je paissais. Je paîtrai. *Impér.* Pais, paissons. *Subj.* Que je paisse. *Part.* Paissant. — Les autres temps ne sont pas usités. *Repaître* a de plus : Je repus. J'ai repu. Que je repusse. Repu, repue.

Paraître. — *Ind.* Je parais, il paraît, nous paraissons. Je paraissais, nous paraissions. Je parus, nous parûmes. Je paraîtrai, nous paraîtrons. *Cond.* Je paraîtrais, nous paraîtrions. *Impér.* Parais, paraissons. *Subj.* Que je paraisse, que nous paraissions. Que je parusse, que nous parussions. *Part.* Paru (invariable). — Ce verbe se conjugue avec l'auxiliaire *avoir.* — *Apparaître* et *disparaître* prennent les deux auxiliaires et ont le participe passé variable.

Peindre, plaindre. — Comme *atteindre.*

Plaire. — *Ind.* Je plais, il plaît, nous plaisons. Je plaisais. Je plus. Je plairai. *Cond.* Je plairais. *Impér.* Plais, plaisons, plaisez. *Subj.* Que je plaise. Que je plusse. *Part.* Plaisant; plu (invariable). — Conjuguez de même *complaire* et *déplaire.*

Poindre (peu usité). — Comme *atteindre.*

Prendre. — *Ind.* Je prends, tu prends, il prend, nous prenons, vous prenez, ils prennent. Je prenais, nous prenions. Je pris, nous prîmes. Je prendrai, nous prendrons. *Cond.* Je prendrais, nous prendrions. *Impér.* Prends, prenons. *Subj.* Que je prenne, que nous prenions. Que je prisse, que nous prissions. *Part.* Prenant; pris, prise. — Ainsi se conjuguent *apprendre, comprendre,* etc.

Résoudre. — Comme *absoudre.* Il a, en outre, le parfait défini : Je résolus, tu résolus, etc.; l'imparfait du subjonctif : Que je résolusse, etc. ; et le participe passé : Résolu, résolue, avec une seconde forme, *résous, résoute,* en parlant des choses qui se changent en d'autres : Brouillard *résous* en pluie.

Rire. — *Ind.* Je ris, tu ris, il rit, nous rions, vous riez, ils rient. Je riais, nous riions. Je ris, nous rîmes. Je rirai, nous rirons. *Cond.* Je rirais. *Subj.* Que je rie, que nous riions. Que je risse, que nous rissions. *Part.* Ri (invariable). — Ainsi se conjugue *sourire.*

Sourdre. — Ce verbe n'est usité qu'à l'infinitif.

Suffire. — Comme *confire*, excepté au participe passé, *suffi.*

Suivre. — *Ind.* Je suis, tu suis, il suit, nous suivons, vous suivez, ils suivent. Je suivais. Je suivis. Je suivrai. *Impér.* Suis, suivons, suivez. *Subj.* Que je suive. Que je suivisse. *Part.* Suivant; suivi, suivie. — Conjuguez de même *poursuivre. S'ensuivre* ne s'emploie qu'à la troisième personne du singulier et du pluriel.

Taire. — *Ind.* Je tais, tu tais, il tait, nous taisons, vous taisez, ils taisent. Je taisais, nous taisions. Je tus, nous tûmes. Je tairai, nous tairons. *Cond.* Je tairais, nous tairions. *Impér.* Tais, taisons. *Subj.* Que je taise, que nous taisions. Que je tusse, que nous tussions. *Part.* Taisant ; tu, tue.

TRAIRE. — *Ind.* Je trais, tu trais, il trait, nous trayons, vous trayez, ils traient. Je trayais, nous trayions. (Point de parfait défini ni d'imparfait du subjonctif.) Je trairai, nous trairons. *Cond.* Je trairais, nous trairions. *Impér.* Trais, trayons. *Subj.* Que je traie, que nous trayions. *Part.* Trayant ; trait, traite. — Ainsi se conjuguent les composés de *traire*.

VAINCRE. — *Ind.* Je vaincs, tu vaincs, il vainc, nous vainquons, vous vainquez, ils vainquent. Je vainquais, nous vainquions. Je vainquis, nous vainquimes. Je vaincrai, nous vaincrons. *Cond.* Je vaincrais, nous vaincrions. *Impér.* Vaincs, vainquons. *Subj.* Que je vainque, que nous vainquions. Que je vainquisse, que nous vainquissions. *Part.* Vainquant ; vaincu, vaincue.

VIVRE. — *Ind.* Je vis, nous vivons. Je vivais. Je vécus. J'ai vécu. Je vivrai. *Cond.* Je vivrais. *Impér.* Vis, vivons, vivez. *Subj.* Que je vive, que nous vivions. Que je vécusse. *Part.* Vivant ; vécu (invariable). — *Revivre* et *survivre* se conjuguent de même.

Verbes conjugués sous la forme interrogative.

§ 100. — Les verbes conjugués sous la forme *interrogative* diffèrent des autres en ce que les pronoms se mettent, dans les temps simples, après le verbe ; dans les temps composés, entre l'auxiliaire et le participe.

§ 101. — Les verbes ne s'emploient interrogativement qu'aux temps du mode indicatif et du mode conditionnel.

	INDICATIF.
Présent.	Aimé-je?
	Aimes-tu ?
	Aime-t-il? *ou* aime-t-elle?
	Aimons-nous?
	Aimez-vous?
	Aiment-ils ? *ou* aiment-elles ?
Imparfait.	Aimais-je ? etc.
Parfait défini.	Aimai-je ? etc.
Parfait indéfini.	Ai-je aimé ? etc.
Parfait antérieur.	Eus-je aimé ? etc.
Plus-que-parfait.	Avais-je aimé ? etc.
Futur.	Aimerai-je ? etc.
Futur antérieur.	Aurai-je aimé ? etc.

CONDITIONNEL.

Présent.	Aimerais-je? etc.
Passé.	Aurais-je aimé? etc., *ou* eussé-je aimé? etc.

Remarques. — I. Quand la première personne se termine par *e* muet, on change cet *e* en *é* fermé.

Ex. : *Aimé*-je? *dussé*-je?

II. Quand la troisième personne du singulier se termine par *e* ou par *a*, on met un *t* euphonique entre le verbe et le pronom.

Ex. : Arrive-*t*-il aujourd'hui?
Jamais roi aima-*t*-il à connaître la vérité (1)?

III. Si le verbe se termine par deux consonnes à la première personne, pour éviter un son dur et désagréable, on prend une autre tournure.

Ex. : *Est-ce que* je cours?
Est-ce que je réponds?
Et non pas : *cours-je? réponds-je?*

§ 102. — Verbes conjugués sous la forme négative.

INDICATIF.

Présent.	Je *ne* cours *pas* ou *point*, etc.
Imparfait.	Je *ne* courais *pas*, etc.
Parfait indéfini.	Je *n*'ai *pas* couru, etc.
Futur antérieur.	Je *n*'aurai *pas* couru, etc.

§ 103. — Verbes conjugués sous la forme interrogative et négative.

INDICATIF.

Présent.	Ne parlé-je pas? etc.
Imparfait.	Ne parlais-je pas? etc.

(1) Outre le *t* euphonique, employé dans l'interrogation, la langue française possède encore l'*s* euphonique, qu'on ajoute à la deuxième personne du singulier de l'impératif des verbes de la première conjugaison, devant les pronoms *en* et *y* : *donnes*-en, *portes*-y tes pas.

CONDITIONNEL.

Présent.	Ne parlerais-je pas? etc.
Passé.	N'aurais-je pas parlé? etc.

VERBES PASSIFS.

§ 104. — On appelle verbe *passif* celui qui exprime une action soufferte, reçue par le sujet.

Ex. : La souris *est mangée* par le chat.

L'action d'être mangée est soufferte par la souris; *est mangée* est un verbe passif.

§ 105. — Tout verbe actif a un passif.

§ 106. — Il n'y a qu'une conjugaison pour tous les verbes passifs; elle se compose du verbe *être*, suivi du participe passé du verbe que l'on veut conjuguer passivement.

INDICATIF.

Présent.	Je suis aimé *ou* aimée, etc.
Imparfait.	J'étais aimé *ou* aimée, etc.
Parfait défini.	Je fus aimé *ou* aimée, etc.
Parfait indéfini.	J'ai été aimé *ou* aimée, etc.
Parfait antérieur.	J'eus été aimé *ou* aimée, etc.
Plus-que-parfait.	J'avais été aimé *ou* aimée, etc.
Futur.	Je serai aimé *ou* aimée, etc.
Futur antérieur.	J'aurai été aimé *ou* aimée, etc.

CONDITIONNEL.

Présent.	Je serais aimé *ou* aimée, etc.
Passé.	J'aurais été aimé *ou* aimée, etc.
On dit aussi :	J'eusse été aimé *ou* aimée, etc.

IMPÉRATIF.

Présent.	Sois aimé *ou* aimée, etc.

SUBJONCTIF.

Présent et futur.	Que je sois aimé *ou* aimée, etc.
Imparfait.	Que je fusse aimé *ou* aimée, etc.
Parfait et futur ant.	Que j'aie été aimé *ou* aimée, etc.
Plus-que-parfait.	Que j'eusse été aimé *ou* aimée, etc.

INFINITIF.

Présent. Être aimé *ou* aimée, aimés *ou* aimées.
Parfait. Avoir été aimé *ou* aimée, aimés *ou* aimées.

PARTICIPE.

Présent. Étant aimé *ou* aimée, aimés *ou* aimées.
Passé. Aimé, aimée, aimés, aimées, ayant été aimé, etc.

Ainsi se conjuguent *être fini*, *être reçu*, *être rendu*, etc.

VERBES NEUTRES OU INTRANSITIFS.

§ 107. — On appelle verbe *neutre* ou *intransitif* celui qui, par lui-même, et sans pouvoir prendre de complément direct, exprime l'état ou l'action du sujet.

Ex. : L'arbre *languit*.
L'enfant *court*.

On reconnaît qu'un verbe est neutre quand on ne peut pas le faire suivre des mots *quelqu'un* ou *quelque chose*. On ne peut pas dire : *languir quelqu'un*, *courir quelque chose*.

*§ 108. — Tout verbe actif devient neutre quand on l'emploie d'une manière absolue, c'est-à-dire sans complément direct.

Ainsi le verbe *manger*, qui est actif dans cette proposition : *je mange un fruit*, devient neutre si je dis : *je mange*.

*§ 109. — Réciproquement, un verbe neutre devient actif, s'il est suivi d'un complément direct.

Si je dis : cet enfant *boit*, *boit* est un verbe neutre, puisqu'il exprime par lui-même un sens complet ; mais si je dis : cet enfant *boit le vin*, *boit* n'est plus un verbe neutre, puisqu'il a un complément direct, *le vin* ; il est alors actif.

§ 110. — La plupart des verbes neutres se conjuguent comme les verbes actifs, avec l'auxiliaire *avoir*.

Ex. : *J'avais* dormi, *j'ai* paru, etc.

Mais il y a des verbes neutres qui se conjuguent dans leurs temps composés avec l'auxiliaire *être*.

Ex. : *J'étais* arrivé, *je suis* venu, etc.

Voici le tableau comparatif de cette double conjugaison dans les verbes neutres :

Verbe neutre DORMIR. Conjugué avec l'auxiliaire AVOIR.		**Verbe neutre ARRIVER.** Conjugué avec l'auxiliaire ÊTRE.	
	INDICATIF		
	PRÉSENT.		
Je dors, etc.		J'arrive, etc.	
	IMPARFAIT.		
Je dormais, etc.		J'arrivais, etc.	
	PARFAIT DÉFINI.		
Je dormis, etc.		J'arrivai, etc.	
	PARFAIT INDÉFINI.		
J'ai Tu as Il *ou* elle a Nous avons Vous avez Ils *ou* elles ont	dormi.	Je suis Tu es Il *ou* elle est Nous sommes Vous êtes Ils *ou* elles sont	arrivé *ou* arrivée. arrivés *ou* arrivées.
	PARFAIT ANTÉRIEUR.		
J'eus Tu eus Il *ou* elle eut Nous eûmes Vous eûtes Ils *ou* elles eurent	dormi.	Je fus Tu fus Il *ou* elle fut Nous fûmes Vous fûtes Ils *ou* elles furent	arrivé *ou* arrivée. arrivés *ou* arrivées.
	PLUS-QUE-PARFAIT.		
J'avais Tu avais Il *ou* elle avait Nous avions Vous aviez Ils *ou* elles avaient	dormi.	J'étais Tu étais Il *ou* elle était Nous étions Vous étiez Ils *ou* elles étaient	arrivé *ou* arrivée. arrivés *ou* arrivées.

FUTUR SIMPLE.

Je dormirai, etc.	J'arriverai, etc.

FUTUR ANTÉRIEUR.

J'aurai		Je serai	arrivé
Tu auras		Tu seras	*ou*
Il *ou* elle aura	dormi.	Il *ou* elle sera	arrivée.
Nous aurons		Nous serons	arrivés
Vous aurez		Vous serez	*ou*
Ils *ou* elles auront		Ils *ou* elles seront	arrivées.

CONDITIONNEL

PRÉSENT.

Je dormirais, etc.	J'arriverais, etc.

PASSÉ.

J'aurais		Je serais	arrivé
Tu aurais		Tu serais	*ou*
Il *ou* elle aurait	dormi.	Il *ou* elle serait	arrivée.
Nous aurions		Nous serions	arrivés
Vous auriez		Vous seriez	*ou*
Ils *ou* elles auraient		Ils *ou* elles seraient	arrivées.

On dit aussi :

J'eusse		Je fusse	arrivé
Tu eusses		Tu fusses	*ou*
Il *ou* elle eût	dormi.	Il *ou* elle fût	arrivée.
Nous eussions		Nous fussions	arrivés
Vous eussiez		Vous fussiez	*ou*
Ils *ou* elles eussent		Ils *ou* elles fussent	arrivées.

IMPÉRATIF

PRÉSENT.

Dors, etc.	Arrive, etc.

FUTUR ANTÉRIEUR.

Aie dormi, etc.	Sois arrivé, etc.

SUBJONCTIF

PRÉSENT ET FUTUR.

Que je dorme, etc.	Que j'arrive, etc.

IMPARFAIT.

Que je dormisse, etc.	Que j'arrivasse, etc.

PARFAIT ET FUTUR ANTÉRIEUR.

Que j'aie		Que je sois	arrivé
Que tu aies		Que tu sois	*ou*
Qu'il *ou* qu'elle ait	dormi.	Qu'il *ou* qu'elle soit	arrivée.
Que nous ayons		Que nous soyons	arrivés
Que vous ayez		Que vous soyez	*ou*
Qu'ils *ou* qu'elles aient		Qu'ils *ou* qu'elles soient	arrivées.

PLUS-QUE-PARFAIT.

Que j'eusse Que tu eusses Qu'il *ou* qu'elle eût Que nous eussions Que vous eussiez Qu'ils *ou* qu'elles eussent	dormi.	Que je fusse Que tu fusses Qu'il *ou* qu'elle fût Que nous fussions Que vous fussiez Qu'ils *ou* qu'elles fussent	arrivé *ou* arrivée. arrivés *ou* arrivées.

INFINITIF

PRÉSENT.

Dormir. — Arriver.

PARFAIT.

Avoir dormi. — Être arrivé *ou* arrivée, arrivés *ou* arrivées.

PARTICIPE

PRÉSENT.

Dormant. — Arrivant.

PASSÉ.

Dormi, ayant dormi. — Arrivé, étant arrivé *ou* arrivée, arrivés *ou* arrivées.

Ainsi se conjuguent, avec *avoir : errer*, *éternuer*, *réussir*, *paraître*, etc.; — avec *être : aller*, *mourir*, *naître*, etc.

REMARQUE. — Il ne faut pas confondre les temps composés des verbes neutres qui prennent l'auxiliaire *être*, avec les temps simples des verbes passifs ; la forme est la même, mais le sens est bien différent.

Ainsi, *je suis arrivé* est le parfait indéfini du verbe neutre *arriver ; je suis aimé* est le présent de l'indicatif du verbe passif *être aimé*.

VERBES RÉFLÉCHIS OU PRONOMINAUX.

§ 111. — Le verbe *réfléchi* exprime une action qui se reporte, *se réfléchit*, sur le sujet qui fait cette action.

Ex. : *L'enfant se* repent ; *tu te* blesses ; *nous nous* louons.

On le nomme aussi *pronominal*, parce qu'il se conjugue généralement avec deux pronoms de la même personne, dont le premier est sujet, et le second complément.

§ 112. — Les verbes réfléchis se conjuguent avec l'auxiliaire *être* dans leurs temps composés.

En voici le tableau :

	MODES		
	INDICATIF.	CONDITIONNEL.	IMPÉRATIF
PRÉSENT.	**PRÉSENT.** Je me repens. Tu te repens. Il *ou* elle se repent. Nous nous repentons. Vous vous repentez. Ils *ou* elles se repentent.	Je me repentirais. Tu te repentirais. Il *ou* elle se repentirait. Nous nous repentirions. Vous vous repentiriez. Ils *ou* elles se repentiraient.	Repens-toi. Repentons-nous. Repentez-vous.
PASSÉ.	**IMPARFAIT.** Je me repentais. Tu te repentais. Il *ou* elle se repentait. Nous nous repentions. Vous vous repentiez. Ils *ou* elles se repentaient.		
	PARFAIT DÉFINI. Je me repentis. Tu te repentis. Il *ou* elle se repentit. Nous nous repentîmes. Vous vous repentîtes. Ils *ou* elles se repentirent.		
	PARFAIT INDÉFINI. Je me suis / Tu t'es / Il *ou* elle s'est } repenti *ou* repentie. Nous nous sommes / Vous vous êtes / Ils *ou* elles se sont } repentis *ou* repenties.	Je me serais / Tu te serais / Il *ou* elle se serait } repenti *ou* repentie. Nous nous serions / Vous vous seriez / Ils *ou* elles se seraient [1] } repentis *ou* repenties.	
	PARFAIT ANTÉRIEUR. Je me fus / Tu te fus / Il *ou* elle se fut } repenti *ou* repentie. Nous nous fûmes / Vous vous fûtes / Ils *ou* elles se furent } repentis *ou* repenties.		
	PLUS-QUE-PARFAIT. Je m'étais / Tu t'étais / Il *ou* elle s'était } repenti *ou* repentie. Nous nous étions / Vous vous étiez / Ils *ou* elles s'étaient } repentis *ou* repenties.		
FUTUR.	**FUTUR SIMPLE.** Je me repentirai. Tu te repentiras. Il *ou* elle se repentira. Nous nous repentirons. Vous vous repentirez. Ils *ou* elles se repentiront.		
	FUTUR ANTÉRIEUR. Je me serai / Tu te seras / Il *ou* elle se sera } repenti *ou* repentie. Nous nous serons / Vous vous serez / Ils *ou* elles se seront } repentis *ou* repenties.		

(1) *On dit aussi :* Je me fusse, tu te fusses, il *ou* elle se fût repenti *ou* repentie, nous nous fussions, vous vous fussiez, ils *ou* elles se fussent repentis *ou* repenties.

MODES		
SUBJONCTIF.	INFINITIF.	PARTICIPE.
Que je me repente. Que tu te repentes. Qu'il *ou* qu'elle se repente. Que nous nous repentions. Que vous vous repentiez. Qu'ils *ou* qu'elles se repentent.	Se repentir.	Se repentant.
Que je me repentisse. Que tu te repentisses. Qu'il *ou* qu'elle se repentît. Que nous nous repentissions. Que vous vous repentissiez. Qu'ils *ou* qu'elles se repentissent.		
Que je me sois } Que tu te sois } repenti *ou* repentie. Qu'il *ou* qu'elle se soit } Que nous nous soyons } Que vous vous soyez } repentis *ou* repenties. Qu'ils *ou* qu'elles se soient }	S'être repenti *ou* repentie, repentis *ou* repenties.	S'étant repenti *ou* repentie, repentis *ou* repenties.
Que je me fusse } Que tu te fusses } repenti *ou* repentie. Qu'il *ou* qu'elle se fût } Que nous nous fussions } Que vous vous fussiez } repentis *ou* repenties. Qu'ils *ou* qu'elles se fussent }		
Que je me repente, etc. (Comme le *présent*.)		
Que je me sois repenti, etc. (Comme le *parfait*.)		

Ainsi se conjuguent : *s'emparer, s'arroger, se méprendre, s'asseoir, se flatter, se tromper, s'apercevoir*, etc.

§ 114. — Les verbes réfléchis se divisent en deux classes principales : verbes *essentiellement* réfléchis, verbes *accidentellement* réfléchis.

1° Les verbes *essentiellement* réfléchis ne peuvent pas se conjuguer sous une autre forme : tels sont les verbes *se repentir*, *s'emparer*, *se moquer*, etc. On ne peut pas dire *je repens*, *j'empare*, *je moque*.

2° Les verbes *accidentellement* réfléchis se forment de verbes actifs, de verbes neutres, ou tiennent lieu de verbes passifs.

I. S'ils sont formés d'un verbe actif, les pronoms *me*, *te*, *se*, *nous*, *vous*, sont compléments directs, à moins que le verbe ne soit déjà suivi d'un complément direct. Ex. : *Je me flatte*, *tu t'habilles*, c'est-à-dire, je flatte *moi*, tu habilles *toi*.

II. S'ils sont formés d'un verbe neutre, les pronoms *me*, *te*, *se*, *nous*, *vous*, sont toujours compléments indirects. Ex. : *Tu te nuis*, *ils se succèdent*, c'est-à-dire, tu nuis *à toi*, ils succèdent *à eux*.

III. On donne la forme réfléchie à bon nombre de verbes passifs ; dans ce cas, le sujet peut être un nom de chose.

Ex. : Ces histoires *se lisent* avec plaisir.
Ces maisons *se vendent* cher.

C'est comme s'il y avait :
Ces histoires *sont lues* avec plaisir.
Ces maisons *sont vendues* cher.

§ 115. — Verbes réciproques. Les verbes réfléchis deviennent verbes *réciproques*, lorsque les deux sujets font l'un sur l'autre l'action marquée par le verbe.

Ex. : Pierre et Paul *se louent*.
Ils se battent.

La différence entre le verbe réfléchi et le verbe réciproque, c'est que dans le verbe réfléchi l'action retombe sur *un seul et même sujet*, tandis qu'avec le verbe réciproque il y a *deux sujets*, dont l'action se reporte mutuellement de *l'un à l'autre*.

VERBES IMPERSONNELS.

§ 116. — On appelle verbe *impersonnel* celui qui ne s'emploie dans tous les temps qu'à la troisième personne du singulier : *il faut, il importe, il pleut,* etc.

INDICATIF.

Présent.	Il pleut.
Imparfait.	Il pleuvait.
Parfait défini.	Il plut.
Parfait indéfini.	Il a plu.
Parfait antérieur.	Il eut plu.
Plus-que-parfait.	Il avait plu.
Futur.	Il pleuvra.
Futur antérieur.	Il aura plu.

CONDITIONNEL.

Présent.	Il pleuvrait.
Passé.	Il aurait plu *ou* il eût plu.

PAS D'IMPÉRATIF.

SUBJONCTIF.

Présent et futur.	Qu'il pleuve.
Imparfait.	Qu'il plût.
Parfait et futur ant.	Qu'il ait plu.
Plus-que-parfait.	Qu'il eût plu.

INFINITIF.

Présent.	Pleuvoir.

PARTICIPE.

Présent.	Pleuvant.
Passé.	Plu (sans féminin).

REMARQUE. — Un grand nombre de verbes, ayant toutes les personnes de chaque temps, peuvent être employés accidentellement comme verbes impersonnels : *il fait beau, il convient, il y a,* etc.

CHAPITRE V.

DU PARTICIPE.

§ 117. — Le *participe* est un mot qui tient à la fois de l'adjectif et du verbe.

Il tient de l'adjectif, en ce qu'il sert comme l'adjectif à qualifier un substantif.

Ex. : Cheval *courant ;* blé *fauché.*

Il tient du verbe, en ce qu'il marque un temps comme le verbe, et qu'il peut en avoir le complément.

Ex. : *Aimant, ayant aimé* la patrie.

§ 118. — Il y a deux participes : le participe *présent* et le participe *passé.*

I. Le participe présent est toujours terminé en *ant,* comme *aimant, finissant, recevant, rendant.*

II. Le participe passé n'a pas la même terminaison pour tous les verbes, comme *aimé, fini, reçu, écrit, pris, ouvert.*

Grâce aux deux auxiliaires *avoir* et *être,* le participe passé sert pour l'actif et le passif : actif, *ayant aimé ;* passif, *étant aimé, ayant été aimé.*

MOTS INVARIABLES

CHAPITRE VI.

DE LA PRÉPOSITION.

§ 119. — La *préposition* est un mot invariable qui sert à unir deux mots et à en marquer le rapport.

Ex. : Je vais *à* Rome.
Je sors *de* la ville.
Je suis *chez* mon père.

A indique un rapport de tendance entre le verbe *je vais* et le substantif *Rome ; de* indique un rapport d'éloignement ; *chez,* un rapport de lieu.

§ 120. — Les rapports exprimés par les prépositions peuvent se réduire à cinq ; ce sont les rapports :

1° De TENDANCE ou d'ÉLOIGNEMENT : *à*, *de*, *envers*, *pour*, *contre*.

2° De CAUSE, de PROPRIÉTÉ, d'ORIGINE : *de, par, pour*.

3° De MANIÈRE, de MOYEN : *avec, de, par*, *selon*, *sans*, *hors*, *hormis*, *outre*, *malgré*.

4° De TEMPS : *à*, *avant*, *après*, *de*, *dès*, *dans*, *en*, *depuis*, *pour*.

5° De LIEU : *à*, *dans*, *en*, *de*, *chez*, *devant*, *avant*, *après*, *derrière*, *sur*, *sous*, *vers*, *entre*, *parmi*, *voici*, *voilà*.

REMARQUES. — I. Il ne faut pas confondre *à*, préposition, avec *a*, troisième personne du singulier du verbe *avoir ; à*, préposition, est marqué d'un accent grave : Il monte *à* cheval ; — *a*, verbe, n'a pas d'accent.

II. *Dès,* préposition, est marqué d'un accent grave : Il se lève *dès* l'aurore ; — *des,* article contracté, est sans accent.

§ 121. — Certains mots, soit adjectifs, soit participes, s'emploient comme prépositions lorsqu'ils précèdent le nom ; tels sont : *Proche, sauf, attenant, concernant, durant, joignant, moyennant, pendant, suivant, touchant.*

LOCUTIONS PRÉPOSITIVES.

§ 122. — On appelle *locution prépositive* une réunion de mots faisant fonction de préposition.

Voici les principales locutions prépositives :

A cause de.	Au-devant de.	Jusqu'à.
A côté de.	Autour de.	Loin de.
A l'égard de.	Au travers de.	Par delà.
A l'exception de.	Avant de.	Par-dessus.
A travers.	En deçà de.	Près de.
Au delà de.	En dépit de.	Proche de.
Au-dessous de.	En faveur de.	Quant à.
Au-dessus de.	A force de.	Vis-à-vis de.

CHAPITRE VII.

DE L'ADVERBE.

§ 123. — L'*adverbe* est un mot invariable qui sert à modifier un verbe, un adjectif ou un autre adverbe.

Ex. : Le ruisseau *coule lentement.*
Cet enfant est *malade aujourd'hui.*
Jean dort *très-profondément.*

Dans chacun de ces exemples, l'adverbe ajoute au verbe, à l'adjectif, etc., une circonstance particulière : circonstance de *manière* dans : *le ruisseau coule lentement ;* circonstance de *temps* dans : *cet enfant est malade aujourd'hui.* C'est ce qu'on appelle *modifier*.

Remarque. — Le mot modifié est toujours un qualificatif ; dans le verbe, c'est l'attribut qui est modifié.

§ 124. — Les circonstances ou modifications exprimées par l'adverbe peuvent se réduire à dix ; ce sont les circonstances :

1° De LIEU : *où, ici, là, dessus, dessous, devant, derrière, partout, loin, dedans, dehors, ailleurs, alentour, en, y*, etc.

2° De TEMPS : *aujourd'hui, hier, demain, jadis, bientôt, tantôt, souvent, quelquefois, toujours, jamais, maintenant, naguère, auparavant, d'abord, ensuite, puis, après, enfin*, etc.

3° De QUANTITÉ : *beaucoup, assez, peu, trop, tant, très, tout, entièrement, davantage, presque, encore, si* (signifiant *tellement*), *que*, etc.

4° D'INTERROGATION : *pourquoi? combien? comment? quand?* etc.

5° D'AFFIRMATION : *oui, certes, vraiment, volontiers*, etc.

6° De NÉGATION : *nullement, non, ne, pas*, etc.

7° De DOUTE : *peut-être, probablement*, etc.

8° De RESSEMBLANCE ou d'UNION : *plus, mieux, moins, aussi, autant, si* (signifiant *aussi*), *ainsi, ensemble*, etc.

9° De DIFFÉRENCE ou de SÉPARATION : *plutôt, d'ailleurs, à part*, etc.

10. De MANIÈRE : *sagement, poliment, bien, mal*, etc. La plupart des adverbes de manière sont terminés en *ment* et se forment d'un adjectif : *sagement*, de *sage* ; *poliment*, de *poli*.

L'adverbe de manière en *ment* se forme de l'adjectif féminin : Bonne, *bonnement* ; cruelle, *cruellement*.

Quand l'adverbe est formé d'un adjectif finissant par *i* ou *u*, on supprime l'*e* du féminin, et on le remplace le plus souvent par un accent circonflexe dans les adjectifs en *u* : Polie, *poliment* ; résolue, *résolûment* ; assidue, *assidûment*.

D'autres fois, la forme est quelque peu altérée à cause du voisinage de *m* : Constante, *constamment* ; prudente, *prudemment*.

§ 125. — Certains adjectifs s'emploient comme adverbes, quand ils modifient un verbe.

Ex. : Chanter *juste* ; voir *clair* ; parler *bas* ; sentir *bon*.

REMARQUES. — I. Il ne faut pas confondre *là*, adverbe,

avec *la*, article ; *là*, adverbe, se distingue par un accent grave : Sortez d'ici, venez *là*.

II. *En*, signifiant *dans*, est préposition : Je voyage en Italie. — *En*, signifiant *de lui*, *d'elle*, etc., *de cela*, est pronom : Voulez-vous des fruits ? j'*en* ai. — Signifiant *de là*, il est adverbe : Avez-vous vu Londres ? j'*en* viens.

III. *Y* joue également le double rôle de pronom et d'adverbe : Je connais cette affaire, j'*y* songerai. — Je vais au jardin, venez-*y* avec moi.

Degrés de signification dans les adverbes.

§ 126. — La plupart des adverbes de manière et quelques autres admettent les trois degrés de signification.

Ex. : Poliment, *plus poliment, très-poliment.*
Souvent, *plus souvent, très-souvent.*

Les adverbes *bien, mal, beaucoup, peu*, forment leur comparatif et leur superlatif d'une manière irrégulière.

Positif	Comparatif	Superlatif
Bien,	Mieux,	Le mieux.
Mal,	Pis *ou* plus mal,	Le pis *ou* le plus mal.
Beaucoup,	Plus *ou* davantage,	Le plus.
Peu,	Moins,	Le moins.

LOCUTIONS ADVERBIALES.

§ 127. — On appelle *locution adverbiale* une réunion de mots faisant l'office d'adverbe.

Voici les principales locutions adverbiales :

A côté.	Au-dessous.	Le plus.
A la hâte.	Au-dessus.	Ne pas, ne point.
A l'envi.	Depuis peu.	Nulle part.
A l'insu.	En bas.	Par hasard.
A regret.	En deçà.	Plus tôt.
A tel point.	En haut.	Point du tout.
A tort.	En vain.	Sans doute.
Au delà.	Le moins.	Tout à fait.

REMARQUE. — En général, les prépositions deviennent adverbes, quand elles sont employées seules ; et les adverbes deviennent prépositions, quand ils sont suivis d'un nom.

CHAPITRE VIII.

DE LA CONJONCTION.

§ 128. — La *conjonction* est un mot invariable qui sert à unir les propositions et à en marquer le rapport.

Ex. : Il faut fuir ce qui est mal ;
or l'oisiveté est un mal ;
donc il faut fuir l'oisiveté.

Quelquefois la conjonction semble ne joindre que *deux mots*, mais elle unit réellement *deux propositions*.

En effet, si je dis : Pierre *et* Paul jouent, Dieu est juste *et* bon ; c'est comme si je disais : Pierre joue *et* Paul joue ; Dieu est juste *et* il est bon.

La *conjonction* sert donc à unir les *propositions*, comme la *préposition* sert à unir les *mots*.

§ 129. — Les propositions sont liées entre elles de deux manières : tantôt elles sont simplement placées les unes à côté des autres, ou *coordonnées ;* tantôt elles sont dépendantes les unes des autres, ou *subordonnées*.

De là, deux classes de conjonctions : conjonctions de *coordination*, conjonctions de *subordination*.

Les principales conjonctions de COORDINATION sont : *et*, *ou*, *ni*, *mais*, *or*, *donc*, *car*, *cependant*, *néanmoins*, *toutefois*.

Les conjonctions de SUBORDINATION sont : *quand*, *comme*, *que*, *si*, et leurs composés *lorsque*, *quoique*, *comme si*, etc.

REMARQUES. — I. Le mot *que* a trois rôles différents. Il est pronom relatif (§ 51) : La rose est la fleur *que* je préfère. — Il est adverbe de quantité, dans le sens de *combien : Que* la nature est admirable ! — Enfin il est conjonction : Tout prouve *que* Dieu existe.

II. *Ou*, conjonction, signifie *ou bien*, et s'écrit sans

accent : Mon père *ou* mon oncle viendra. — *Où,* adverbe, prend l'accent grave et exprime le lieu : *Où* menez-vous ces troupeaux ? Le but *où* je tends est glorieux.

III. *Si*, conjonction, exprime le doute, la supposition : Pars, *si* tu veux. — *Si*, adverbe, signifie *à tel point, tellement, aussi :* Peut-on être à la fois *si* riche et *si* avare ? Il n'est pas *si* sage que vous.

IV. *Quand*, adverbe et conjonction, prend un *d*. — *Quant à*, locution prépositive, prend un *t*.

V. *Quoique*, en un mot, est une conjonction signifiant *bien que :* Il revint, *quoiqu'*on l'eût maltraité. — *Quoi que*, en deux mots, qui sont deux pronoms, signifie *quelle que soit la chose que : Quoi qu'*il dise, on ne le croit pas.

LOCUTIONS CONJONCTIVES.

§ 130. — On appelle *locution conjonctive* une réunion de mots faisant l'office de conjonction.

Voici les principales locutions conjonctives :

COORDINATION.	SUBORDINATION.
Au contraire.	A moins que.
Au moins.	Afin que.
Au reste.	Après que.
Au surplus.	Avant que.
C'est pourquoi.	Bien que.
D'ailleurs.	De peur que.
Du moins.	Jusqu'à ce que.
En effet.	Parce que.
Ou bien.	Pourvu que.
Par conséquent.	Tandis que.

Remarques. — I. *Parce que*, en deux mots, est une conjonction signifiant *attendu que : Parce qu'*il est bon, faut-il qu'il soit faible ? — *Par ce que*, en trois mots, se compose de *par*, préposition, *ce*, pronom démonstratif, *que*, pronom conjonctif, et signifie *par cela que, par cette chose que : Par ce que* vous me dites, je vois qu'on vous a trompé (*par cette chose que* vous me dites).

II. Tous les adverbes qui servent à interroger, *pourquoi*, *comment*, *quand*, *où*, etc., deviennent conjonctions lorsqu'ils sont placés entre deux verbes, comme dans ces phrases : Apprenez-nous *pourquoi* vous êtes venu ; dites-moi *où* est votre père.

CHAPITRE IX.

DE L'INTERJECTION.

§ 131. — L'*interjection* est un mot invariable qui sert à exprimer les sentiments vifs et subits de l'âme, la joie, la douleur, la surprise, etc.

La joie :	Ah ! bon !
La douleur :	Aïe ! ah ! hélas !
La crainte :	Ha ! hé ! ho !
L'admiration :	Ah ! eh ! oh !
L'aversion :	Fi ! fi donc !
Pour encourager :	Allons ! ça ! courage !
Pour appeler ;	Holà ! hé !
Pour faire taire :	Chut ! paix !

Remarque. — Il faut rattacher à cette liste toutes les locutions qui s'emploient comme interjections :

Ex. : *Ciel ! miséricorde ! grand Dieu ! peste ! silence !*

SUPPLÉMENT

A LA

PREMIÈRE PARTIE.

SUPPLÉMENT AU NOM.

NOMS QUI ONT DEUX FORMES AU FÉMININ.

§ 132. — CHANTEUR fait au féminin *chanteuse;* mais, en parlant d'une femme qui cultive l'art du chant, on dit *cantatrice.*

CHASSEUR fait au féminin *chasseuse* dans le style ordinaire: Ces dames étaient habillées en *chasseuses* (Acad.). En poésie et dans le style élevé, on dit *chasseresse :* les nymphes *chasseresses* (Acad.).

DEMANDEUR et VENDEUR font au féminin *demandeuse* et *vendeuse;* mais en style judiciaire on dit *demanderesse* et *venderesse.*

DÉBITEUR (qui débite) fait au féminin *débiteuse :* une *débiteuse* de mensonges (Acad.); mais *débiteur* (qui doit) fait au féminin *débitrice :* elle est ma *débitrice* de cent francs.

NOMS QUI S'EMPLOIENT AUX DEUX GENRES.

§ 133.—AIGLE, oiseau, est masculin ou féminin, selon qu'il désigne le mâle ou la femelle : l'aigle est *fier* et *courageux ;* l'aigle est *remplie* de tendresse pour ses petits.

Aigle, dans le sens d'enseigne militaire, d'armoiries, de constellation, est du féminin : les aigles *romaines;* aigle *éployée* d'argent (Acad.).

Dans les autres acceptions, *aigle* est du masculin : Cet homme est *un* aigle ; *le grand* aigle de la Légion d'honneur.

Amour, au singulier, est aujourd'hui masculin dans toutes ses acceptions : l'amour *filial*, l'amour *maternel ;* au pluriel, dans le sens de *passion*, il est généralement des deux genres, mais plus souvent du féminin : d'*éternelles* amours (Acad.).

Amour, en termes de mythologie, de peinture et de sculpture, est du masculin au pluriel ainsi qu'au singulier : les amours *riants* et *légers*.

Automne n'est plus aujourd'hui que du masculin, genre commun aux autres saisons.

Couple est du féminin quand il n'exprime que le nombre deux : nous avons mangé *une* couple de pigeons ; il est du masculin, si à l'idée de nombre se joint l'idée d'union, d'assortiment, d'assemblage : *un* couple bien *assorti ; un* couple de fripons (Acad.) ; *un beau* couple de pigeons.

Délice et **orgue** sont du masculin au singulier, et du féminin au pluriel : *un grand* délice, de *chères* délices ; *un bel* orgue, de *belles* orgues.

Cependant, si les mots *délice* et *orgue* sont employés dans la même phrase au singulier et au pluriel, pour éviter la rencontre bizarre des deux genres, on fait usage du masculin : *un* de mes plus *chers* délices, *un* des plus *beaux* orgues.

Enfant est du masculin quand il désigne un garçon : *un joli* enfant ; il est du féminin quand il désigne une petite fille : *une charmante* enfant. Au pluriel, *enfant* est toujours du masculin.

Foudre, feu du ciel, est du féminin : *la* foudre sillonne les nues (Acad.) ; en poésie et dans le style élevé, on le fait aussi du masculin : être frappé *du* foudre (Acad.).

Au figuré, *foudre* est toujours du masculin : *un* foudre d'éloquence (un grand orateur); les foudres *puissants* de l'Église; des foudres *souterrains* (des volcans).

I. Gens (1) par étymologie est féminin, et il conserve ce genre au singulier : *la* gent écolière.

Au pluriel, le mot *gens* ne veut le féminin que dans un cas, c'est lorsqu'il est *immédiatement* précédé d'un adjectif qui a une terminaison *différente* pour les deux genres : ce sont de *bonnes* gens; et alors, tous les adjectifs qui précèdent le mot *gens* se mettent également au féminin : *heureuses* sont les *vieilles* gens qui ont bien vécu !

II. Dans tout autre cas, *gens*, qui est masculin par le sens, veut l'adjectif pluriel au masculin.

Des gens *méfiants*. Que ces gens sont *ennuyeux !* Les vieilles gens sont *prudents*.	L'adjectif *suit* le mot *gens*.
Tous les *honnêtes* gens. *Quels braves* gens.	*Honnête* et *brave* ont la *même* terminaison pour les 2 genres : *tous* et *quels* au masc.

III. Quelle que soit la place de l'adjectif, *gens* veut le masculin, s'il éveille spécialement l'idée d'hommes.

Il commandait à des bandits, *tous* gens *cruels*.

De *vrais* gens d'affaires.

D'*officieux* gens de robe.

Hymne, chant d'église, est du féminin : *une belle* hymne; dans les autres acceptions, il est du masculin : *un* hymne guerrier, *un* hymne *national*.

Œuvre est du féminin : il a fait *une bonne* œuvre.

Cependant, dans le style soutenu, on le fait du masculin au singulier, pour exprimer le produit d'une intelligence supérieure : *un* œuvre de génie. *Œuvre* est encore du masculin en termes d'alchimie : *le grand* œuvre (la pierre philosophale); et quand il désigne un ouvrage de gravure ou de musique : *tout* l'œuvre de Callot; *le second* œuvre de Grétry.

(1) *Gens* est le seul mot en *ent* qui ne garde pas le *t* au pluriel.

Au pluriel il est toujours du féminin.

ORGE est du féminin : de *belle* orge ; excepté dans ces deux expressions : orge *perlé*, orge *mondé* (Acad.).

PAQUE, signifiant la fête des Juifs, est féminin et prend toujours l'article : *la* Pâque des Juifs.

Comme fête chrétienne, il est masculin et s'emploie sans article : Pâques est *tardif* cette année.

Il est du féminin et du pluriel dans : Pâques *fleuries ;* faire de *bonnes* Pâques (Acad.).

PERSONNE est du féminin, quand il est accompagné d'un adjectif déterminatif : *cette* personne est *instruite.*

Il est du masculin, quand il est employé comme pronom indéfini, sans aucun déterminatif : personne n'est *heureux* ici-bas ; je ne connais personne aussi *bon* que cette dame.

QUELQUE CHOSE est du masculin quand il signifie *une chose :* j'ai quelque chose de beau, je vais vous *le* montrer.

Quelque chose est du féminin dans le sens de *quelle que soit la chose :* quelque chose que vous ayez *commise* contre moi, je vous pardonne.

§ 134. — D'autres mots changent de sens en changeant de genre, voici les plus usités :

AIDE, masculin, celui qui aide ; — féminin, secours, assistance ; celle qui aide.

ENSEIGNE, masculin, officier de marine ; — féminin, drapeau ; indication d'un marchand ; marque.

ESPACE, masculin, étendue : *un grand* espace ; — féminin, pièce d'imprimerie : *une* espace *forte.*

GARDE, masculin, surveillant ; soldat ; — féminin, action de garder : faire *bonne* garde ; troupe : *la* garde passe.

GUIDE, masculin, homme ou femme qui conduit ; — féminin, lanière de cuir pour guider les chevaux.

LAQUE, masculin, vernis de la Chine; — féminin, sorte de gomme-résine.

MODE, masculin, méthode : *bon* mode d'enseignement; terme de grammaire; ton de musique; — féminin, usage passager : être à *la* mode; fantaisie : vivre à *sa* mode.

OFFICE, masculin, devoir; démarche obligeante; prières à l'église; préparation des desserts; — féminin, lieu où se prépare le service de table.

PARALLÈLE, masculin, comparaison; cercle de la sphère; — féminin, ligne géométrique; terme de fortification.

PENDULE, masculin, poids suspendu qui fait des oscillations régulières; — féminin, petite horloge.

PÉRIODE, masculin, le plus haut point : Démosthène et Cicéron ont porté l'éloquence à *son plus haut* période; espace de temps indéterminé : *un long* période de temps; — féminin, époque chronologique : *la* période des temps modernes; révolution d'un astre : *la* période lunaire; phrase : vous m'avez interrompu au milieu de *ma* période.

POURPRE, masculin, maladie; couleur rouge-foncé; — féminin, teinture précieuse; *au figuré*, dignité des empereurs, des cardinaux.

RELACHE, masculin, interruption de travail, suspension des représentations d'un théâtre; — féminin, lieu où un vaisseau s'arrête.

REMISE, masculin, voiture de louage; — féminin, lieu couvert; restitution; délai; rabais.

SOLDE, masculin, payement d'un reste de compte; — féminin, paye des gens de guerre.

TROMPETTE, masculin, soldat qui sonne de la trompette; — féminin, instrument de musique.

VOILE, masculin, pièce d'étoffe ou de dentelle dont on se couvre la tête; grand rideau; *au figuré*, apparences; — féminin, toile pour recevoir le vent.

NOMS QUI ONT DEUX FORMES AU PLURIEL.

§ 135. — Aïeul fait au pluriel *aïeux*, dans le sens d'ancêtres.

Ex. : Il est digne de ses *aïeux*.

Aïeul fait *aïeuls*, quand il désigne le grand-père paternel et le grand-père maternel.

Ex. : Ses deux *aïeuls* ont assisté à son mariage.

Ail, considéré comme légume, fait au pluriel *aulx* : des *aulx* sauvages (Acad.).

En terme de botanique, il fait *ails* : il cultive des *ails* de plusieurs espèces (Acad.).

Ciel, dans le sens propre, fait *cieux* au pluriel : les *cieux* resplendissent. En peinture et au figuré, il fait *ciels* : des *ciels* de tableau, des *ciels* de lit, des *ciels* de carrière.

Dans le sens de température, de climat, il fait *ciels* et *cieux* : l'Italie est située sous un des plus beaux *ciels* ou *cieux* de l'Europe.

Œil fait *yeux* au pluriel, non-seulement au propre, pour désigner l'organe de la vue, mais encore au figuré, toutes les fois qu'il ne donne lieu à aucune équivoque : des *yeux* bleus ; les *yeux* du fromage, du pain, du bouillon.

Il fait *œils* en termes d'art, de botanique, de minéralogie : des *œils-de-bœuf* (lucarne), des *œils-de-chèvre* (plante), des *œils-de-serpent* (pierre précieuse).

Travail fait *travaux*, dans le sens de labeur, fatigue : les *travaux* d'Hercule.

Il fait *travails* : 1° pour désigner les comptes présentés soit à un souverain par son ministre, soit à un supérieur par un commis : Le ministre a eu plusieurs *travails* cette semaine avec le roi (Acad.).

2° Pour désigner les machines de bois qui servent à contenir les chevaux fougueux qu'on veut ferrer ou panser.

NOMS QUI NE S'EMPLOIENT QU'AU SINGULIER.

§ 136. — Les noms qui ne s'emploient qu'au singulier sont :

1° Les noms qui marquent les différents âges de la vie : l'*enfance*, l'*adolescence*, la *jeunesse*, la *vieillesse*.

2° Les noms de métaux considérés en eux-mêmes : l'*or*, l'*argent*, le *fer*.

On dit quelquefois des *fers*, des *plombs*, des *bronzes*, mais c'est qu'on envisage ces métaux comme mis en œuvre et divisés en plusieurs parties.

3° Les noms des vertus et des vices : la *bonté*, la *candeur*, l'*innocence*, la *haine*, l'*injustice*, la *paresse*.

On dit cependant des *bontés*, des *injustices*, etc. ; dans ce cas, on considère non la vertu et le vice en eux-mêmes, mais les actes, les effets de cette vertu et de ce vice.

4° Les noms des arts et des sciences : la *peinture*, la *sculpture*, l'*agriculture*, la *chimie*, l'*astronomie*.

5° Certains adjectifs employés substantivement : le *beau*, le *vrai*, l'*utile*.

NOMS QUI NE S'EMPLOIENT QU'AU PLURIEL.

§ 137. — Quelques noms manquent de singulier, ou ne s'emploient le plus souvent qu'au pluriel; tels sont :

Accordailles.	Décombres.	Mânes.
Alentours.	Dépens.	Matériaux.
Ancêtres.	Doléances.	Matines.
Annales.	Entrailles.	Mœurs.
Appas.	Entraves.	Mouchettes.
Armoiries.	Fiançailles.	Obsèques.
Arrérages.	Fonts (baptismaux).	Pleurs.
Bestiaux.	Frais.	Ténèbres.
Broussailles.	Funérailles.	Vêpres.
Catacombes.	Hardes.	Vitraux.
Confins.	Immondices.	Vivres.

NOMS DÉRIVÉS DES LANGUES ÉTRANGÈRES.

§ 138. — Parmi les substantifs tirés des langues étrangères, on donne la marque du pluriel à ceux qu'un fréquent usage a en quelque sorte francisés.

Ainsi on écrit avec un *s* au pluriel les noms suivants : des *accessits*, des *agendas*, des *albums*, des *altos*, des *bravos*, des *dominos*, des *duos*, des *factotums*, des *factums*, des *folios*, des *imbroglios*, des *numéros*, des *opéras*, des *oratorios*, des *panoramas*, des *pensums*, des *quatuors*, des *quolibets*, des *récépissés*, des *tilburys*, des *trios*, des *zéros*, etc.

L'Académie fait invariables *alibi*, *alinéa*, *duplicata*, *errata*, *maximum*, *quiproquo*, *recto*, *verso*, *vivat*.

§ 139. — Quelques mots conservent le pluriel qu'ils ont dans la langue d'où on les tire : ainsi *carbonaro*, *cicerone*, *dilettante*, *lazzarone*, *quintetto*, *soprano*, ont au pluriel la même forme en français qu'en italien : des *carbonari*, des *ciceroni*, des *dilettanti*, des *lazzaroni*, des *quintetti*, des *soprani*. — *Lady* et *tory* font *ladies* et *tories*.

§ 140.—Ceux qui ne prennent pas la marque du pluriel sont :

1° Les noms formés de plusieurs mots, comme : des *auto-da-fé*, des *ex-voto*, des *fac-simile*, des *in-folio*, des *in-octavo*, des *post-scriptum*, des *Te Deum*, etc.

2° Les noms des prières : des *Alleluia*, des *Ave*, des *Confiteor*, des *Credo*, des *Miserere*, des *Pater*, des *Requiem*, des *Stabat*, etc.

MOTS INVARIABLES.

§ 141.—Les mots invariables de leur nature, employés accidentellement comme substantifs, rejettent la marque du pluriel.

Ex. : Trois *un* de suite font cent onze.
Les *si*, les *car*, les *pourquoi* sont la porte
Par où la noise entra dans l'univers.

PLURIEL DES NOMS PROPRES.

§ 142. — Les noms propres ne prennent pas la marque du pluriel :

1° Lorsqu'ils désignent les individus mêmes qui portent ces noms.

Ex. : Les *Corneille*, les *Molière*, les *Racine* ont illustré le siècle de Louis XIV.
Les deux *Corneille* sont nés à Rouen.

Cependant on écrit avec un *s* : les trois *Horaces*, les *Curiaces*, les deux *Gracques*, les douze *Césars*.

2° Quand ils désignent les ouvrages auxquels ils servent de titre :

Ex. : Envoyez-moi deux *Télémaque*.

C'est-à-dire deux exemplaires de *Télémaque*.

§ 143. — Les noms propres prennent la marque du pluriel :

1° Lorsqu'ils sont employés comme noms communs, et qu'ils désignent des individus semblables à ceux dont on cite le nom.

Ex. : Les *Corneilles*, les *Racines* sont rares.
Un Auguste aisément peut faire des *Virgiles*.

On parle ici de poëtes semblables à Corneille, à Racine, à Virgile.

2° Quand ils désignent un titre commun à une famille, à une race.

Ex. : Les *Guises*, les *Stuarts*, les *Condés*.
La Seine a des *Bourbons*, le Tibre a des *Césars*.

3° Quand on désigne les ouvrages célèbres, les œuvres d'art, par le nom de ceux qui les ont produits.

Ex. : Des *Elzévirs*, des *Raphaëls*, des *Poussins*.

C'est ainsi qu'on dit des *calepins*, des *barêmes*, des *carcels*, etc.

4° Quand ils désignent plusieurs pays.

Ex. : Les deux *Amériques*, les deux *Siciles,* les deux *Castilles.*

NOMBRE DANS LES NOMS COMPOSÉS.

§ 144. — On appelle *noms composés* les noms formés de plusieurs mots équivalant à un seul qui n'existe pas dans la langue (1).

Les mots qui servent à former les noms composés sont: le *substantif,* l'*adjectif,* le *verbe,* la *préposition,* l'*adverbe.*

§ 145. — Règle unique. — Des cinq mots qui servent à former les noms composés, le substantif et l'adjectif sont les seuls qui puissent prendre la marque du pluriel, s'il y a pluralité dans l'idée ; les trois autres sont toujours invariables.

I.

§ 146. — Si le nom composé est formé de deux noms réunis par une préposition, le premier seul prend la marque du pluriel.

Ex. : Un chef-d'œuvre, des *chefs-d'œuvre.*
Un arc-en-ciel, des *arcs-en-ciel.*

Souvent la préposition est sous-entendue ; la règle reste la même.

Ex. : Un hôtel-Dieu, des *hôtels-Dieu* (de Dieu).
Un appui-main, des *appuis-main* (pour la main).

Quelquefois même, on sous-entend non-seulement la préposition, mais encore le substantif sur lequel seul doit tomber le pluriel.

---

(1) Il serait à désirer que les mots composés formassent un substantif unique qui suivît la règle générale, comme l'usage l'a autorisé pour les suivants : des *becfigues,* des *contrevents,* des *portemanteaux,* des *pourboires,* des *pourparlers,* des *tournebroches.*

Ex. : Un tête-à-tête, des *tête-à-tête* (des *entretiens* où l'on est tête à tête).
Un pied-à-terre, des *pied-à-terre* (des *lieux* où l'on met le pied à terre).
Un coq-à-l'âne, des *coq-à-l'âne* (des *discours* où l'on passe du coq à l'âne).
Un brèche-dents, des *brèche-dents* (des *personnes* qui ont une brèche entre les dents).

II.

§ 147.—Si le nom composé est formé d'un substantif et d'un adjectif qui le qualifie, tous deux prennent la marque du pluriel.

Ex. : Une basse-cour, des *basses-cours*.
Un coffre-fort, des *coffres-forts*.
Une plate-bande, des *plates-bandes*.

L'adjectif est quelquefois remplacé par un substantif pris adjectivement ; la règle reste la même.

Ex. : Un chef-lieu, des *chefs-lieux*.
Un chou-fleur, des *choux-fleurs*.

Lorsque, dans un nom composé, il entre un mot pris adjectivement qu'on n'emploie plus seul, ce mot prend la marque du pluriel.

Ex. : Un loup-garou, des *loups-garous*.
Une pie-grièche, des *pies-grièches*.
Une porte cochère, des *portes cochères*.

Mais si l'adjectif qualifie non pas le nom exprimé, mais un nom sous-entendu, c'est avec ce dernier que l'adjectif s'accorde.

Ex. : Un terre-plein, des *terre-pleins* (des *lieux pleins* de terre).
Un blanc-seing, des *blanc-seings* (des seings (signatures) sur *papier blanc*).

III.

§ 148. — Quand le nom composé est formé d'un nom

et d'un verbe ou d'un mot invariable, le nom seul est susceptible de prendre le pluriel.

Ex. : Un passe-port, des *passe-ports*.
Un contre-coup, des *contre-coups*.
Un vice-roi, des *vice-rois*.

Si le sens exclut l'idée de pluralité, le substantif conserve le singulier.

Ex. : Un *ou* des *abat-jour* (ce qui abat *le jour*).
Un *ou* des *serre-tête* (bonnet qui serre *la tête*).
Un *ou* des *garde-manger* (lieu où l'on garde *le manger*) (1).

Mais on écrira avec un *s*, tant au singulier qu'au pluriel :

Un *ou* des *chasse-mouches* (instrument pour chasser *les mouches*).
Un *ou* des *porte-clefs* (celui qui porte *les clefs*).
Un *ou* des *essuie-mains* (ce qui sert à essuyer *les mains*).

IV.

§ 149. — Si le nom composé ne renferme que des mots invariables de leur nature, aucun de ces mots ne prend la marque du pluriel.

Ex. : Un in-douze, des *in-douze*.
Un ouï-dire, des *ouï-dire*.
Un passe-partout, des *passe-partout*.

Observation générale.

Pour former le pluriel des noms composés, il faut considérer deux choses :

1° La nature des mots qui les composent.
2° Le sens qu'ils expriment.

---

(1) Dans les noms composés, le mot *garde* est nom, et par conséquent variable, s'il désigne une personne, un *gardien* : des *gardes-champêtres*, des *gardes-chasse*; *garde* est verbe, et par conséquent invariable, si le nom composé désigne une chose : des *garde-manger*, des *garde-fous*.

SUPPLÉMENT

AUX SIGNES ORTHOGRAPHIQUES.

DES ACCENTS.

§ 150. — L'accent *aigu* se place sur les *é fermés* qui terminent une syllabe ou un mot.

Ex. : Bonté, délégué, pensée, des procédés.

Mais on écrira sans accent les *é fermés* des mots *aimer*, *chez*, *pied*, *bergers*, etc., ainsi que les *e* placés devant un *x*: *exorde*, *Alexandre*, *vexer*.

§ 151. — 1° L'accent *grave* se met sur les *e* des mots terminés par le son ouvert *è*, et sur les *e* suivis d'une consonne et d'un *e* muet, à la fin des mots.

Ex. : Congrès, abcès, trève, diadème, problème, etc.

Remarques. — I. L'*e*, bien qu'ouvert, ne s'accentue pas dans les mots *tu es*, *mes*, *tes*, *ses*, *des*, *banquet*, *baudet*, *il est*, et quelques autres.

II. L'Académie écrit avec un *é fermé* les mots terminés en *ége* : *collége*, *privilége*, *j'abrége*, *puissé-je*, ainsi que les mots *avénement* et *événement*.

III. Les mots suivants en *eme* prennent l'accent circonflexe : *baptême*, *blême*, *carême*, *chrême*, *extrême*, *même*, *suprême* ; — *poëme* et *poëte* prennent l'*ë tréma*.

2° L'accent grave sert encore à distinguer deux mots qui s'écrivent de la même manière.

Ex. : *A*, verbe, et *à*, préposition ; *là*, adverbe, et *la*, article, etc.

On le met aussi sur *deçà*, *delà*, *déjà*, *holà*, *voilà*.

§ 152. — 1° L'accent *circonflexe* remplace une lettre retranchée, et principalement la lettre *s*.

Ex. : Age, bête, épître, rôle, flûte,

qu'on écrivait : *aage*, *beste*, *épistre*, *rosle*, *fluste*.

On met l'accent circonflexe sur l'*i* des verbes en *aître* et *oître*, partout où l'*i* est suivi d'un *t*.

Ex. : Il paraît, il reconnaîtra, il décroîtrait.

On le met aussi au parfait défini de tous les verbes, sur la voyelle qui précède les finales *mes* et *tes* ; ainsi qu'à la troisième personne du singulier de l'imparfait du subjonctif de tous les verbes.

Ex. : Nous aimâmes, vous rendîtes, qu'il vînt.

2° L'accent circonflexe sert aussi à distinguer le sens d'un mot avec celui d'un autre mot qui s'écrit de la même manière. C'est ainsi qu'on écrit *dû*, *crû*, *châsse*, *mûr*, *sûr*, avec l'accent, pour les distinguer de leurs homonymes *du*, *cru*, *chasse*, *mur*, *sur*.

DE L'APOSTROPHE.

§ 153. — L'*apostrophe* sert à marquer l'élision ou la suppression d'une voyelle devant une autre voyelle ou une *h* muette. Les lettres susceptibles d'être élidées sont *a*, *e* muet, *i*.

A ne se retranche que dans *la*, article, et dans *la*, pronom.

Ex. : *L'*armée, *l'*habitude, je *l'*appelle.

E muet se supprime : 1° dans les monosyllabes *je*, *me*, *te*, *se*, *ne*, *de*, *que*, *le*, *ce*, et dans *jusque*.

Ex. : Va-*t'*en, *n'*hésite pas, *c'*est moi, *jusqu'*ici (1).

(1) *Le*, *la*, pronoms, ne sont pas soumis à l'élision, s'ils sont placés après le verbe : Mettons-*le en* notre gibecière, laissez-*la ici*.

2° Dans les mots *lorsque, puisque, quoique*, devant *il, elle, ils, elles, un, une, on.*

Ex. : *Lorsqu'*il viendra, *puisqu'*on le veut, *quoiqu'*elle parle.

3° Dans *quelqu'un, quelqu'une;* — dans *presqu'île;* — dans *entr'acte, s'entr'aider*, et les autres composés de *entre*.

Mais on écrira sans élision : *Lorsque* Alexandre arriva, *quelque* autre personne, *presque* usé, *entre* autres.

I se retranche dans *si*, devant *il, ils.*

Ex. : *S'*il veut, *s'*ils viennent.

DU TRAIT D'UNION.

§ 154. — On emploie le *trait d'union :* 1° entre les verbes et les pronoms personnels, quand ces pronoms sont sujets ou régimes des verbes qui précèdent.

Ex. : Irai-je ? donnez-m'en, vas-y, donnait-on, laissez-le-moi, prêtez-les-leur.

2° Avant ou après *ci, là*, accompagnant un substantif, un pronom, une préposition, un adverbe.

Ex. : Cet homme-ci, ces gens-là, celui-ci, ci-dessus, là-haut.

3° Pour lier *très* au mot qui suit; — *même* au pronom personnel qui précède; — *dessus, dessous* à *au* et *par ;* — le *t* euphonique au mot qui précède et à celui qui suit.

Ex. : Très-bon, moi-même, au-dessus, par-dessous, a-t-il raison ?

4° Pour remplacer la conjonction *et* dans les adjectifs numéraux.

Ex. : Dix-huit, trente-deux, quatre-vingt-dix-huit.

On écrit aussi *quatre-vingts* avec le trait d'union. — Les mots *cent* et *mille* restent toujours séparés.

5° L'emploi du trait d'union dans les mots composés présente une grande diversité :

Tantôt les mots partiels ne forment qu'un mot.

Ex. : Contrevent, portecrayons, mainlevée.

Tantôt ils sont joints par un trait d'union.

Ex. : Esprit-de-vin, garde-pêche, pont-levis.

Tantôt enfin ils sont séparés.

Ex. : Esprit de vitriol, garde champêtre, pont tournant.

Ces différences sont fondées sur l'usage plus ou moins ancien et plus ou moins fréquent des mots composés.

Dans les noms propres composés, les mots sont joints par un trait d'union.

Ex. : Gustave-Adolphe, Saint-Cloud, Notre-Dame,
Loir-et-Cher, Chalon-sur-Saône.

REMARQUE. — L'Académie ne met pas de trait d'union avant ou après l'article, avant ou après les prépositions *de* et *en* : *Charles le Chauve*, *Saint-Germain des Prés*, *Saint-Valery en Caux*.

DES MAJUSCULES.

§ 155. — On emploie une *majuscule* ou *grande lettre* pour commencer :

1° Une phrase, un vers, une citation.

Ex. : L'hirondelle leur dit : Arrachez brin à brin
Ce qu'a produit ce maudit grain.

2° Les noms qui désignent *Dieu*.

Ex. : L'Être suprême, la Providence, la Sagesse éternelle.

REMARQUE. — On écrira sans majuscule : La *providence* de Dieu, les *dieux* du paganisme.

3° Les noms propres d'hommes, de divinités, de peuples, d'animaux; ceux de pays, de fleuves, de montagnes; ceux de fêtes, de monuments, de vaisseaux, de rues, etc.

Ex. : Jupiter, les Romains, les Français, Bucéphale.
L'Amérique du Nord, le Bas-Rhin (département), la mer Rouge, Saint-Denis (ville).
La Toussaint, le Vengeur, le Palais-Royal.

REMARQUE. — On écrira sans majuscule : Le peuple *français* (adjectif) ; les arbres du *nord ; saint* Denis (martyr) ; le *bas* Rhin (le cours inférieur du Rhin).

4° Les noms de choses personnifiées, les grands corps politiques, savants, etc., les titres honorifiques, le titre d'un ouvrage.

Ex. : La Discorde au teint livide, l'État, le Sénat, l'Église (corps des fidèles), Sa Majesté, les Plaideurs (comédie).

DEUXIÈME PARTIE.

SYNTAXE.

§ 156. — La *syntaxe* a pour objet de joindre ensemble les mots d'une proposition et les propositions entre elles.

La syntaxe comprend donc deux parties : la *syntaxe des mots* et la *syntaxe des propositions*.

SYNTAXE DES MOTS.

DE LA PROPOSITION.

§ 157. — Une *proposition* est l'énonciation d'un jugement.

La proposition renferme essentiellement trois termes : *sujet, verbe, attribut.*

Ex. : Dieu est bon.

Sujet, *Dieu;* verbe, *est;* attribut, *bon.*

§ 158. — Le verbe et l'attribut ne forment souvent qu'un seul mot.

Ex. : Paul *joue.*

C'est-à-dire Paul *est jouant.*

§ 159. — Un seul mot peut même représenter les trois termes de la proposition.

Ex. : *Courons.*

C'est-à-dire *nous soyons courant* (1).

(1) Pour plus amples développements, voir notre *Cours complet d'analyse.* 1 vol. in-12, cart., 1 fr. 25 c.

§ 160. — Ces trois termes ont entre eux une certaine concordance dans le genre, dans le nombre et dans la personne; c'est ce qu'on appelle *accord.*

Le sujet et l'attribut peuvent aussi régir un autre mot qui sert à les compléter; c'est ce qu'on appelle *complément.*

De là, dans la syntaxe des mots, deux divisions principales : *syntaxe d'accord*, *syntaxe de complément.*

SYNTAXE D'ACCORD.

ACCORD DU VERBE AVEC LE SUJET.

SUBSTANTIFS ET PRONOMS SUJETS.

§ 161. — Tout verbe s'accorde en *nombre* et en *personne* avec le sujet.

Ex. : L'homme *est* mortel.
Ces enfants *lisent.*

§ 162. — Quand le sujet est un pronom, le verbe s'accorde, comme avec le nom, en nombre et en personne avec le sujet.

Ex. : Vous *jouez*, nous *travaillons.*

Plusieurs sujets au singulier unis par *ET.*

§ 163.—Quand un verbe se rapporte à plusieurs sujets au singulier unis par *et*, on met le verbe au pluriel.

Ex. : La colère *et* la précipitation *sont* nuisibles.
La crainte *et* l'espérance nous *agitent* sans cesse.

§ 164. — Si les sujets sont de différentes personnes,

le verbe s'accorde avec la première; s'il n'y a pas de première personne, il s'accorde avec la seconde.

Ex. : Vous *et* moi *sympathisons.*
Vous *et* votre frère *réussirez.*

REMARQUE. — En français, la politesse exige que la personne qui parle se nomme après les autres.

*§ 165. — Il est cependant des cas où le verbe, quoique se rapportant à plusieurs sujets au singulier, peut ne s'accorder qu'avec le dernier.

1° Lorsque les sujets ont à peu près la même signification.

Ex. : Son courage, son intrépidité *excite* l'admiration.

2° Quand les sujets sont placés par gradation ; la conjonction est alors supprimée.

Ex. : Un seul mot, un soupir, un coup d'œil nous *trahit* souvent.

3° Lorsque les sujets sont résumés par une des expressions *personne*, *chacun*, *aucun*, *nul*, *rien*, *tout*, etc.

Ex. : Remords, crainte, péril, *rien* ne m'a *retenue.*
Femmes, moines, vieillards, *tout était descendu.*

*§ 166. — Lorsque les sujets sont comparés entre eux à l'aide de la préposition *avec* ou des locutions conjonctives *comme, de même que, ainsi que, aussi bien que,* l'accord a lieu avec le premier sujet.

Ex. : L'éléphant, *comme* le castor, *aime* la société de ses semblables.
L'âme, *ainsi que* le corps, ne se *développe* que par l'exercice.

C'est comme s'il y avait : L'éléphant aime, comme le castor, la société de ses semblables ; l'âme ne se développe, ainsi que le corps, que par l'exercice.

Cependant, si, à l'aide des expressions *avec*, *ainsi que*, l'on veut plutôt unir les sujets que les comparer, le verbe se met au pluriel.

Ex. : Le singe *avec* le léopard
Gagnaient de l'argent à la foire.

Dans l'Égypte, dans l'Asie et dans la Grèce, Bacchus *ainsi qu'*Hercule *étaient reconnus* comme des demi-dieux.

Plusieurs sujets au singulier unis par *NI*.

§ 167. — Lorsque les sujets sont liés par *ni*, le verbe se met au pluriel, si ce sont les sujets, considérés ensemble, qui font l'action exprimée par le verbe.

Ex. : *Ni* l'or *ni* la grandeur ne nous *rendent* heureux.
Ni la force, *ni* la crainte, *ni* la violence, ne *peuvent* dompter le tigre.

On a en vue l'emploi des trois moyens réunis.

Mais si l'un des sujets doit seul faire ou recevoir l'action exprimée par le verbe, on met le verbe au singulier.

Ex. : *Ni* mon grenier, *ni* mon armoire
Ne se *remplit* à babiller.

Ici l'on considère séparément les deux objets *grenier*, *armoire*.

Plusieurs sujets au singulier unis par *OU*.

§ 168. — Les deux règles de *ni* s'appliquent à *ou* unissant plusieurs sujets : on met le verbe au pluriel, si les deux sujets concourent à l'action exprimée par le verbe.

Ex. : Le temps *ou* la mort *sont* nos remèdes.
La peur *ou* le besoin *font* tous les mouvements de la souris.

On envisage les deux choses ensemble ; il y a pluralité dans l'idée.

Mais, si l'un des sujets doit seul faire l'action, on met le verbe au singulier.

Ex. : Mon frère *ou* ma sœur *ira* vous voir.
Pour amuser les enfants, un volant *ou* une boule *suffit*.

Une seule des deux personnes viendra ; à défaut de volant, l'enfant se contente d'une boule.

Remarque. — Quoique l'un des sujets doive seul faire l'action, on met cependant le verbe au pluriel, si les sujets sont de différentes personnes, et le verbe s'accorde avec celle qui a la priorité.

Ex. : Le roi, l'âne *ou* moi *nous mourrons*.

Dans ce cas, on place devant le verbe le pronom *nous*, s'il y a un sujet de la première personne, et le pronom *vous*, si les sujets sont de la seconde et de la troisième personne.

L'un et l'autre, ni l'un ni l'autre, l'un ou l'autre **employés comme sujets.**

§ 169. — Aux mots *et*, *ni*, *ou*, se rattachent les expressions *l'un et l'autre, ni l'un ni l'autre*, *l'un ou l'autre*.

Avec *l'un et l'autre*, *ni l'un ni l'autre*, on met généralement le verbe au pluriel, et s'il y a un substantif, ce dernier reste au singulier.

Ex. : L'un et l'autre *recevront* une récompense.
Ni l'un ni l'autre ne *sortiront* aujourd'hui.
L'un et l'autre *projet sont* déraisonnables.

Cependant, avec *ni l'un ni l'autre*, le verbe se met au singulier, si l'un des sujets doit seul faire l'action.

Ex. : Ni l'un ni l'autre ne *sera* nommé ambassadeur à Londres.

Il n'y a, en effet, qu'un ambassadeur à nommer.

§ 170. — Après *l'un ou l'autre*, le verbe se met toujours au singulier.

Ex. : L'un ou l'autre *payera* l'amende.

PLUSIEURS INFINITIFS EMPLOYÉS COMME SUJETS.

*§ 171. — Lorsque plusieurs infinitifs employés substantivement sont sujets, on met le verbe au pluriel, quand chaque infinitif forme un sujet distinct.

Ex. : Promettre et tenir *sont* deux.
Bien dire et bien penser ne *sont* rien sans bien faire.

Bien dire est différent de *bien penser*; il y a *deux* sujets, on met le pluriel.

Mais si les infinitifs réunis ne forment qu'un seul sujet, on met le verbe au singulier.

Ex. : Bien écouter et bien répondre *est* une des plus grandes perfections de la conversation.

Bien écouter ne constitue pas seul la perfection dans la conversation, il faut encore *bien répondre;* les deux infinitifs ne forment qu'un seul sujet, on met le singulier.

COLLECTIF SUJET.

§ 172. — Règle. — Quand le sujet est un nom collectif, le verbe s'accorde avec le collectif lui-même ou avec le complément du collectif, selon que l'action marquée par le verbe se rapporte au collectif ou à son complément.

Ex. : Une nuée de traits *obscurcit* l'air.
Une troupe de nymphes *nageaient* en foule derrière le char.

C'est la *nuée* qui obscurcissait; ce sont les *nymphes* qui nageaient.

Une multitude d'oiseaux *remplissait* le bocage.
Une multitude d'oiseaux nous *charmaient* par leurs concerts.

C'est la *multitude* qui remplissait; ce sont les *oiseaux* qui nous charmaient.

Les exemples suivants rendront la règle plus sensible.

ACCORD AVEC LE COLLECTIF.	ACCORD AVEC LE COMPLÉMENT.
La totalité des hommes *redoute* la mort.	Une foule d'enfants *couraient* dans la plaine.
Un grand nombre de chefs *nuit* à la discipline.	Une nuée de barbares *désolèrent* le pays.
Le peu d'amis qu'il a *prouve* son mauvais caractère.	Le peu d'amis qu'il a *sont parvenus* à le tirer d'affaire.
Plus d'un poëte *a traité* ce sujet.	On voit plus d'un fripon qui se *dupent* l'un l'autre(1).

*§ 173. — Après les adverbes de quantité *peu*, *beaucoup*, *assez*, *trop*, *moins*, etc., et l'expression *la plupart*, le verbe s'accorde toujours avec le complément du collectif, que ce complément soit exprimé ou sous-entendu.

Ex. : Peu de gens *supportent* le malheur avec résignation.

Beaucoup de monde *périt* dans cette affaire.

La plupart *sont* victimes de l'imprévoyance.

CE, SUJET.

§ 174. — Règle. — Le verbe *être*, précédé de *ce*, ne se met à la troisième personne du pluriel que lorsqu'il est suivi d'un sujet, nom ou pronom, à la troisième personne du pluriel (2).

Ex. : *Ce furent* les Phéniciens qui les premiers inventèrent l'écriture.

Ce ne *sont* pas des paroles qu'il faut ici, *ce sont* des actes.

Ce sont eux qui m'ont provoqué.

---

(1) Avec *plus d'un*, le verbe se met ordinairement au singulier; si *plus d'un* est répété, on peut mettre le verbe au pluriel : Plus d'un Anglais, plus d'un Allemand ne *trouvent* d'harmonie que dans leur langue.

(2) Dans les phrases interrogatives, si le verbe est au futur, il se met au singulier : *Sera-ce* vos amis qui viendront ?

Dans tout autre cas, le verbe *être* reste au singulier.

Ex. : Le temps passe, dit-on ; *c'est* nous qui passons.
C'est vous-mêmes qu'on accusera.
C'est la pluie et le beau temps qui fécondent la terre.

Remarque. — Cependant, dans une énumération, on peut employer le pluriel, suivant l'idée dominante de la phrase : Quelles sont les parties du monde ? *Ce sont* l'Europe, l'Asie, l'Afrique, l'Amérique et l'Océanie. Le pluriel est réclamé par les mots *les parties*.

QUI, SUJET.

§ 175. — Règle. — Quand le relatif *qui* est sujet, le verbe se met au nombre et à la personne de l'antécédent que représente ce relatif.

Ex. : C'est moi qui vous le *dis*, qui *suis* votre grand'mère.
Toi qui nous *rassurais*, veux-tu nous effrayer ?
C'est nous trop souvent qui *faisons* nos malheurs.

Dans le premier exemple, les verbes *dis*, *suis*, sont au singulier et à la première personne, parce que *moi*, antécédent de *qui*, est du singulier et de la première personne, etc.

*§ 176. — On peut établir, en règle générale, que le véritable antécédent est celui sur lequel l'attention se porte le plus.

I. Tantôt c'est le *nombre* qui change suivant le point de vue de l'esprit.

Ex. : Thalès est le premier des Grecs qui *ait* proclamé l'immortalité de l'âme (ici on considère *Thalès* et non les Grecs).

Le cerf est un de ces animaux innocents qui *semblent* être faits pour embellir la solitude des forêts (on considère *les animaux* et non le cerf).

II. Tantôt c'est la *personne* qui varie.

Ex. : S'il vous souvient pourtant que je suis la première
Qui vous *ait appelé* de ce doux nom de père.
Fille d'Agamemnon, c'est moi qui la première,
Seigneur, vous *appelai* de ce doux nom de père.

Dans le premier cas, le verbe est à la troisième personne, parce que l'idée dominante c'est *la première enfant,* qui est de la troisième personne; dans le second, au contraire, on insiste sur *moi,* c'est *moi* qu'on a surtout en vue : voilà pourquoi le verbe se met à la première personne.

ACCORD DE L'ATTRIBUT AVEC LE SUJET.

§ 177. — L'attribut peut être un substantif seul ou avec une préposition, un infinitif avec ou sans préposition, un adjectif ou un participe, un pronom.

Ex. : Turenne fut *un héros.* Ces blés sont *en fleur.*
Conseiller n'est pas *blâmer.* Ce devoir est *à refaire.*
Dieu est *bon.* Nos moissons sont *détruites.*
C'est *lui.*

§ 178. — Quand l'attribut est un substantif, l'accord consiste à donner à ce substantif le genre et le nombre qui lui sont propres, quels que soient ceux du sujet.

Ex. : La sagesse est *un trésor.*
Les livres sont *une consolation.*
Cette dame est *un auteur* distingué.

§ 179. — Si l'attribut est un adjectif ou un participe il s'accorde en genre et en nombre avec le sujet.

Ex. : Ces jardins sont *grands.*
Ces fleurs sont *flétries.*

§ 180. — Quand l'attribut se rapporte à plusieurs sujets au singulier, il se met au pluriel, et prend le genre des sujets.

Ex. : Le père et le fils sont *bons*.
La mère et la fille sont *bonnes*.

§ 181. — Si les sujets sont de genres différents, l'attribut se met au pluriel masculin.

Ex. : Le frère et la sœur sont *heureux*.
Le tigre et la panthère sont *cruels*.
La vertu et le vice sont *opposés*.

§ 182. — Si le sujet est un pronom, l'attribut s'accorde avec le nom dont le pronom tient la place.

Ex. : Un homme dira : Je suis *content*.
Une femme dira : Je suis *contente*.

REMARQUE. — Cependant, quand les pronoms *nous*, *vous*, se rapportent à une seule personne, on met le verbe au pluriel, mais l'attribut reste au singulier : Nous *sommes juste*, vous *êtes impatient*.

§ 183. — Si le sujet est un relatif, l'attribut s'accorde avec le nom que représente ce relatif.

Ex. : J'ai vu une maison qui était fort *ancienne*.

Ancienne est au féminin et au singulier, parce que *maison*, antécédent de *qui*, est du féminin et du singulier.

*§ 184. — Quand le mot *on* est sujet, l'attribut se met au masculin singulier.

Ex. : On est *heureux* de pouvoir obliger ses semblables.

Mais si *on* désigne nécessairement une femme, l'attribut se met au féminin singulier.

Ex. : On n'est pas toujours *jeune* et *belle*.

De même, quand *on* désigne plusieurs personnes, l'attribut se met au pluriel et prend le genre des personnes qu'on veut désigner.

Ex. : On n'est pas *des esclaves*, pour essuyer de si mauvais traitements.

Quand on est *riches* et *bonnes*, mesdames, la charité est un devoir et un plaisir.

§ 185. — Avec *quiconque*, pris d'une manière générale, l'attribut se met au masculin.

Ex. : Quiconque a fait une action coupable est *malheureux*.

Mais si *quiconque* désigne une femme, ou met l'attribut au féminin singulier.

Ex. : Quiconque de vous, mesdames, serait assez *hardie* pour soutenir cette opinion, ferait preuve de légèreté.

ACCORD DES MOTS MODIFIANT LE SUJET OU L'ATTRIBUT.

§ 186. — La proposition ne se présente pas toujours sous une forme aussi simple que *l'homme est mortel*. Le plus souvent le sujet ou l'attribut sont modifiés par un *substantif*, un *adjectif* ou un *participe*.

I. — APPOSITION.

§ 187. — Souvent un substantif sert à modifier un autre substantif; c'est ce qu'on appelle *apposition*.

Ex. : Saint Louis, *roi pieux*, fut aimé de ses sujets.

L'apposition a lieu même quand le genre et le nombre des substantifs sont différents.

Ex. : N'imitez pas les frelons, *troupe lâche et stérile*.

Quand le sujet et le substantif formant apposition sont d'un genre et d'un nombre différents, l'accord se fait avec le sujet, et non avec le substantif qui forme apposition.

Ex. : Les Romains, nation belliqueuse, furent *civilisateurs*.

II. — ACCORD DE L'ADJECTIF.

ADJECTIFS QUALIFICATIFS.

§ 188. — L'adjectif et le participe modifiant le sujet ou l'attribut, et en général, tout adjectif qualificatif, suit les règles d'accord de l'adjectif employé comme attribut (§ 179 et suiv.).

Ex. : Dieu *seul* est éternel.
Une application et un travail *continuels* font surmonter bien des obstacles.

REMARQUE. — Si les substantifs sont de genres différents, et que l'adjectif ait une terminaison autre pour le masculin et le féminin, le substantif masculin doit s'énoncer le dernier : Il regarde la bouche et *les yeux ouverts*, et non : les yeux et *la bouche ouverts*.

§ 189. — L'adjectif se rapportant à plusieurs noms s'accorde avec le dernier :

1° S'il se rapporte exclusivement à ce dernier.

Ex. : Le bon goût des Égyptiens leur fit aimer la solidité et la régularité *toute nue*.

2° Si les noms ont la même signification.

Ex. : Toute sa vie n'a été qu'un travail, qu'une occupation *continuelle*.

3° S'il y a gradation.

Ex. : Il a montré un courage, une intrépidité *étonnante*.

4° Si les noms sont unis par *ou*, et que l'un exclue l'autre.

Ex. : Il obtenait tout par sa patience ou son audace *incroyable*.

Mais s'il n'y a pas exclusion, l'accord se fait avec les deux noms.

Ex. : On demande un homme ou une femme *âgés*.

§ 190. — Si l'adjectif modifie un collectif, il s'accorde

avec le collectif ou avec le complément du collectif, selon qu'il se rapporte à l'un ou à l'autre de ces mots.

Ex. : Une masse de maisons *enveloppée* par les flammes.
Une masse de maisons *construites* en briques.
Une troupe de singe *composée* des espèces les plus rares.
Une troupe de singe *vêtus* de rouge.

Accord de l'adjectif dans l'expression *AVOIR L'AIR*.

*§ 191. — L'adjectif qui suit l'expression *avoir l'air* peut s'accorder avec le mot *air* ou avec le sujet de la proposition.

I. Si la qualité peut convenir au mot *air*, *avoir l'air* signifie alors *avoir l'extérieur*, *les dehors*, *la mine*, et c'est avec le mot *air* que l'adjectif s'accorde.

Ex. : Cette femme a l'air *spirituel*.

C'est l'*air* qui est *spirituel*.

II. Mais quand *avoir l'air* signifie *sembler*, *paraître*, la qualité exprimée par l'adjectif ne convient qu'au sujet de la proposition et c'est avec le sujet que l'adjectif s'accorde.

Ex. : Cette femme a l'air *contrefaite*.
Ces légumes n'ont pas l'air *cuits*.

Contrefaite, *cuits* ne peuvent se rapporter à *air*.

Remarque. — Dans ce dernier cas, il vaut mieux changer la tournure et dire : Cette femme a l'air *d'être contrefaite ;* ou bien : Cette femme *paraît contrefaite*.

Expressions adjectives de couleurs.

*§ 192. — Certains substantifs désignant les couleurs servent, par ellipse, à en modifier d'autres ; ils restent alors au singulier.

Ex. : Des rubans *paille*.
Des ceintures *orange*.

C'est-à-dire *couleur de* paille, *couleur d'*orange.

*§ 193. — Dans les expressions du même genre, formées de deux adjectifs réunis par un trait d'union, le premier est considéré comme un substantif, et tous deux restent invariables.

Ex. : Des étoffes *bleu-clair*.
Des taffetas *rose-tendre*.
Des cheveux *châtain-brun*.

C'est-à-dire *d'un bleu* clair, *d'un rose* tendre, *d'un châtain* brun.

ADJECTIFS DÉTERMINATIFS.

ACCORD DE L'ADJECTIF NUMÉRAL.

§ 194. — I. Vingt et cent prennent le signe du pluriel lorsqu'ils sont précédés d'un autre adjectif numéral qui les multiplie.

Ex. : Il a dépensé *quatre-vingts* francs.
Nous avons acheté *six cents* pommes.

II. Mais *vingt* et *cent* sont invariables, lorsqu'ils sont suivis d'un autre nombre.

Ex. : J'ai perdu *quatre-vingt*-deux francs.
On envoya *trois cent* trente soldats.
L'armée comptait *trois cent* mille hommes.

III. *Vingt* et *cent* sont encore invariables, lorsqu'ils sont employés comme adjectifs numéraux ordinaux.

Ex. : Page *quatre-vingt*, l'an *six cent*.

C'est-à-dire, page *quatre-vingtième ;* l'an *six centième*.

§ 195. — I. Mille est toujours invariable.

Ex. : *Quatre mille* hommes forcèrent ce passage.

II. Par abréviation, on écrit *mil* pour les années depuis l'ère chrétienne.

Ex. : L'Amérique fut découverte en l'an *mil* quatre cent quatre-vingt-douze.

Mais on écrit *mille* en parlant des années qui ont précédé notre ère, et de celles qui suivront le millésime où nous sommes.

Ex. : Le déluge arriva l'an du monde *mille* six cent cinquante-cinq.
Cela arrivera l'an *deux mille*.

III. Le mot *mille*, mesure de chemin, est un substantif et prend *s* au pluriel.

Ex. : Trois *milles* d'Angleterre font plus de quatre kilomètres.

ACCORD DE L'ADJECTIF POSSESSIF.

Leur *ou* **leurs.**

§ 196. — *Leur* s'emploie tantôt au singulier, tantôt au pluriel, selon qu'il y a unité ou pluralité dans l'idée.

SINGULIER.	PLURIEL.
Ces dames sont dans *leur* voiture (elles n'ont qu'une seule voiture).	Ces dames sont dans *leurs* voitures (elles ont chacune une voiture).
Ces deux frères ont perdu *leur* mère.	Son frère et son cousin ont perdu *leurs* mères.

On emploie toujours le singulier, lorsque *leur* se rapporte à un substantif abstrait.

Ex. : Les louanges que l'on donne aux gens en place doivent peu flatter *leur* amour-propre.
Ne perfectionnez pas l'esprit des enfants aux dépens de *leur* cœur.

Remarque. — Dans certaines phrases, il est indifférent de mettre le singulier ou le pluriel.

Ex. : Laissez les morts en paix dans *leur* tombeau *ou* dans *leurs* tombeaux.

ACCORD DE L'ADJECTIF INDÉFINI.

*§ 197. — *Aucun* et *nul* sont essentiellement du singulier; on ne les emploie au pluriel que si le substantif n'a pas de singulier, ou bien a une signification particulière au pluriel.

Ex. : Un malheur instruit mieux qu'*aucune* remontrance.
Aucunes funérailles ne furent plus magnifiques.
Nulles troupes ne sont mieux exercées.

Remarque. — *Aucuns*, *d'aucuns*, employés comme pronoms, ne sont guère usités aujourd'hui que dans le style naïf et badin.

ADJECTIFS EMPLOYÉS COMME ADJECTIFS ET COMME ADVERBES.

§ 198. — Certains adjectifs peuvent être employés comme adjectifs et comme adverbes.

§ 199.—Quand ils gardent leur nature d'adjectifs, ils sont susceptibles d'accord; s'ils sont employés adverbialement, ils deviennent invariables.

Variables.	Invariables.
Ces étoffes sont belles, mais *chères*.	Ces étoffes se vendent *cher* (chèrement).
J'ai pris des mesures *justes*.	Ces enfants chantent *juste* (avec justesse).
Mesdames, marchez *droites* (en vous tenant droites).	Mesdames, marchez *droit* (directement devant vous).

*§ 200. — Il en est de même de certains adjectifs composés.

I. Si chacun des adjectifs qualifie séparément le substantif, tous deux restent adjectifs et prennent l'accord.

Ex. : Des oranges *aigres-douces.*
Des hommes *ivres-morts.*

C'est-à-dire *aigres* et *douces, ivres* et *morts.*

II. Mais, si le premier adjectif ne fait que modifier le second, il est pris adverbialement et reste invariable.

Ex. : Des gazons *clair-semés.*
Des enfants *nouveau-nés* (1).
Légère et *court-vêtue,* elle allait à grands pas.

C'est-à-dire des gazons semés *clairement,* des enfants nés *nouvellement,* légère et *courtement* vêtue.

Il faut excepter les expressions *fraîche-cueillie, fraîche-éclose, toute-puissante,* où l'adjectif, quoique employé adverbialement, prend néanmoins l'accord au féminin.

Remarque. — Si l'un des deux adjectifs est employé substantivement, tous deux prennent la marque du pluriel. Ainsi on écrira : des *nouveaux convertis,* les *premiers venus,* des *nouveaux mariés,* etc.

Les adjectifs suivants : *feu, nu, demi,* etc., *même, quelque, tout,* sont aussi employés tantôt comme adjectifs, tantôt comme adverbes.

Feu, nu, demi, ci-joint, ci-inclus, franc, possible, proche, témoin.

§ 201. — Feu prend l'accord, lorsqu'il est placé après l'article ou tout autre adjectif déterminatif.

Ex. : Les *feus* rois.
Votre *feue* tante était bien serviable.

Il est invariable, lorsqu'il est placé avant l'article ou tout autre adjectif déterminatif.

Ex. : J'ai ouï dire à *feu* ma sœur.

§ 202. — Nu prend l'accord, lorsqu'il est placé après le nom.

Ex. : Ils marchaient tête *nue* et pieds *nus.*

(1) On dit aussi : des enfants *mort-nés.* — *Premier-né* fait *premiers-nés.*

Il est invariable, quand il est placé avant le nom.

Ex. : Il était *nu*-tête et *nu*-jambes.

Remarque. — Dans l'expression *la nue propriété*, *nue* prend l'accord, parce qu'il est adjectif; mais, dans l'expression *les nu-propriétaires*, *nu* équivaut à *nûment*, et reste invarible.

§ 203. — Demi est variable, lorsqu'il est placé après le nom, mais il reste toujours au singulier.

Ex. : Il partit hier à dix heures et *demie*.

Il est invariable, lorsqu'il est placé devant le nom.

Ex. : J'ai parlé toute une *demi*-heure.

Remarque. — Employé substantivement, *demi*, la moitié d'un entier, est du masculin : deux *demis* valent un entier. — Appliqué aux heures, ce mot est du féminin : cette horloge sonne les *demies*.

*§ 204.— Ci-joint, ci-inclus sont invariables, lorsqu'ils sont les premiers mots de la phrase, ou lorsque, se trouvant au milieu des phrases, le nom auquel ils se rapportent n'est point précédé de l'article ou de tout autre adjectif déterminatif.

Ex. : *Ci-inclus* copie du contrat.
Vous trouverez *ci-joint* copie de sa lettre.

Dans tout autre cas, il y a accord.

Ex. : Vous trouverez *ci-jointe* la copie, une copie du traité.
Les pièces *ci-jointes* sont complètes.

* § 205. — Franc, dans la locution *franc de port*, est invariable, lorsqu'il précède le substantif.

Ex. : Vous recevrez *franc de port* la lettre que je vous envoie.

II. S'il est placé après le substantif, ce mot prend l'accord.

Ex. : Ces lettres sont *franches de port*.

* § 206. — Possible, qualifiant un nom, s'accorde avec ce nom.

Ex. : Je vous payerai par tous les moyens *possibles*.

C'est-à-dire *qui seront possibles*.

Mais si *possible* fait partie d'une locution adverbiale, il reste invariable.

Ex. : Ils songent à payer le moins d'impôts *possible*.

C'est-à-dire *le moins possible* d'impôts.

Les mots *proche* et *témoin* se rattachent aux précédents.

* § 207. — Proche, se rapportant à un nom ou à un pronom, peut s'employer indifféremment comme adjectif ou comme locution prépositive.

Ex. : Les maisons *proches* de la rivière sont sujettes aux inondations.
Les maisons qui sont *proche de* la ville sont très-commodes.

Se rapportant à un verbe, *proche de* est toujours préposition, et par suite, invariable.

Ex. : On a construit des maisons *proche des* fortifications.

* § 208. — Témoin est pris adverbialement au commencement des phrases, et dans l'expression *à témoin*.

Ex. : *Témoin* les prix qu'il a obtenus.
Prendre les dieux *à témoin* (à témoignage).

Mais on dira avec *témoin*, substantif : Messieurs, je vous prends pour *témoins*.

Même.

§ 209. — I. Même est adjectif, quand il détermine un nom ou un pronom.

Ex. : Le peuple et les grands n'ont ni les *mêmes* vertus ni les *mêmes* vices.
Ses ennemis *mêmes* l'estiment.
Les grands ne semblent nés que pour eux-*mêmes*.

II. *Même* est employé adverbialement, quand il modifie soit un adjectif, soit un verbe exprimé ou sous-entendu.

Ex. : Tout citoyen doit obéir aux lois, *même* injustes.
On admire *même* les gestes de cet orateur.
Ils immolèrent les femmes et *même* les enfants.

III. *Même* est encore employé adverbialement, quand il est placé après plusieurs substantifs.

Ex. : Les hommes, les animaux *même* sont sensibles aux bienfaits.
Les animaux, les plantes *même* étaient au nombre des divinités égyptiennes.

Quelque.

§ 210. — Quelque peut prendre trois formes.

I. *Quelque* suivi d'un nom s'écrit en un mot et s'accorde avec le nom qu'il détermine.

Ex. : *Quelques* crimes toujours précèdent les grands crimes.
Quelques lumières que l'on ait, rien n'est si aisé que de se tromper.

II. *Quel que*, joint au verbe *être*, ou à un des deux verbes *devoir*, *pouvoir*, s'écrit en deux mots : *quel* est l'attribut du sujet et s'accorde avec lui en genre et en nombre ; *que*, conjonction, reste invariable.

Ex. : *Quels que* soient les humains, il faut vivre avec eux.
Quelles que puissent être vos raisons, je les respecte.

III. *Quelque* suivi d'un adjectif, d'un participe ou d'un adverbe, devient adverbe et reste invariable.

Ex. : *Quelque* méchants que soient les hommes, ils n'oseraient paraître ennemis de la vertu.
Quelque corrompues que soient nos mœurs, le vice n'a pas encore perdu toute sa honte.
Quelque adroitement qu'ils agissent, ils n'arriveront pas à leurs fins.
Quelque bonnes raisons que vous alléguiez, vous serez puni.
Quelque bons traducteurs qu'ils soient, ils n'ont pas compris ce passage.

Dans ce dernier exemple, *quelque* modifie *bons* et non pas *traducteurs*.

Mais il est des cas où *quelque*, bien que suivi d'un adjectif, ne modifie pas l'adjectif, mais le substantif qui le suit; *quelque* est alors adjectif et prend l'accord.

Ex.: ..*Quelques* vains lauriers que promette la guerre,
On peut être héros sans ravager la terre.

Quelques ne modifie pas *vains*, il détermine *lauriers*.

IV. *Quelque*, suivi d'un adjectif numéral et signifiant *environ*, *à peu près*, est encore adverbe, et conséquemment invariable.

Ex.: Nous avons tiré *quelque* cinq ou six cents coups de canon.

Toutefois, on dira avec l'accord : Cette voiture contient *quelques* cents de paille (c'est-à-dire *plusieurs* cents de paille; *quelque* est ici adjectif).

Tout.

§ 211. — I. Tout est adjectif, quand il détermine un substantif ou un pronom.

Ex.: *Tous* (1) les peuples qui vivent misérablement sont laids et mal faits.

Ils sont *tous* étonnés (c'est-à-dire, *eux tous* sont étonnés) (2).

II. *Tout* est employé adverbialement, lorsqu'il modifie un adjectif, un participe ou un adverbe ; il signifie alors *tout à fait*, *quelque*.

Ex.: Les vaisseaux sont *tout* prêts et le vent nous appelle.

La joie de faire du bien est *tout* autrement douce que la joie de le recevoir.

Les enfants, *tout* aimables qu'ils sont, ne laissent pas d'avoir bien des défauts.

---

(1) *Tout* est le seul adjectif qui ne garde pas le *t* au pluriel : *tous*.

(2) On dit également bien : en *tout lieu*, en *tous lieux* ; de *toute part*, de *toutes parts* ; de *toute sorte*, de *toutes sortes*.

Cependant l'euphonie exige que *tout*, quoique employé dans un sens adverbial, prenne l'accord, quand l'adjectif ou le participe qui suit est au féminin et commence par une consonne ou une *h* aspirée.

Ex. : Sa face était *toute* baignée de pleurs.
Elles sont *toutes* surprises, *toutes* honteuses.

III. *Tout* est encore adverbe et invariable, quand il modifie un substantif pris adjectivement.

Ex.: Le chien est *tout* zèle, *tout* ardeur, *tout* obéissance.
Je suis *tout* ouïe à vos discours.

IV. *Tout*, suivi de l'adjectif *autre*, prend l'accord ou reste invariable.

Tout prend l'accord, quand il détermine un substantif exprimé ou sous-entendu.

Ex.: *Toute autre place* qu'un trône eût été indigne d'elle.
Toute autre eût été effrayée.

C'est-à-dire *toute place* autre, *toute femme* autre.

Tout reste invariable, quand il modifie l'adjectif *autre*, et qu'il est précédé ou suivi de *un*, *une*.

Ex. : Donnez-moi *une tout autre* occupation.
Pour vous, vous méritez *tout une autre* fortune.

C'est-à-dire une occupation *tout à fait autre*, une fortune *tout à fait autre*.

Le, la, les.

§ 212. — I. Le, la, les, suivi de *plus*, *mieux*, *moins*, est article et prend l'accord, lorsqu'il se rapporte à un substantif; dans ce cas, il y a toujours comparaison.

Ex. : Ces sources sont *les plus froides* de toutes celles d'alentour.
Quoique cette femme montre plus de fermeté que les autres, elle n'est pas pour cela *la moins affligée*.

Dans ces phrases on compare *cette source* avec *les*

sources d'alentour, *cette femme* avec *les autres femmes*; il y a comparaison.

II. *Le* forme avec *plus, moins, mieux,* une locution adverbiale, et par conséquent ne varie pas, lorsque, sans aucune comparaison, il modifie un adjectif, un verbe ou un adverbe (§ 37).

Ex. : C'est en été que les sources sont *le plus* froides.
Cette femme a toujours montré une grande fermeté, lors même qu'elle était *le plus affligée.*

C'est-à-dire froides *au plus haut degré*, affligée *au plus haut degré*, sans aucune idée de comparaison.

§ 213. — I. Le, la, les, tenant la place d'un nom, est pronom et s'accorde en genre et en nombre avec le nom qu'il représente.

Ex. : Êtes-vous sa mère ? oui, je *la* suis.
Êtes-vous les trois Romains qu'on a choisis pour le combat ? nous *les* sommes.

C'est comme s'il y avait : Je suis *elle, sa mère ;* nous sommes *eux, les Romains.*

II. Mais, lorsque le pronom *le* représente un adjectif, un substantif pris adjectivement, un infinitif ou une proposition, il est invariable et équivaut au mot vague *cela.*

Ex. : Êtes-vous malade ? je *le* suis.
Êtes-vous Romains ? nous *le* sommes.
J'aime sa victoire, et je *le* puis sans crime.
Si j'ai réussi, je *le* dois à vos bontés.

C'est-à-dire je suis *cela* (malade), nous sommes *cela* (Romains), je puis *cela* (aimer sa victoire), etc.

*Remarque. — Le pronom *le* remplace quelquefois un participe ; ainsi au lieu de dire : Comment blâmer ce qui ne saurait *être blâmé*, on dit : Comment blâmer ce qui ne saurait *l*'être. Cette tournure, quoique irrégulière, est cependant employée par nos bons écrivains, lorsqu'elle ne donne lieu à aucune équivoque.

III. — ACCORD DU PARTICIPE.

PARTICIPE PRÉSENT ET ADJECTIF VERBAL.

§ 214. — Le *participe présent* est toujours invariable (1).

Ex. : Entendez ces oiseaux *chantant* sous l'ombrage.
Il aperçut des papillons *voltigeant* dans les blés.

§ 215. — Mais il y a certains adjectifs qui viennent aussi de verbes, comme le participe présent, et qu'on appelle pour cette raison *adjectifs verbaux*.

L'*adjectif verbal* s'accorde en genre et en nombre avec le nom auquel il se rapporte.

Ex. : Des agneaux *bondissants* et des brebis *bêlantes* y paissent tout le jour.
Les eaux *dormantes* sont meilleures pour les chevaux que les eaux vives.

Distinction entre le participe présent et l'adjectif verbal.

§ 216. — Règle. — Ce qui distingue le participe présent de l'adjectif verbal, c'est que le participe présent exprime essentiellement l'*action*, tandis que l'adjectif verbal exprime l'*état*, la *qualité*.

PARTICIPE PRÉSENT.	ADJECTIF VERBAL.
Elle était seule, *errant* sur le rivage.	Il y a des peuples qui vivent *errants* dans les déserts.
Ces hommes, *prévoyant* le danger, cherchèrent à l'éviter.	Les hommes *prévoyants* se prémunissent contre le danger.
J'aperçus des hommes *parlant* et *gesticulant*.	Ils sont toujours tristes, *grondants* ou *souffrants*.

(1) Cette règle n'a été définitivement établie par l'Académie qu'en 1668. Il ne faut donc pas s'étonner si elle n'est pas toujours observée par ceux de nos grands auteurs dont les écrits sont antérieurs à cette décision.

Dans les premiers exemples, *errant, prévoyant, parlant, gesticulant*, expriment l'action d'*errer*, de *prévoir*, de *parler*, de *gesticuler;* ce sont des participes présents, et par conséquent ils sont invariables. Dans les seconds exemples, *errants, prévoyants, grondants, souffrants*, expriment un état, une qualité; ce sont de véritables adjectifs, et, comme tels, ils prennent l'accord.

§ 217. — Les observations suivantes serviront à rendre cette distinction plus sensible.

On reconnaît que le mot est participe présent:

I. Quand il est suivi d'un complément direct.

Ex. : On entendait les marteaux *frappant* l'enclume.

II. Quand il est accompagné d'une négation.

Ex. : Votre sœur est une excellente personne, ne *grondant*, ne *contredisant* jamais.

III. Quand il est accompagné de la préposition *en*.

Ex. : L'avarice perd tout en *voulant* tout gagner.

IV. Si le mot est modifié par un adverbe, il est participe présent, si l'adverbe le suit; adjectif verbal, si l'adverbe le précède.

Ex. : Une terre *fumant* toujours.
Une terre toujours *fumante*.

Une fille *obéissant* bien.
Une fille bien *obéissante*.

V. Le participe présent des verbes neutres, marquant le plus souvent l'état, est susceptible de devenir adjectif verbal.

Ex. : Je vous trouve aujourd'hui bien *raisonnante*.
L'hirondelle donne la chasse aux insectes *voltigeants*.

§ 218. — Le participe présent, accompagné de *en*, doit se rapporter au sujet de la phrase.

Ex. : *Il* riait *en* me *regardant*.

On ne dira donc pas : Mes *bras* vous ont reçu *en naissant*.

L'usage, cependant, admet quelques exceptions, lorsqu'il ne peut y avoir d'équivoque ou d'obscurité.

Ex. : La *fortune* lui vient *en dormant* (1).

PARTICIPE PASSÉ.

§ 219. — Règle unique. — Le participe passé joint à l'auxiliaire *être* s'accorde avec le *sujet* ; —joint à l'auxiliaire *avoir*, il s'accorde avec le *complément direct*, s'il en est précédé, et reste invariable, si le complément direct est après, ou s'il n'y en a pas.

Appliquons cette règle aux différentes sortes de verbes.

Du participe passé dans les verbes actifs.

§ 220. — Le verbe actif ayant toujours un complément direct, pour savoir si le participe prend l'accord ou reste invariable, il suffit d'examiner si ce complément direct est *avant* ou *après* le participe.

ACCORD.	PAS D'ACCORD.
Les livres *que* j'ai *lus* sont intéressants.	Nous avons *reçu* vos lettres.
Vos torts, je *les* ai *oubliés*.	Ils ont *obtenu* les premières places.
Que de services il a *rendus* à sa patrie !	Avec quelle joie nous avons *accueilli* votre fille !

Dans les trois premiers exemples, les compléments directs, *que* mis pour *livres*, *les* mis pour *torts*, *que de services*, sont avant le participe, accord.

Au contraire, dans les trois derniers exemples, les

---

(1) Quelques participes ont pour correspondants des adjectifs dont l'orthographe est différente. Tels sont : *adhérant, affluant, coïncidant, différant, équivalant, excellant, extravaguant, fatiguant, intriguant, négligeant, précédant, présidant, vaquant, violant,* qui ont pour adjectifs correspondants : *adhérent, affluent, coïncident, différent, équivalent, excellent, extravagant, fatigant, intrigant, négligent, précédent, président, vacant, violent.*

compléments directs *vos lettres*, *les premières places*, *votre fille*, sont après le participe, pas d'accord.

REMARQUE. — Dans l'exemple : *Que de services il a rendus !* la locution *que de services* est considérée comme une seule expression, équivalant à *quels nombreux services*.

C'est ainsi qu'il faut expliquer toutes les locutions du même genre commençant par les adverbes *combien*, *plus*, *moins*, *autant*.

Ex. : Combien de projets il a *formés !*
Plus de gens il a *connus*, plus d'amis il a *eus*.
Autant de mots il a *écrits*, autant de fautes il a *faites*.

§ 221. — Quand le participe passé est suivi d'un infinitif, il faut examiner si le complément direct dépend du participe ou de l'infinitif : s'il dépend du participe, accord ; s'il dépend de l'infinitif, pas d'accord.

Ex. : La femme que j'ai *entendue* chanter, chante avec goût (j'ai *entendu la femme* chanter).
La romance que j'ai *entendu* chanter, est agréable (j'ai entendu *chanter la romance*).
Je les ai *laissés* partir (j'ai *laissé eux* partir).
Je les ai *laissé* gronder (j'ai laissé *gronder eux*).

La règle est la même, s'il y a une préposition entre le participe et l'infinitif.

Ex. : Voici les personnes que j'ai *priées* de venir (j'ai *prié les personnes* de venir).
Voici les personnes que vous avez *demandé* à voir (vous avez demandé à *voir les personnes*).

REMARQUES. — I. Le participe *fait* suivi d'un infinitif est toujours invariable, parce qu'il a toujours pour complément direct l'infinitif dont il est suivi.

Ex. : La nature les a *fait* naître dans l'obscurité.

II. Après les participes *dû*, *pu*, *voulu*, on sous-entend souvent l'infinitif ; en pareil cas, le complément direct dépendant de cet infinitif, il n'y a pas d'accord.

Ex. : Je lui ai rendu tous les services que j'ai *dû* (sous-entendu *lui rendre*).

Ses parents lui ont donné toute l'éducation qu'ils ont *pu* (sous-entendu *lui donner*).

Mais s'il n'y a pas d'infinitif sous-entendu, le participe est susceptible d'accord.

Ex. : J'ai payé les sommes que je lui ai *dues*.

III. Il en est de même du participe passé placé entre un *que* relatif et la conjonction *que*; il ne prend pas l'accord, parce que le relatif *que* n'est pas le complément du participe, mais du verbe de la proposition qui le suit.

Ex. : Les obstacles *que* j'avais *supposé* que vous rencontreriez sont enfin surmontés (j'avais supposé que vous *rencontreriez les obstacles*).

Il vaut mieux éviter cette tournure.

§ 222. — Quelquefois *l'* représente une proposition entière; en pareil cas, le participe s'accorde avec le mot vague *le*, signifiant *cela*, toujours du masculin et du singulier.

Ex. : Sa vertu était aussi pure qu'on *l'*avait *cru* jusqu'alors.

C'est-à-dire, qu'on avait cru *cela*, *qu'elle était pure*.

La famine arriva, ainsi que Joseph *l'*avait *prédit*.

C'est-à-dire, avait prédit *cela*, *qu'elle arriverait*.

§ 223. — Le participe qui a pour *unique* complément le mot *en*, se met au masculin singulier, parce que le mot *en*, lors même qu'il remplace un nom pluriel, est du masculin singulier.

Ex. : Tout le monde m'a offert des services, et personne ne m'*en* a *rendu*.

Des revenants, personne n'*en* a *vu*.

Mais si, en dehors du mot *en*, il y a un complément direct, soit avant, soit après le participe, on applique la règle générale d'accord.

Ex. : Il ne se vengea pas des injures *qu'*il en avait *reçues*.
Plus il a eu d'ennemis, *plus* il *en* a *vaincus*.
Combien Dieu *en* a-t-il *exaucés !*

C'est-à-dire, *plus d'eux* il a vaincus ; *combien d'eux* Dieu a-t-il exaucés. Le complément direct est avant, accord.

Mais dans cette phrase :

Le glaive a tué bien des hommes ; la langue en a *tué bien plus*.

Le complément direct *bien plus d'eux* est après, pas d'accord.

* § 224. — Quand le participe passé a pour complément direct *que* représentant *le peu*, il s'accorde, suivant le sens, tantôt avec le collectif *le peu*, tantôt avec le complément du collectif.

1° Si l'idée dominante est celle de *peu*, le participe s'accorde avec ce mot, toujours du masculin et du singulier.

Ex. : Le peu de nourriture qu'il a *pris* l'a fait mourir.

C'est parce qu'il en a pris *peu* qu'il est mort.

2° Si l'on a plutôt en vue la chose même que la petite quantité, le participe s'accorde en genre et en nombre avec le complément de *le peu*.

Ex. : Le peu de provisions qu'il a *conservées* l'a empêché de mourir.

Ici ce sont les *provisions* qui l'ont empêché de mourir.

La même règle d'accord s'applique à tout collectif suivi de son complément, ainsi qu'à la locution *un de*.

Ex. : C'est un de mes fils que vous avez *vu*.
C'est une des plus belles tragédies que nous ayons *vues*.

Du participe passé dans les verbes passifs.

§ 225. — Le verbe passif se conjuguant avec l'auxiliaire *être*, le participe passé s'accorde en genre et en nombre avec le sujet.

Ex. : Cette maison *a été renversée* par le vent.
Les jours donnés à Dieu ne *sont* jamais *perdus*.
C'est à Cannes que *fut défaite* l'armée romaine.

§ 226. — Lorsque les participes passés *attendu*, *excepté*, *passé*, *supposé*, *approuvé*, *vu*, *non compris*, *y compris*, sont précédés d'un nom, ils s'accordent avec ce nom, qui est le sujet ; l'auxiliaire *être* est alors sous-entendu.

Ex. : Cette chose *supposée*, tout s'explique facilement.
Ces enfants *exceptés*, les autres seront punis.

C'est comme s'il y avait : cette chose *étant supposée*, ces enfants *étant exceptés*.

Mais lorsque les participes *attendu*, *excepté*, *passé*, *supposé*, *approuvé*, *vu*, *non compris*, *y compris*, sont suivis du nom, c'est l'auxiliaire *avoir* qui est sous-entendu, et le nom est le complément direct de ces participes : comme il est placé après, pas d'accord.

Ex. : *Supposé* cette circonstance.
Approuvé l'écriture ci-dessus.

C'est comme s'il y avait : *ayant supposé* cette circonstance, *ayant approuvé* l'écriture.

Du participe passé dans les verbes neutres.

§ 227. — Parmi les verbes neutres, les uns se conjuguent dans leurs temps composés avec l'auxiliaire *avoir*, les autres avec l'auxiliaire *être*.

§ 228. — Quand ils se conjuguent avec l'auxiliaire *avoir*, comme ils ne peuvent jamais avoir de complément direct, le participe reste toujours invariable.

Ex. : Sa joie *a éclaté* dans ses yeux.
Vos paroles *ont nui* à votre ami.
Ces livres nous *ont paru* ennuyeux.

§ 229. — Quand ils se conjuguent avec l'auxiliaire *être*,

le participe suit la règle des verbes passifs, c'est-à-dire qu'il s'accorde avec le sujet.

Ex. : Mes sœurs *sont arrivées* ce matin.
La neige *est venue* nous surprendre.
Nous *serons partis* à midi.

*§ 230. — Quand les verbes neutres sont employés activement, le participe s'accorde avec le complément direct, s'il en est précédé.

Ex. : J'ignore les dangers qu'il a *courus.*
Que de sommes a *coûtées* cette maison !
Il a reçu avec modestie les honneurs que son mérite lui a *valus.*
Nous avons payé cher pour les cent livres que ce ballot a *pesées.*

§ 231. — Quelquefois *que,* précédant le participe passé d'un verbe neutre, est régi par une préposition sous-entendue ; dans ce cas, il n'est pas complément direct, et par conséquent le participe reste invariable.

Ex. : L'homme bienfaisant se rappelle avec plaisir les jours qu'il a *vécu.*
L'heure que j'ai *dormi* m'a fait du bien.

C'est-à-dire *pendant lesquels* il a vécu, *pendant laquelle* j'ai dormi.

Du participe passé dans les verbes réfléchis.

§ 232. — Les verbes réfléchis sont ou *essentiellement* réfléchis ou *accidentellement* réfléchis (voir § 114).

§ 233. — Le participe des verbes *essentiellement réfléchis* suit la règle des verbes passifs, c'est-à-dire s'accorde avec le sujet.

Ex. : Elle s'est *repentie* de son imprudence.
Ses ennemis se sont *enfuis.*
Nous nous sommes *moqués* de lui.

Certains verbes, changeant de sens en devenant réfléchis, doivent être rangés parmi les verbes essentiellement réfléchis ; tels sont : *s'apercevoir*, *s'attaquer*, *s'attendre*, *se douter*, *s'échapper*, *se louer*, *se plaindre*, *se prévaloir*, *se saisir de*, *se servir de*, *se taire*.

§ 234. — Le participe des verbes *accidentellement réfléchis* suit la règle du participe joint à l'auxiliaire *avoir* ; il prend l'accord, s'il est précédé du complément direct.

Ex. : Elle *s*'est *coupée* (elle a coupé qui ? *elle*).
Il *se* sont *percés* de leurs épées (ils ont percé qui ? *eux*).

Le participe reste invariable, si le complément direct est après, ou s'il n'y en a pas.

Ex. : Elle s'est *coupé* le doigt (elle a coupé quoi ? *le doigt*).
Ils se sont *percé* la poitrine de leurs épées (ils ont percé quoi ? *la poitrine*).
Ils se sont *nui* (ils ont nui à qui ? *à eux*) (1).

§ 235. — Quand le participe passé des verbes accidentellement réfléchis est suivi d'un infinitif, on applique également la règle des verbes actifs (§ 221).

Ex. : Elle s'est *vue* mourir (elle a vu *elle* mourir).
Ils se sont *laissé* frapper (ils ont laissé *frapper eux*) (2).

Du participe passé dans les verbes impersonnels.

§ 236. — Le participe passé des verbes impersonnels ou employés impersonnellement s'accorde avec le sujet apparent *il*, toujours du masculin et du singulier.

Ex. : *Il est arrivé* des malheurs. Les pluies qu'*il y a eu*. Les chaleurs qu'*il a fait*.	C'est-à-dire : *il a été* des pluies ; *il a été* des chaleurs.

(1) Le verbe *s'arroger*, quoique essentiellement réfléchi, suit toujours cette règle : Les droits qu'ils se sont *arrogés;* ils se sont *arrogé* des droits.
Le participe des verbes *se complaire*, *se déplaire*, *se nuire*, *se parler*, *se plaire*, *se rire*, *se sourire*, *se succéder*, est toujours invariable.

(2) Le participe du verbe *se faire*, suivi d'un infinitif, est toujours invariable.

SYNTAXE DE COMPLÉMENT.

Les mots susceptibles de complément sont le *nom*, l'*adjectif* et le *verbe*.

COMPLÉMENT DU NOM.

§ 237. — Le nom qui en complète un autre est généralement lié à celui-ci par la préposition *de*.

Ex. : La maison *de Paul* est agréable.
Votre frère est un homme *d'esprit*.

De Paul, *d'esprit*, déterminent et complètent le sens des mots *maison*, *homme*.

§ 238. — Le nom précédé de la préposition *de* est quelquefois remplacé par un adjectif : ainsi, au lieu de dire un *homme d'esprit*, on dit un *homme spirituel;* mais il y a une différence entre ces deux expressions.

Le nom précédé de la préposition exprime une qualité solide et réelle, l'adjectif marque une qualité vague et passagère ; un homme *d'esprit* a un talent véritable, l'homme *spirituel* brille seulement en conversation par des saillies et des bons mots.

Remarque. — La même distinction s'applique à toutes les expressions analogues : homme *d'importance*, homme *important ;* homme *de considération*, homme *considérable*, etc.

§ 239. — Le complément d'un nom peut être un infinitif pris substantivement.

Ex. : La façon *de donner* vaut mieux que ce qu'on donne.

§ 240. — Quelquefois le nom, au lieu d'être suivi de

6.

la préposition *de*, garde la préposition du verbe d'où il dérive.

Ex. : L'*obéissance aux* lois est le devoir de tous.
Son *dévouement pour* moi est inaltérable.

Parce qu'on dit *obéir à*, *se dévouer pour*.

§ 241. — Deux noms peuvent avoir le même complément, pourvu qu'ils demandent après eux la même préposition.

Ex. : Son *amitié* et son *dévouement pour* lui me font grand plaisir.

Mais si ces noms veulent après eux des prépositions différentes, il faut donner à chacun d'eux le complément qui lui convient.

Ex. : Son *affection pour* son frère et sa *confiance en* lui sont connues.

NOMBRE DES SUBSTANTIFS COMPLÉMENTS D'UN AUTRE SUBSTANTIF.

* § 242. — Règle unique. — Quand deux noms sont réunis par une préposition, le second se met au singulier ou au pluriel, selon qu'il renferme une idée d'unité ou de pluralité.

On écrira donc :

AVEC LE SINGULIER.	AVEC LE PLURIEL.
Un marchand de *vin*.	Un marchand de *joujoux*.
Un recueil de *musique*.	Un recueil de *gravures*.
Un lit de *plume*.	Un paquet de *plumes*.
Un pot de *beurre*.	Un panier de *cerises*.
Un bouquet de *jasmin*.	Un bouquet de *roses*.
Une gelée de *pomme*.	Une compote de *pommes*.

Les premiers exemples expriment l'idée d'un tout, d'un ensemble : voilà pourquoi on met le singulier; les seconds représentent, au contraire, une collection d'objets réunis, mais susceptibles d'être séparés : voilà pourquoi on met le pluriel.

C'est d'après la même règle qu'il faut expliquer les exemples suivants que nous donnons comme exercices.

SINGULIER.	PLURIEL.
Un fruit à *noyau*.	Un fruit à *pepins*.
Il voyage à *pied*.	Il saute à *pieds* joints.
Il est avide de *gloire*.	Il est insatiable de *louanges*.
Il va de *ville* en *ville*.	Il vole de *plaisirs* en *plaisirs*.
Ces champs sont riches en *blé*.	Vous êtes riche en *promesses*.
Sans *ami*, peut-on être heureux?	Sans *amis*, peut-on jouir de sa fortune?
Tu formes *projet* sur *projet*.	On nous a fait *difficultés* sur *difficultés*.
On donna tant par *tête*.	Les sauvages vivent par *troupes*.

COMPLÉMENT DE L'ADJECTIF.

§ 243. — Les adjectifs sont unis à leur complément par diverses prépositions.

Ex. : L'ambitieux est *avide de* distinctions.
L'exercice est *nécessaire à* la santé.
Il se montre *indifférent pour* vous.
On est *aveugle sur* ses défauts, *clairvoyant sur* ceux des autres.

* § 244. — Quelques adjectifs s'emploient tantôt seuls, tantôt avec un complément.

Ex. : Cet enfant est *content*.
Le sage vit *content de peu*.

D'autres, au contraire, doivent toujours être suivis d'un complément.

Ex. : Napoléon est *comparable à César*.

Il serait incorrect de dire : Napoléon et César sont *comparables*.

*§245. — Un même adjectif peut se construire avec des prépositions différentes ; la signification alors n'est plus la même; elle dépend du sens que renferme la préposition.

Ex. : Cet homme est *propre à* cet emploi.
Cet homme est *propre pour* cet emploi.

Propre à cet emploi veut dire qu'avec le temps et la pratique ses dispositions naturelles le rendront capable de le remplir convenablement ; *propre pour cet emploi* signifie qu'il a un talent tout particulier pour cet emploi, et que dès maintenant il est à même de l'exercer.

On dit de même :
Il est *ingrat à* un bienfait.
Il est *ingrat envers* son bienfaiteur.

§ 246. — Le complément d'un adjectif peut être un infinitif pris substantivement.

Ex. : Je suis impatient *de partir*.
L'ignorant est toujours prêt *à s'admirer*.

Quelquefois la préposition change selon que le complément est un nom ou un infinitif.

Ex. : Le travail est nécessaire *à* l'homme.
Le travail est nécessaire *pour* vivre.

*Remarque. — L'infinitif qui vient après l'adjectif, n'est pas toujours complément de cet adjectif. Ainsi, quand on dit : *Il est beau de mourir pour la patrie*, *de mourir* n'est pas le complément de l'adjectif *beau;* c'est comme s'il y avait : *mourir pour la patrie est beau*. *De* est placé là par l'usage ; c'est un tour particulier à notre langue.

§ 247. — Deux adjectifs peuvent avoir le même complément, pourvu qu'ils demandent après eux la même préposition.

Ex. : Ce père est *utile* et *cher* à sa famille.

Parce que les adjectifs *utile* et *cher* se construisent avec la même préposition *à*.

Mais on ne pourrait pas dire : Ce père est *utile* et *chéri de* sa famille, parce que *utile* et *chéri* ne veulent pas après eux la même préposition : *utile* veut *à*, *chéri* veut *de ;* il faut donner à chaque adjectif le complément qui lui convient :

Ce père est *utile à* sa famille et *en* est *chéri.*

COMPLÉMENT DU VERBE.

§ 248. — On a vu (§ 63) que le verbe est susceptible de prendre trois sortes de complément : le *complément direct*, le *complément indirect* et le *complément circonstanciel.*

COMPLÉMENT DIRECT.

§ 249. — Le complément direct ne se marque en français que par la place qu'il occupe; on le met après le verbe, sans aucune préposition.

Ex. : Alexandre défit *Darius.*
La véritable piété élève *l'esprit*, ennoblit *le cœur*, affermit *le courage.*

Cependant, il est des cas où le complément direct est précédé de la préposition *de.*

Ex. : Votre père a *de* la fortune.
Nous avons mangé *des* fruits.

Dans ces exemples, *de* a un sens partitif; c'est comme s'il y avait : Votre père a *une portion* de la fortune; nous avons mangé *une partie* des fruits.

§ 250. — Le complément direct, au lieu d'être un substantif, peut être un infinitif.

Ex. : Nous voulons *réussir.*
Il aime *à jouer.*
Il cessa *de parler.*

Remarque. — Dans ces deux derniers exemples, bien que les infinitifs *jouer* et *parler* soient précédés des prépositions *à* et *de*, ils sont néanmoins compléments directs; c'est comme s'il y avait : il aime *le jouer*, il cessa *le parler*.

§ 251. — Quand un verbe a deux compléments, soit directs, soit indirects, ces compléments doivent être de même nature.

Ex. : Il aime *le jeu* et *l'étude*.
Je vous exhorte *au courage* et *à la patience*.

Ne dites pas : Il aime *le jeu* et *à étudier*; je vous exhorte *au courage* et *à patienter*.

COMPLÉMENT INDIRECT.

§ 252. — Le complément indirect sert à indiquer soit le terme où aboutit une action, soit le point d'où elle part; il se marque généralement en français par les prépositions *à* ou *de*.

Ex. : Tu as envoyé un présent *à ton ami*.
J'ai reçu une lettre *de mon père*.

* § 253. — Un certain nombre de verbes sont suivis tantôt de la préposition *à*, tantôt de la préposition *de*.

Il y a une nuance entre ces deux locutions, et cette nuance ressort de la nature même et du sens de ces deux prépositions : *à* indique toujours un but, une tendance; *de* marque un point de départ, avec l'idée de continuer jusqu'au bout.

I. *Commencer à* désigne une action qui aura des progrès, de l'accroissement; *commencer de* désigne un acte que l'on entreprend.

Ex. : Cet enfant *commence à* marcher.
Cet enfant *commence de* marcher.

Dans le premier cas, on exprime que l'enfant fait des efforts pour atteindre un but, celui de marcher; dans le second cas, *commence de* veut dire simplement que l'enfant fait un mouvement pour sortir de son inaction.

II. *Continuer à*, c'est reprendre une action déjà commencée, c'est poursuivre un même but, après une courte interruption ; *continuer de* désigne la suite non interrompue d'un acte commencé.

Ex. : Après quelque repos, l'orateur continua *à parler.*
Laissez-moi faire, et continuez *de travailler.*

III. Il en est de même avec *obliger :* une force qui nous maîtrise, nous oblige *à agir ;* la nécessité, la persuasion, nous obligent *d'agir.*

IV. *Emprunter à*, c'est demander, avoir recours à ; *emprunter de*, c'est prendre, se servir de.

Ex. : J'ai emprunté mille francs *à votre frère.*
C'est une pièce empruntée *des auteurs* anciens.
La lune emprunte sa lumière *du soleil.*

V. *C'est à vous à* indique un devoir, un droit ; *c'est à vous de* marque unrôle, un tour dans telle ou telle circonstance.

Ex. : C'est au poëte *à faire* de la poésie, et au musicien *à faire* de la musique.
L'occasion est belle, c'est à vous *d'en profiter.*

VI. *Ne servir à rien* indique qu'une chose n'a momentanément aucune destination.

Ex. : Votre savoir et votre expérience ne vous *serviront à rien* dans cette affaire.

Ne servir de rien marque que la chose est d'une nullité absolue de service.

Ex. : Les trésors enfouis par l'avarice ne *servent de rien.*

Remarque. — C'est ainsi qu'il faut expliquer les expressions *consentir à, consentir de ; contraindre à, contraindre de ; échapper à, échapper de ; tarder à, tarder de*, etc., etc.

* § 254. — Il y a également une différence entre *croire à* et *croire en ; espérer à, espérer en*, etc.

Croire à, espérer à, expriment quelque chose de vague et d'incertain ; *croire en, espérer en*, marquent une croyance plus intime, une grande confiance, une conviction pleine et entière.

Ex. : Obéissez-moi, je *crois à* vos serments.
Je *crois en* Dieu.
Il est bon d'*espérer en* Dieu, et non pas d'*espérer aux* hommes.

* § 255. — Quelques verbes ont un sens différent, selon qu'ils sont suivis d'un complément direct, ou d'un complément indirect avec *à* ou *de*.

I. *Aider quelqu'un*, c'est prêter secours à quelqu'un, sans partager personnellement sa peine ou son travail ; *aider à quelqu'un*, c'est partager personnellement le travail, la peine de quelqu'un.

Ex. : Il aide *son frère* à payer ses dettes.
J'ai aidé *à cet homme* à porter son fardeau.

II. *Insulter quelqu'un*, c'est l'outrager, l'injurier ; *insulter à quelqu'un*, c'est profiter de la faiblesse, de la misère, du malheur de quelqu'un, pour l'insulter.

Ex. : Il a insulté *son ami*.
N'insultez pas *aux malheureux*.

III. *Atteindre une chose*, c'est y parvenir naturellement, sans effort ; *atteindre à* suppose des difficultés à vaincre, des obstacles à surmonter.

Ex. : Cet enfant a atteint l'*âge de raison*.
Il n'a pu atteindre *à cette branche*.

IV. *Décider une chose*, c'est porter son jugement sur une affaire douteuse et contestée, c'est résoudre une difficulté.

Ex. : L'Église décide *les points* de foi avec une autorité divine.

Décider d'une chose, c'est en disposer, ordonner en maître touchant cette chose.

Ex. : Les rois y décident *de la paix* et *de la guerre*.

V. *Connaître une chose*, c'est la savoir ; *connaître d'une chose*, c'est avoir autorité pour juger, pour donner une décision.

Ex. : Apprenez à connaître *vos défauts.*
Les tribunaux de commerce ne connaissent pas *des affaires* civiles.

§ 256. — Les verbes actifs ne sont pas les seuls susceptibles d'avoir un complément indirect; les autres sortes de verbes peuvent aussi en prendre un : dans ce cas, la préposition n'est pas toujours *à* ou *de*.

Ex. : Une récompense a été accordée *à cet enfant.*
Le tigre s'acharne *sur sa proie.*
Pourquoi vous irriter *contre votre frère?*
Il convient *à un bon fils* d'honorer ses parents.

Dans chacun de ces cas, le complément indirect est facile à reconnaître ; on peut toujours le ramener à l'un des deux rapports qu'il exprime essentiellement, *le but* ou *le point de départ*.

§ 257. — Il ne faut pas exprimer deux fois le même complément. On ne dira pas :

C'est *à vous à qui* je parle.
C'est *de vous dont* je me plains.
C'est *là où* je vais.

A vous étant le complément indirect de *je parle*, *à qui* ne servirait qu'à expliquer une seconde fois ce même complément, il est donc inutile. On doit dire :

C'est *à vous que* je parle.
C'est *de vous que* je me plains.
C'est *là que* je vais (1).

§ 258. — Deux verbes peuvent avoir le même complément, s'ils demandent après eux la même préposition.

Ex. : Il obéit et se conforme *à* la loi (on dit *obéir à* et *se conformer à*).

Mais on ne pourrait dire : *Il vénère et se conforme à la loi*, parce que *vénérer* veut un complément direct, et *se conformer*, un complément indirect.

En pareil cas, il faut donner à chaque verbe le complément qui lui convient : Il vénère *la loi* et s'*y* conforme.

(1) La locution *c'est... que* est un gallicisme, voir § 454.

COMPLÉMENTS CIRCONSTANCIELS.

§ 259. — On a vu (§ 63) que les compléments circonstanciels peuvent se ramener à quatre principaux : la *cause*, la *manière*, le *temps*, le *lieu ;* ils répondent aux questions suivantes : *Où ? quand ? comment ? pourquoi ?*

I. — LA CAUSE.

DE, PAR.

§ 260. — Les prépositions qui servent à marquer la cause proprement dite sont *de* et *par*.

Ex. : Il mourut *de la fièvre*.
Il obtint cette place *par son mérite*.

§ 261. — Avec les verbes passifs, *de* et *par* ne s'emploient pas indifféremment.

De sert à indiquer un fait habituel et se produisant tout naturellement.

Ex. : Cet homme sort toujours accompagné *de son domestique*.
Un père est honoré *de ses enfants*.

On emploie *par* pour exprimer une volonté expresse, une intention bien marquée.

Ex. : Je fus suivi *par des voleurs*.
Mon père fut honoré *par le roi*.

*§ 262. — *Par* s'emploie de préférence au propre, *de* au figuré.

AU PROPRE.	AU FIGURÉ.
Cette maison a été consumée *par le feu*.	Je suis consumé *de chagrin* et *de regrets*.
J'ai été blessé *par une arme à feu*.	Il est blessé *de vos propos*.

A, POUR.

*§ 263. — *A* et *pour* marquent tous deux la destination, l'usage des choses, avec cette différence :

A exprime une destination naturelle et habituelle.

Ex. : Le bois *à brûler* est cher cette année.
Avancez cette table *à jouer*.

Pour marque un usage accidentel et passager.

Ex. : Avec les bancs et les tables on fit du bois *pour brûler*.

DE, POUR, AFIN DE.

* § 264. — *De*, *pour* et *afin de* signifient qu'on fait une chose en vue d'une autre.

De indique une intention vague et générale.

Ex. : Il ne néglige aucun moyen *de parvenir*.

Pour marque le fait même que l'on veut produire.

Ex. : On tira le canon *pour faire une brèche* à la muraille.

Afin de exprime une intention plus précise, un but plus prochain et plus durable.

Ex. : Ce malade boit du bon vin *afin de rétablir sa santé*.

II. — LA MANIÈRE.

§ 265. — Les principales prépositions qui servent à exprimer la manière sont *à*, *de*, *avec*, *par*, *sur*.

A, AVEC, PAR.

§ 266. — On emploie *à*, pour désigner l'instrument dont on se sert habituellement.

Ex. : Il s'est battu *à l'épée*.
On a mesuré cette étoffe *au mètre*.

On emploie *avec*, quand l'instrument dont on se sert n'est pas d'ordinaire employé à cet usage.

Ex. : Nos paysans se sont battus *avec des fourches*.
J'ai mesuré cette chambre *avec une canne*.

Par indique plutôt le moyen que l'instrument.

Ex. : J'ai conquis ce poste *par mon épée*, et je saurai le défendre *avec mon épée*.

§267. — La même différence s'observe entre *à* et *avec* pour désigner la *matière* dont on fait quelque chose.

Ex. : Ce fusil est chargé *à balles*.
Ce canon est chargé *à mitraille*.

On met *à*, parce qu'ordinairement c'est avec *des balles* qu'on charge les fusils, et avec *de la mitraille* qu'on charge les canons.

Mais il faut employer *avec*, si l'on fait usage de matières dont on ne se sert pas d'habitude.

Ex. : Ce fusil est chargé *avec des pois*.
Ce canon est chargé *avec des pierres*.

A, PAR.

* § 268. — On emploie *à*, quand on juge d'une chose par des signes qui frappent à première vue.

Ex. : Je vis, *à son air*, *à sa voix*, *à sa démarche* qu'il était en colère.

On emploie *par*, quand l'interprétation demande plus de soin et d'attention.

Ex. : Le menteur se trahit souvent *par un mot* imprudent, *par une réponse* embarrassée.

A, SUR.

* § 269. — *A* et *sur* marquent l'un et l'autre qu'on se sert d'un soutien pour faire une chose, mais il y a une différence entre les deux.

A désigne le soutien naturel ou habituel.

Ex. : Il va chez son père le plus souvent *à pied*, quelquefois *à cheval*.
On transporta les bagages *à dos d'âne*.

On emploie *sur*, quand il s'agit d'une chose dont on ne se sert pas d'ordinaire comme soutien.

Ex. : Les bateleurs marchent *sur leurs mains.*
Les soldats transportèrent les blessés *sur leurs bras.*
Il monta *sur son cheval* pour mieux voir le spectacle.

DE, AVEC.

* § 270. — *De* et *avec* désignent quelquefois l'instrument ou la matière dont on se sert pour faire quelque chose.

De s'emploie pour une chose ordinaire et habituelle, *avec* pour les cas particuliers et accidentels.

DE.	AVEC.
Ex. : Il frappe la terre *du pied.*	Il frappa la vipère *avec le pied.*
On combla le fossé *de pierres.*	On combla les fossés *avec des cadavres.*

DE, SUR.

*§ 271. — *De* et *sur* expriment l'application qu'on donne à tel ou tel objet.

De indique une attention peu marquée, une discussion en l'air sur telle ou telle question.

Ex. : On parla *de choses et d'autres, d'histoire, de littérature, de philosophie.*

Sur marque une étude approfondie touchant un objet spécial et déterminé.

Ex. : Montesquieu a composé un ouvrage *sur les causes* de la grandeur et de la décadence des Romains.

§ 272. — Les compléments circonstanciels de cause et de manière s'expriment quelquefois par l'infinitif, avec ou sans préposition.

Ex. : Je viens *chasser* ou *pour chasser* (cause).
Il passe son temps *à lire* (manière).

III. — LE TEMPS.

§ 273. — Les prépositions *à*, *en*, *dans*, *avant*, *après*, *pendant*, *durant*, servent à exprimer le temps.

§ 274. — Les exemples suivants feront voir la nuance qui distingue *à*, *en*, *dans*, *avant*.

Ex. : Je reviendrai *à* deux heures (un point de la durée).
Je reviendrai *en* deux heures (en l'espace de deux heures).
Je reviendrai *dans* deux heures (au bout de deux heures).
Je reviendrai *avant* deux heures (avant que deux heures soient passées).

* § 275. — *Pendant*, *durant*, *dans*, marquent que deux événements se passent en même temps, avec cette différence :

Pendant exprime une époque vague et susceptible d'interruption.

Ex. : *Pendant* notre voyage, j'ai pu apprécier votre ami. C'est-à-dire, *dans le cours du voyage.*

Durant marque une simultanéité continue.

Ex. : J'ai toujours habité la campagne *durant* cet hiver. C'est-à-dire, *tant qu'a duré cet hiver*.

Dans marque l'époque.

Ex. : Il s'estropia *dans* sa jeunesse.

§ 276. — On sous-entend souvent la préposition qui précède le complément de temps.

Ex. : Les fourmis sont engourdies *tout l'hiver*.
Il part *le matin* et revient *le soir*.

C'est-à-dire *pendant* tout l'hiver, *vers* le matin, *vers* le soir.

IV. — LE LIEU.

§277. — Les prépositions qui servent à marquer le lieu sont *à*, *en*, *dans*, *de*, *par*.

§ 278. — *A* indique le point où l'on tend, le lieu où l'on est fixé.

Ex. : Je vais *à Londres*.
Je demeure *à Marseille*.

En désigne l'ensemble d'un lieu, sans y préciser un point déterminé.

Ex. : Je suis *en France*.
Je voyage *en Italie*.

Dans détermine et circonscrit le lieu dont on parle.

Ex. : Je vis *dans Paris*.
Nous entrons *dans Lyon*.

§279. — Une même proposition peut renfermer plusieurs compléments circonstanciels.

Ex. : Les vents déchaînés mugissaient *avec fureur dans les voiles*.
Deux renards entrèrent *la nuit*, *par surprise*, *dans un poulailler*.

La première proposition en a deux, la seconde en a trois.

Complément circonstanciel exprimé par un adverbe.

* § 280. — L'adverbe sert aussi à exprimer les compléments circonstanciels.

Ex. : Votre frère s'est *prudemment* conduit en cette circonstance.
On a *souvent* besoin d'un plus petit que soi.
La vertu fait sentir *partout* son aimable empire.

Prudemment, complément circonstanciel de manière, signifie *avec prudence ; souvent*, complément circonstanciel de *temps*, signifie *dans maintes occasions ; partout*, complément circonstanciel de lieu, signifie *en tous lieux*.

* § 281. — Grammaticalement, un adverbe équivaut à une préposition suivie d'un substantif ; cependant, il ne faut pas croire qu'on puisse employer indifféremment l'un pour l'autre.

Le propre de l'adverbe, c'est de modifier le verbe et de se rapporter au sujet du verbe ; la préposition, suivie du nom, s'applique plutôt à la chose exprimée par le verbe.

Ex. : Les Romains pensaient *hautement*, mais ils parlaient *avec modération.*

Hautement s'applique aux *Romains* eux-mêmes ; *avec modération*, aux *discours* des Romains.

* § 282. — C'est ainsi qu'il faut expliquer les locutions suivantes :

Cet homme agit *aveuglément.*
Cet homme agit *à l'aveugle.*

Dans le premier cas, *aveuglément* se rapporte au *sujet* et signifie qu'il ferme les yeux, qu'il est décidé à n'y point voir; dans le second, *à l'aveugle* signifie qu'il n'y voit pas, que la *chose* qu'il doit faire n'est pas dans un assez grand jour.

* § 283. — Les locutions suivantes présentent une nuance de sens qu'il importe de signaler.

Il se conduit *sagement, sottement.*
Il se conduit *en sage, en sot.*

Sagement, *sottement* expriment une qualité passagère du sujet, dans telle ou telle circonstance ; *en sage*, *en sot* marquent une qualité permanente et portée au plus haut point : celui qui se conduit *en sage, en sot*, est *un sage*, *un sot.*

RÈGLES PARTICULIÈRES D'EMPLOI.

EMPLOI DE L'ADJECTIF.

ADJECTIFS QUALIFICATIFS.

§ 284. — Tout qualificatif, soit adjectif, soit participe, doit toujours se rapporter à un mot exprimé dans la phrase.

Ex. : Fier de sa fortune, ébloui de ses succès, *César* ne s'attendait pas à une fin aussi malheureuse.

* Cette règle est loin d'être absolue, et l'on trouve chez nos bons auteurs des exemples où elle n'est pas toujours observée ; mais, en ce cas, il faut que le sens ne prête à aucune équivoque.

Ex. : Jaloux des droits de sa couronne, *son* unique ambition était de la transmettre à ses successeurs.

* § 285. — Parmi les adjectifs en *able*, les uns s'appliquent plus spécialement aux personnes, les autres aux choses. Ainsi l'on dira :

AVEC LES PERSONNES :	AVEC LES CHOSES :
Un homme *estimable.*	Un fait *contestable.*
Un enfant *excusable.*	Une faute *pardonnable.*

Cependant, l'usage transportant aux choses ce qui s'applique aux personnes, et réciproquement, a détourné certains de ces adjectifs de leur signification première, et a autorisé les expressions : douleur *inconsolable*, famille *déplorable*, et par suite : main *criminelle*, âme *noire*, sort *cruel*, etc.

ADJECTIFS DÉTERMINATIFS.

EMPLOI DE L'ARTICLE.

§ 286. — On emploie l'article devant les noms pour

marquer qu'ils sont pris dans un sens déterminé, soit que ces noms désignent un genre, une espèce ou un individu.

Ex. : *Les* hommes sont mortels.
Les hommes à prétentions sont ridicules.
*L'*homme le plus brillant de la Grèce est Périclès.

Dans le premier exemple, on considère le genre *humain;* dans le second, une espèce d'hommes : les hommes *à prétentions;* dans le troisième, on désigne *tel homme* parmi les Grecs : Périclès.

§ 287. — Si le nom est employé dans un sens vague et indéterminé, on ne fait pas usage de l'article.

Ex. : J'ai acheté une table *de* marbre.
Pour mériter le nom *d'*homme, il faut agir *en* homme.

§ 288. — *Du, de la, des* s'emploient devant les noms pris dans un sens partitif, c'est-à-dire ne désignant qu'une partie d'un tout.

Ex. : Nous apercevions *des* laboureurs, *des* bergers, *des* plaines.

On ne parle pas de tous les laboureurs, de tous les bergers, de toutes les plaines du pays.

§ 289. — Quand le substantif est précédé d'un adjectif qui le détermine déjà, on supprime l'article et on ne fait usage que de la préposition *de*.

Ex. : J'ai vu *de* belles maisons.
Je mange *de* bon pain, *de* bonne viande, *de* bons fruits.

* REMARQUES. — I. Cependant on se sert de l'article devant un nom précédé d'un adjectif, quand on veut présenter ce nom d'une manière précise et particulière : Donnez-moi *du* bon pain. Voilà *de la* vraie poésie.

II. Si l'adjectif et le nom forment une seule expression, on fait usage de l'article : *des* jeunes gens, *des* petits-maîtres, *des* petits pâtés ; mais si ces expressions sont précédées d'un adjectif, on suit la règle générale et l'on n'emploie pas l'article : J'ai vu *de* sots petits-maîtres. J'ai mangé *de* bons petits pâtés.

§ 290. — Dans les phrases négatives, on supprime généralement l'article devant le nom employé comme complément direct.

Ex. : Je ne vous ferai pas *de* reproches.

Mais si le complément est modifié par un adjectif placé après lui, le sens est alors déterminé et l'on fait usage de l'article.

Ex. : Je ne vous ferai pas *des* reproches frivoles.

*§ 291. — Dans les phrases interrogatives, on emploie l'article pour exprimer une chose positive.

Ex. : N'avez-vous pas *des* livres?

C'est-à-dire, vous avez *certainement* des livres.

On supprime l'article, s'il s'agit d'une chose douteuse.

Ex. : N'avez-vous pas *de* livres?

C'est-à-dire, vous n'avez *peut-être* pas de livres.

Article avec les noms propres.

* § 292. — Les noms propres étant déterminés par eux-mêmes, s'emploient sans article.

Ex. : Je ne puis me lasser d'admirer *Alexandre*, *César*, *Charlemagne*.

*§ 293. — Cette règle donne lieu cependant aux observations suivantes :

I. Par emphase, on met quelquefois l'article devant les noms propres.

Ex. : *Les* Bossuet, *les* Turenne font la gloire du règne de Louis XIV.

II. On emploie encore l'article pour désigner en particulier les chefs-d'œuvre de l'art.

Ex. : *L'*Apollon du Belvédère et *la* Vénus de Médicis sont deux belles statues.

III. Les noms étrangers gardent ordinairement l'article qu'ils ont dans la langue d'où on les tire.

Ex. : *Le* Tasse, *le* Camoëns furent malheureux.

Il en est de même de quelques noms français : *Le* Poussin, *La* Fontaine.

IV. Les quelques noms de villes qui ont l'article étaient d'abord des noms communs.

Ex. : *Le* Havre, *la* Rochelle sont des ports très-fréquentés.

V. Les noms de pays et de rivières s'emploient tantôt sans article, tantôt avec l'article, selon que le sens est plus ou moins déterminé.

Si le nom de pays est pris dans un sens vague et indéterminé, on ne doit pas faire usage de l'article.

Ex. : Les vins *de* France sont estimés.
Le parlement *d'*Angleterre a produit des grands hommes.

Mais si l'on veut parler du pays d'une manière plus précise et plus spéciale, le nom de pays prend l'article.

Ex. : Les vins *de la* France sont une des grandes richesses de ce pays.
Les villes *de l'*Asie furent très-opulentes.

Remarque. — Certains noms de pays s'emploient toujours avec l'article ; tels sont : *Le Mexique, le Canada, la Guyane, le Pérou, la Jamaïque, l'Abyssinie, la Guinée*, etc., etc.

Répétition de l'article.

§ 294. — Quand on emploie l'article, on doit le répéter devant tous les substantifs sujets ou compléments.

Ex. : *La* gloire, *la* puissance, *la* richesse, *la* beauté, tout est éphémère.

§ 295. — Lorsque deux adjectifs modifient un substantif, on ne répète pas l'article, si les adjectifs se rapportent à un seul et même objet.

Ex. : L'infortune n'altère pas *la* vraie et solide *amitié*.
A ces mots, il lui tend *le* doux et tendre *ouvrage*.

On ne peut pas dire *la* vraie et *la* solide amitié, *le* doux et *le* tendre ouvrage, parce qu'il n'est question que d'une seule *amitié*, que d'un seul *ouvrage*.

Mais l'article doit se répéter, lorsque les adjectifs se rapportent à deux objets distincts; et si le substantif est placé après les adjectifs, on le met au singulier.

Ex. : *L*'histoire ancienne et *la* moderne intéressent à des points de vue différents.
Le quinzième et *le* seizième *siècle* ont produit des hommes énergiques.

Il s'agit ici de *deux* histoires, de *deux* siècles.

Remarque. — Cependant, dans le langage ordinaire, l'usage autorise les tournures suivantes, comme plus concises et plus rapides : *Les langues* grecque et latine; *les* cinquième et sixième *chapitres*.

Suppression de l'article.

§ 296. — On peut supprimer l'article :

1° Dans les phrases proverbiales.

Ex. : *Pauvreté* n'est pas *vice*.
Contentement passe *richesse*.

2° Dans une énumération.

Ex. : Tout se vendait à Ninive : *honneurs*, *charges*, *justice*.

3° Devant les mots qui figurent en apostrophe.

Ex. : Allez, vils *combattants*, inutiles *soldats*,
Laissez là ces mousquets trop pesants pour vos bras.

EMPLOI DE L'ADJECTIF NUMÉRAL.

§ 297. — L'adjectif numéral *cardinal* s'emploie quelquefois pour l'adjectif *ordinal*.

Ex. : Votre frère naquit l'an mil huit cent *vingt*, le *dix* mars, sous le règne de Louis *dix-huit*.

§ 298. — L'adjectif cardinal s'emploie souvent substantivement; il est alors précédé de l'article.

Ex. : Nous partîmes le *dix* pour revenir le *trente*.

*§ 299. — Lorsque le nombre cardinal est précédé du mot *en*, on met ordinairement *de* avant l'adjectif ou le participe qui suit le nombre cardinal.

Ex. : Sur cent hommes, il y en eut quinze *de* tués.

Mais si au lieu du mot *en*, il y a un substantif exprimé, on peut ne pas exprimer *de*.

Ex. : Sur quarante élèves, il y eut dix enfants *punis* ou *de punis*.

EMPLOI DE L'ADJECTIF OU PRONOM DÉMONSTRATIF.

§ 300. — *Celui*, *celle*, *ceux* ne peuvent être immédiatement suivis d'un adjectif ou d'un participe.

On ne doit donc pas dire :

On récompensera les enfants studieux et on punira *ceux dissipés*.

Le plus souvent on répète le nom ou on prend un autre tour.

On récompensera les enfants studieux et on punira *les enfants dissipés*, ou *ceux qui sont dissipés*.

*§ 301. — L'emploi du pronom démonstratif est de rigueur dans des phrases comme celle-ci :

La *férocité* du tigre l'emporte sur *celle* du lion.

Ce serait une faute de dire *sur le lion*, parce que l'on

compare *la férocité* du tigre *à la férocité* du lion, et non *au lion lui-même.*

* § 302. — Dans les phrases proverbiales ou sentencieuses on supprime souvent *celui, celle,* etc., pour donner plus de grâce ou de précision à l'expression.

Ex. : *Qui* dort dîne.
Relevons *qui* succombe.

C'est-à-dire *celui qui* dort, *celui qui* succombe.

REMARQUE. — C'est ce qu'on appelle *qui absolu.* Ce *qui absolu* est seulement du singulier et du masculin, et ne se dit que des personnes.

§ 303. — *Celui-ci, celle-ci,* etc., se rapportent au substantif le plus proche; *celui-là, celle-là,* etc., au substantif le plus éloigné.

Ex. : De ces deux étoffes, prenez *celle-ci,* laissez *celle-là.*
Le magistrat et le guerrier servent également la patrie : *celui-ci* par son courage, *celui-là* par sa sagesse.

* § 304. — Quelquefois, pour donner plus de force à l'expression, on emploie *celui-là* pour *celui,* et l'on change l'ordre des propositions.

Ainsi, au lieu de dire :

Celui qui vit ignoré vit heureux,

la phrase sera plus énergique, si l'on dit :

Celui-là vit heureux *qui* vit ignoré.

EMPLOI DE L'ADJECTIF OU PRONOM POSSESSIF.

§ 305. — Avec les noms de choses, *son, sa, ses, leur, leurs,* suivent les deux règles suivantes :

I. Lorsque l'objet possesseur et l'objet possédé se trouvent dans la même proposition, on se sert de *son, sa, ses, leur, leurs.*

Ex. : La vertu a *son* charme.
Paris a *ses* agréments.

II. Lorsque l'objet possesseur ne se trouve pas dans la même proposition que l'objet possédé, on ne se sert plus de *son, sa, ses, leur, leurs*, mais de l'article et du pronom *en*.

Ex. : J'ai vu Paris, et j'*en* ai admiré *les* monuments.
J'habite la campagne, *les* agréments *en* sont sans nombre.

Cependant, quoique l'objet possesseur ne se trouve pas dans la même proposition que l'objet possédé, on fait usage de *son, sa, ses, leur, leurs*, lorsque l'objet possédé est précédé d'une préposition.

Ex. : J'ai vu Paris, et j'ai admiré la beauté *de ses* monuments.

* § 306. — *Chacun*, précédé d'un substantif au pluriel, est tantôt suivi de *son, sa, ses*, tantôt de *leur, leurs*.

I. *Chacun* veut *son, sa, ses*, lorsqu'il est placé après le complément du verbe, ou qu'il n'y a pas de complément.

Ex. : Il faut remettre ces livres-là chacun à *sa* place.
Les juges ont opiné, chacun selon *ses* lumières.

Dans ces deux exemples, les mots qui précèdent *chacun* offrant un sens complet, *chacun* devient l'idée dominante de la phrase.

II. *Chacun* veut *leur, leurs*, lorsqu'il est placé avant le complément direct.

Ex. : Les juges ont donné chacun *leur* avis.
Ils ont apporté chacun *leur* offrande.

§ 307. — Avec les noms de personnes, au lieu de l'adjectif possessif on emploie l'article, lorsque la phrase ne laisse aucune équivoque sur le possesseur.

Ex. : J'ai *la* jambe enflée.
J'ai mal à *la* tête.

Il est évident qu'il s'agit de *ma* jambe, de *ma* tête.

Mais si l'emploi de l'article présente une équivoque, on doit faire usage de l'adjectif possessif.

Ex. : Je vois que *ma* jambe enfle.

En effet, on peut voir s'enfler *la jambe d'un autre*.

Quelquefois même, bien qu'il n'y ait pas d'équivoque, on emploie l'adjectif possessif et non l'article, quand on veut désigner quelque chose d'habituel et de périodique.

Ex. : J'ai *ma* migraine qui me reprend.

La personne qui parle ainsi est sujette à cette maladie ; mais si le fait est accidentel, on doit dire : J'ai *la* migraine.

* § 308. — Avec les verbes pronominaux, on fait usage de l'article et non de l'adjectif.

Ex. : Je me suis cassé *le* bras.
Il s'est blessé à *la* main.

Il ne peut être question du bras ni de la main *d'un autre*.

* § 309. — Le pronom possessif doit toujours se rapporter à un nom exprimé auparavant.

Ne dites pas :

J'ai reçu *la vôtre* le quinze courant.

Pour être correct, il faut dire :

J'ai reçu *votre lettre* le quinze courant.

* § 310. — Les pronoms possessifs *le mien*, *le tien*, *le sien*, etc., ne peuvent pas se rapporter à des noms pris dans un sens indéfini.

On ne peut pas dire :

Pierre n'a plus d'argent, Paul a encore *le sien*.

Il faut déterminer le substantif et dire :

Pierre n'a plus *son argent*, Paul a encore le sien.

Répétition de l'adjectif possessif.

§ 311. — On répète l'adjectif possessif :

1° Avant chaque substantif.

Ex. : *Mon* frère et *ma* sœur sont partis.

2° Avant les adjectifs qui ne qualifient pas le même substantif.

Ex. : Il a visité *son* ancienne et *sa* nouvelle maison.

Il est ici question de deux maisons.

Mais si les adjectifs qualifient le même substantif, on ne répète pas l'adjectif possessif.

Ex. : Nous avons admiré *son* vaste et magnifique jardin.

Il ne s'agit que d'un seul jardin, à la fois vaste et magnifique.

EMPLOI DE L'ADJECTIF OU PRONOM RELATIF ET INTERROGATIF.

§ 312. — Les pronoms relatifs *qui*, *que*, *dont*, doivent se rapprocher autant que possible de leur antécédent.

Ex. : Il y a dans Pline des *lettres dont* le style est admirable.

Et non pas :

Il y a des lettres dans Pline *dont* le style est admirable.

Pour éviter une équivoque, on peut employer *lequel*, *laquelle*.

Ex. : La femme de votre oncle, *laquelle* est très-charitable, a adopté cet orphelin.

Qui est très-charitable, pourrait se rapporter à *oncle*.

§ 313. — *Qui*, précédé d'une préposition, ne se dit que des personnes et des choses personnifiées.

Ex. : Votre père, *à qui* j'ai écrit, m'a répondu.
La Providence, *en qui* j'espère, me viendra en aide.

Lequel, laquelle, etc., précédés d'une préposition, se disent des animaux et des choses, et aussi des personnes.

Ex. : Les Lapons ont un gros chat noir *auquel* ils confient leurs secrets.

On aime à parler des pays dans *lesquels* on a vécu.

Les enfants *auxquels* on s'intéresse travaillent avec ardeur.

*§ 314. — *Que* relatif n'est jamais sujet de la proposition, ni précédé d'une préposition; il se dit des personnes et des choses.

Ex. : L'homme *que* je vois paraît souffrant.

Le livre *que* je lis est instructif.

§ 315. — *Qui* interrogatif peut être sujet et complément direct; dans les deux cas il signifie *quelle personne*, et ne s'applique jamais aux choses.

Ex. : *Qui* a dit cela ?

Qui cherchez-vous ?

§ 316. — *Que* interrogatif se dit seulement des choses; il signifie *quelle chose*.

Ex. : *Que* s'est-il passé ?

Que prétendez-vous ?

Il se met aussi entre deux verbes, dans les phrases où il y a une sorte d'interrogation indirecte ; il équivaut à *quelle chose*.

Ex. : Je ne sais *que* faire (je ne sais *quelle chose* faire).

* § 317. — *Que* interrogatif s'emploie quelquefois pour *de quelle chose*, *à quelle chose*.

Ex. : *Que* sert la science sans la vertu?

C'est-à-dire *à quelle chose* sert, etc.

* § 318. — *Quoi* ne se dit que des choses, et signifie *quelle chose*.

Si *quoi* est suivi d'un adjectif, cet adjectif doit toujours être précédé de la préposition *de*, et il se met toujours au masculin.

Ex. : Quoi *de* plus beau que la vertu?

§ 319. — I. *Dont*, marquant la *relation*, se dit des personnes et des choses.

Ex. : L'enfant *dont* je vous ai parlé a d'excellentes dispositions.

Les livres *dont* je me sers ne m'appartiennent pas.

II. *Dont*, marquant l'*extraction*, l'*origine*, ne se dit que des personnes ou des choses personnifiées.

Ex. : La famille *dont* elle sort est très-ancienne.
Il fait trop sentir la noblesse du sang *dont* il sort.

Pour les choses, on emploie *d'où*.

Ex. : Le pays *d'où* je viens me plaît beaucoup.
Comment avez-vous pu entrer dans le puits *d'où* vous sortez?

EMPLOI DE L'ADJECTIF OU PRONOM INDÉFINI.

§ 320. — *Chaque* est adjectif et modifie toujours un substantif exprimé.

Ex. : *Chaque* tête, *chaque* avis.
Chaque âge a ses humeurs, son goût et ses plaisirs.

On ne dira donc pas :

Ces volumes coûtent cinq francs *chaque*.

Dites : cinq francs *chacun*.

*§ 321. — *Tel* ne doit pas être immédiatement suivi de *qui;* c'est au commencement de la seconde proposition qu'on doit placer le relatif.

Ex. : *Tel* rit aujourd'hui, *qui* pleurera demain.

§ 322. — Le pronom *on*, répété, ne doit pas représenter tantôt une personne, tantôt une autre.

Ainsi on ne dira pas :

On voyait le corps du jeune Hippias, qu'*on* portait dans un cercueil orné de pourpre.

Cette phrase est incorrecte, parce que le premier *on* se

rapporte à ceux qui voyaient, et le second à ceux qui portaient. — Mais on dira bien :

Quand *on* sent que l'*on* plaît, *on* en est plus aimable.

Parce que les trois *on* se rapportent à la même personne.

* § 323. — Au lieu de *on*, il est des cas où il est plus correct d'employer *l'on ;* voici la nuance qui distingue ces deux expressions :

On désigne vaguement telle ou telle classe, tel ou tel individu, mais le nombre des personnes est limité ; *l'on* embrasse la généralité des hommes.

S'agit-il de remercier quelqu'un d'un service qu'il vous a rendu, il faudra dire : *On* n'est pas plus obligeant.

S'agit-il, au contraire, d'exprimer une pensée générale qui concerne l'humanité tout entière, la grammaire exige qu'on dise : Nous mourrons, parce que l'*on* est mort jusqu'ici.

EMPLOI DU PRONOM PERSONNEL.

§ 324. — Pour que le pronom puisse remplacer un nom, il faut que ce nom soit pris dans un sens déterminé.

En conséquence, lorsqu'un nom est tellement lié à un verbe qu'il fait en quelque sorte corps avec lui, ce nom ne peut être représenté par un pronom.

On ne peut donc pas dire :

J'ai *demandé grâce,* et *elle* m'a été accordée.

Pour rendre la phrase correcte, il faut séparer le substantif du verbe par un déterminatif et dire :

J'ai demandé *une* grâce, et *elle* m'a été accordée.

§ 325. — *Me*, *te*, *nous*, *vous*, *lui*, *leur*, s'emploient pour *à moi*, *à toi*, *à nous*, *à vous*, *à lui*, *à eux*.

Ex. : Il *me* parle, il *vous* a écrit, tu *leur* dis.

C'est-à-dire, il parle *à moi,* il a écrit *à vous,* tu dis *à eux*.

§ 326. — *Lui*, *elle*, *eux*, *elles*, précédés des prépositions *de*, *à*, ne se disent que des personnes.

Ex. : J'ai vu Pierre, je m'occupe *de lui*.
Sa mère est partie, il pense *à elle*.

Lorsqu'on parle des animaux ou des choses, il faut se servir des pronoms *en*, *y*.

Ex. : Ce cheval est fougueux, n'*en* approchez pas.
Ces objets sont fragiles, n'*y* touchez pas.

Cependant on emploie *lui*, *leur*, dans le sens de *à lui*, *à eux*, en parlant des choses ou des animaux.

Ex. : Le travail est mon sauveur, je *lui* dois la vie.
Ces oiseaux dépérissent en cage, donnez-*leur* la liberté.

§ 327. — *Soi* se dit des personnes et des choses.

I. Quand *soi* se dit des personnes, on ne l'emploie qu'avec les pronoms indéfinis *on*, *chacun*, *quiconque*, *nul*, *personne*, ou un infinitif.

Ex. : On doit rarement parler de *soi*.
Personne n'est mécontent de *soi*.
N'aimer que *soi*, c'est être égoïste.

II. Quand *soi* se dit des choses, on peut l'employer dans un sens défini ou indéfini, mais toujours au singulier.

Ex. : La modestie est aimable en *soi*.
Un bienfait porte sa récompense avec *soi*.
Rien n'est parfait en *soi*.

III. *Se* s'emploie pour *à soi*.

Ex. : On *s*'attribue rarement son malheur.

C'est-à-dire, on attribue rarement *à soi* son malheur.

Répétition des pronoms personnels sujets.

*§ 328. — I. Les pronoms personnels employés comme sujets se répètent avant chaque verbe, quand on passe

d'une proposition négative à une proposition affirmative, et réciproquement.

Ex. : Vous m'avez promis votre assistance, et *vous* ne me secourez pas.

II. Quand les verbes sont liés par des conjonctions, à l'exception de *et*, *ni*.

* Ex. : Il pourrait vous obliger, mais *il* ne le veut pas.

§ 329. — Avec *et*, on peut ne pas répéter le pronom, surtout quand les deux verbes ne sont séparés que par la conjonction.

Ex. : Vous parlez *et* agissez inconsidérément.

* § 330. — Avec *ni*, on ne répète jamais le pronom.

Ex. : Il ne demande *ni* ne désire rien.

§ 331. — Quand le pronom *il* est répété, il ne doit pas se rapporter tantôt à un substantif, tantôt à un autre.

Ex. : Samuel offrit son holocauste à Dieu, et *il* lui fut si agréable qu'*il* lança au même instant la foudre contre les Philistins.

Le premier *il* représentant *holocauste*, le second, *Dieu*, la phrase est incorrecte. Il faut dire :

Samuel offrit son holocauste, et *Dieu* le trouva si agréable, qu'*il* lança...

Répétition des pronoms personnels compléments.

* § 332. — I. Les pronoms personnels employés comme compléments se répètent devant chaque verbe dans les temps simples.

Ex. : La mort *nous* épie, *nous* saisit et *nous* frappe.

II. Si les verbes sont à un temps composé, on peut exprimer le pronom seulement devant le premier verbe.

Ex. : Vous *m'*avez fait et réitéré cette demande.

III. Mais si le pronom est employé comme complément direct et comme complément indirect, il faut le répéter.

Ex. : Ils *se* sont décriés et *se* sont nui dans cette affaire.

EMPLOI DU VERBE.

EMPLOI DES AUXILIAIRES *AVOIR* ET *ÊTRE* DANS LES VERBES NEUTRES.

§ 333. — La plupart des verbes neutres prennent l'auxiliaire *avoir*.

Ex. : Il *a succombé* à ses blessures.
La pauvre mère n'*a* pas *survécu* à son enfant.
Cet arbre *a langui* faute de pluie.

§ 334. — Les verbes neutres suivants prennent l'auxiliaire *être*. Ce sont : *aller*, *arriver*, *choir*, *décéder*, *éclore*, *entrer*, *mourir*, *naître*, *venir* et la plupart de ses composés.

Ex. : Nous *sommes arrivés* à temps.
Cette fleur *est éclose*.
Il *était parvenu* à son but.

§ 335. — D'autres verbes neutres prennent tantôt l'auxiliaire *avoir*, tantôt l'auxiliaire *être*, selon qu'ils expriment l'*action* ou l'*état* ; tels sont : *accourir*, *apparaître*, *cesser*, *changer*, *croître*, *déchoir*, *descendre*, *disparaître*, *échapper*, *embellir*, *empirer*, *grandir*, *monter*, *partir*, *passer*, *rajeunir*, *rester*, *sortir*, *tomber*, *vieillir*.

ACTION.	ÉTAT.
Ses amis *ont accouru* pour le féliciter.	L'équipage *était accouru* sur le pont.
La fièvre *a cessé* pendant quelques jours.	La fièvre *est cessée* depuis quelques jours.
Le voleur *a échappé* aux poursuites.	Le coupable *est échappé* de prison.
La rivière *a monté* d'un mètre.	La rivière *était montée* trop haut pour qu'on pût la passer.
Il *a sorti*, mais il vient de rentrer.	Il *est sorti*, mais il va rentrer.

§ 336. — Quelques verbes neutres changent d'auxiliaire en changeant de signification.

Convenir, dans le sens de *plaire*, prend l'auxiliaire *avoir*.

Ex. : Cette maison lui *a convenu*.

Il prend l'auxiliaire *être*, dans le sens de *demeurer d'accord*.

Ex. : Il *est convenu* lui-même de sa surprise.

Demeurer prend *avoir*, dans le sens d'*habiter*, *tarder*, *employer du temps à une chose*.

Ex. : J'*ai demeuré* dans telle rue.
Il *a demeuré* trois ans à Madrid.
Sa plaie *a demeuré* trois mois à guérir.

Il prend *être*, dans le sens de *s'arrêter*, *rester*.

Ex. : Mille hommes *sont demeurés* sur place.

Expirer prend *avoir*, dans le sens de *mourir*, et quand il désigne l'époque où une chose arrive à son terme.

Ex. : Il *a expiré* entre mes bras.
Son bail *a expiré* à la Saint-Jean.

Il prend l'auxiliaire *être*, quand il exprime l'état d'une chose qui est finie.

Ex. : Les délais *sont expirés*.
Son bail *est expiré*.

EMPLOI PARTICULIER DE CERTAINS TEMPS.

PRÉSENT.

I.

§ 337. — Le *présent* de l'indicatif s'emploie pour le *passé*, quand on veut donner plus de vivacité au récit et rendre la chose, pour ainsi dire, présente.

Ex. : Turenne *meurt*, tout se *confond*, la fortune *chancelle*, la victoire se *lasse*, la paix s'*éloigne*.

Remarque. — Il faut alors avoir soin de mettre au présent tous les verbes qui, dans la même phrase, composent la même énumération et concourent à former un ensemble.

Ainsi, après avoir commencé la phrase par le présent : « Turenne *meurt,* tout se *confond,* » l'auteur ne pouvait employer le passé et dire : « la fortune *chancela,* la victoire *se lassa*, la paix *s'éloigna.* »

II.

§ 338. — Le *présent* de l'indicatif s'emploie pour le *futur*, quand il s'agit d'une action qui doit se faire prochainement.

Ex. : Soyez discret, ou bien je vous *tue.*

> Mais hier il m'*aborde*, et, me serrant la main :
> Ah ! monsieur, m'a-t-il dit, je vous *attends* demain.

Remarque. — Ce dernier exemple renferme le double emploi du présent pour le passé : m'*aborde,* pour m'*aborda,* et du présent pour le futur : je vous *attends*, pour je vous *attendrai.*

PARFAIT DÉFINI ET PARFAIT INDÉFINI.

I.

§ 339. — Le *parfait défini* et le *parfait indéfini* ne s'emploient pas indifféremment l'un pour l'autre. Le *parfait défini* ne doit s'employer que lorsque la période de temps qu'on désigne, jour, semaine, mois, année, etc., est entièrement écoulée.

Ex. : Je vous envoie une lettre que j'*écrivis* hier.

Le jour est passé.

> Mon frère était désireux de voir Paris ; il y *vint* le mois dernier.

Le mois est entièrement écoulé.

Mais ce serait une faute de dire : *je le vis cette année,*

cette semaine, ce matin, parce que l'année, la semaine, le jour, durent encore.

§ 340. — Le *parfait indéfini* s'emploie dans l'un et l'autre cas, et sert à exprimer un temps passé, soit entièrement écoulé, soit durant encore.

TEMPS ENTIÈREMENT ÉCOULÉ.	TEMPS DURANT ENCORE.
Je lui *ai écrit* il y a une quinzaine de jours.	Le roi l'*a nommé* aujourd'hui ambassadeur.
Hier j'*ai éprouvé* en vous voyant un véritable plaisir.	Il *a répondu* ce matin à ma lettre.

II.

§ 341. — Le *parfait indéfini* s'emploie quelquefois pour le *futur antérieur*, quand il s'agit d'une action qui doit être terminée prochainement.

Ex. : Rendez-moi mon livre. — Tout de suite ; je l'*ai fini* dans un moment.

C'est-à-dire, je l'*aurai fini*.

§ 342. — Réciproquement le *futur antérieur* s'emploie assez souvent pour le parfait indéfini, quand on veut être moins affirmatif.

Ex. : Si vous n'avez pas réussi, c'est que vous n'*aurez* pas *travaillé*.

C'est que vous n'avez pas travaillé serait plus positif, et, par suite, plus dur.

TEMPS DE L'IMPÉRATIF.

I.

§ 343. — L'impératif n'a qu'un temps, et, à proprement parler, ce temps appartient au futur. L'action qu'il exprime se rapporte toujours à un futur voulu par la personne qui commande, soit que ce futur ait lieu ou n'ait pas lieu.

Ex. : *Va, cours, vole* et me *venge*.

Voilà pourquoi le futur s'emploie quelquefois pour l'impératif.

Ex. : Un seul Dieu tu *adoreras*,
Et *aimeras* parfaitement.

C'est-à-dire, *aime* un seul Dieu et *adore-le*.

*§ 344. — L'impératif futur antérieur exprime qu'un acte doit être accompli pour une époque déterminée.

Ex. : *Ayez dîné* dans deux heures.

II.

* § 345. — Les deux impératifs renferment quelquefois un sens hypothétique et conditionnel.

Ex. : *Soyez* habile, vertueux; *instruisez* les hommes; *sauvez* la patrie, vous êtes méprisés si vos talents ne sont pas relevés par le faste.

Ayez réussi, même à force d'intrigues, la foule applaudit.

C'est-à-dire : *Vous auriez beau* être habile, vertueux, etc. ; *si vous avez réussi*, *du moment que vous réussissez*, etc.

EMPLOI DE LA PRÉPOSITION.

Emploi des prépositions dans certaines locutions.

§ 346. — *Prêt à* signifie *disposé à*; *près de* veut dire *sur le point de*.

Ex. : Il est *prêt à* partir (c'est-à-dire, il a fait tous ses préparatifs).

Il est *près de* partir (c'est-à-dire, il va partir dans un moment).

* § 347. — *Tomber à terre* indique que l'objet tend vers un but dont il est séparé ou éloigné.

Ex. : Les fruits de cet arbre sont tombés *à terre*.

Les fruits sont élevés au-dessus de la terre et tombent d'en haut.

Tomber par terre, c'est tomber quand on y touche déjà, c'est tomber de sa hauteur.

Ex. : L'arbre tombe *par terre*.

Ainsi, l'homme qui tombe en marchant, *tombe par terre*, tandis qu'un couvreur qui tombe du haut d'une maison, *tombe à terre*.

* § 348. — Il y a une différence entre les deux expressions *être à la campagne* et *être en campagne*.

Être à la campagne, c'est se promener dans la campagne, ou y séjourner quelque temps.

Ex. : En été beaucoup de personnes vont *à la campagne*.

Être en campagne, c'est être en mouvement, c'est voyager.

Ex. : Les troupes vont entrer *en campagne*.
Mon frère est *en campagne*.

* § 349. — Dans les évaluations, on se sert de *à* et de *ou*. On met *à* quand la quantité dont il s'agit peut être fractionnée.

Ex. : Cet objet coûte cinq *à* six francs.

On emploie *ou* si la chose n'est pas susceptible de division.

Ex. : Ils vendirent cinq *ou* six bœufs.

Emploi particulier de quelques prépositions.

AU TRAVERS, A TRAVERS.

§ 350. — *Au travers* est toujours suivi de la préposition *de*, et renferme l'idée d'un obstacle à vaincre.

Ex. : La lumière passe *au travers des* vitres.
Il se fait jour *au travers des* périls.

A travers s'emploie sans préposition, et signifie simplement *au milieu de*.

Ex. : L'armée s'avançait *à travers* la plaine.

VIS-A-VIS DE, EN FACE.

§ 351. — *Vis-à-vis*, employé comme préposition, doit toujours être suivi de la préposition *de*.

Ex. : Je l'aperçus *vis-à-vis de* mes fenêtres.

Il en est de même de l'expression *en face*.

Ex. : Il demeure *en face de* l'église.

Ne dites jamais : *vis-à-vis mes fenêtres*, *en face l'église*.

Vis-à-vis exprime simplement une position de lieu ; il ne faut donc pas l'employer dans le sens de *envers*, *à l'égard*.

Ex. : Il se montra reconnaissant *envers* son bienfaiteur. Ne dites pas :

Vis-à-vis de son bienfaiteur.

ENTRE, PARMI.

§ 352. — *Entre* a un sens plus restreint que *parmi*; il ne se dit généralement que de deux objets.

Ex. : Il flotte *entre* la crainte et l'espérance.

Entre exprime aussi une idée de réciprocité.

Ex. : La haine *entre* les grands se calme rarement.

Parmi s'emploie avec un nom pluriel ou un collectif.

Ex. : Choisissez vos amis *parmi* les honnêtes gens.
Je le reconnus *parmi* la foule.

VOICI, VOILA.

§ 353. — *Voici* désigne l'objet le plus proche; *voilà*, le plus éloigné.

Ex. : *Voici* votre livre, *voilà* votre maison.

De plus, on emploie *voici* pour annoncer ce que l'on va dire ; *voilà* pour indiquer ce que l'on vient de dire.

Ex. : *Voici* mon avis, partez.
Craignez Dieu, *voilà* toute la sagesse.

Répétition des prépositions.

§ 354. — Les prépositions *à*, *de*, *en*, se répètent généralement avant chaque complément.

Ex. : Il aime *à* lire et *à* écrire.
Il a fait preuve *de* courage, *de* patience, *de* dévouement.
Tu l'emportes sur lui *en* grandeur et *en* générosité.

* § 355. — Quant aux autres prépositions, on peut ne les exprimer qu'une fois ou les répéter.

I. D'ordinaire, on ne les exprime qu'une fois, lorsque les compléments ont à peu près la même signification.

Ex. : Elle s'est fait aimer *par* sa douceur et sa bonté.

II. On les répète, en général, lorsque les compléments ont un sens opposé.

Ex. : Turenne s'est fait admirer *dans la paix* comme *dans la guerre*.

EMPLOI DE L'ADVERBE.

ALENTOUR, AUTOUR.

§ 356. — *Alentour*, étant un adverbe, s'emploie d'ordinaire sans complément, tandis que *autour* est une préposition et prend un régime (1).

Ex. : Il se promenait dans le bocage, et les oiseaux voltigeaient *alentour*.
Les oiseaux voltigeaient *autour de lui*.

* § 357. — Cependant l'usage permet d'employer

(1) Le mot dépendant de la préposition s'appelle *régime* et tous deux forment le *complément* du verbe.

aussi *autour* comme adverbe ; voici la différence qui existe alors entre ces deux expressions :

Autour exprime ce qui est tout près, tout contre ; *alentour*, ce qui est plus loin, à une certaine distance.

Ainsi, en parlant d'une table, dans un festin, on dira :

Les convives sont *autour*, et les serviteurs tournent *alentour*.

J'ai admiré ce vase et l'inscription qui est *autour*, tandis que j'aspirais avec plaisir le parfum qu'il répandait *alentour*.

AUPARAVANT, DESSUS, DESSOUS, DEDANS, DEHORS.

* § 358. — *Auparavant*, *dessus*, *dessous*, *dedans*, *dehors*, sont des adverbes et s'emploient seuls, tandis que les mots *avant*, *sur*, *sous*, *dans*, *hors*, sont des prépositions qui demandent après elles un régime.

Ex. : Alexandre donna à Porus un royaume plus grand que celui qu'il avait *auparavant*.

Tous les maux s'envolèrent *hors de la boîte* de Pandore, mais l'espérance resta *dedans*

* § 359. — Cependant, *dessus*, *dessous*, *dedans*, *dehors*, sont employés comme prépositions :

1° Quand on veut exprimer une opposition ; dans ce cas *dessus* et *dessous*, *dedans* et *dehors* ont un seul et même régime.

Ex. : Il n'est ni *dessus* ni *dessous la terre*.

2° Lorsque les adverbes *dessus*, *dessous*, *dedans*, *dehors*, sont précédés d'une préposition ; ils forment des locutions prépositives et prennent un régime.

Ex. : Je veux *par-dessus tout* obtenir votre estime.

Il intrigue *par-dessous main*.

DAVANTAGE, PLUS.

§ 360. — *Davantage* et *plus* ne s'emploient pas indifféremment l'un pour l'autre.

Plus sert à établir directement une comparaison, et, dans ce cas, il est toujours suivi de la conjonction *que*.

Ex. : Paul est *plus* savant *que* Pierre.

Davantage ne fait que rappeler la comparaison, et, comme le second terme est énoncé auparavant, il n'est jamais suivi de la conjonction *que*.

Ex. : Pierre est paresseux, mais Paul l'est *davantage*.

On ne pourrait dire : mais Paul l'est *plus*.

*§ 361. — *Plus* ne peut s'employer pour *davantage*, à la fin d'une phrase, que lorsqu'il y a une opposition, ou quand il est modifié par les adverbes *encore*, *bien*, *beaucoup*, etc.

Ex. : Vous le châtiez *plus*, il ne vous aime pas *moins*.
Paris me plaît, mais la campagne me charme *beaucoup plus*.

REMARQUE. — *Davantage* ne doit pas s'employer pour *le plus*. On ne doit pas dire : De ces deux livres, voilà celui que j'étudie *davantage*; il faut dire : que j'étudie *le plus*.

PLUS D'A DEMI, PLUS QU'A DEMI.

*§ 362. — Ces deux expressions s'emploient également, mais la première est plus conforme à l'usage des bons écrivains.

Ex. : Cet ouvrage est plus d'*à demi* fait.

AU MOINS, DU MOINS; AU RESTE, DU RESTE.

*§ 363. — *Au moins*, composé de la préposition *à*, exprime une idée de *tendance*; il signifie *pour le moins*.

Ex. : Cet homme sera général, ou *au moins* colonel.

Du moins, composé de la préposition *de*, réveille une idée de *point de départ*; il marque la restriction et signifie *néanmoins*.

Ex. : S'il n'est pas général, il est *du moins* colonel.

Il y a la même différence entre *au reste* et *du reste* : *au reste* ajoute à ce qu'on dit, *du reste* restreint la pensée.

Ex. : Votre détermination est sage ; *au reste*, elle est très-juste.

Travaillez ; *du reste*, ayez bon courage.

BEAUCOUP, DE BEAUCOUP.

*§ 364. — *Beaucoup* exprime une différence de *qualité* entre deux personnes ou deux choses.

Ex. : Paul n'est pas si savant que Pierre, il s'en faut *beaucoup*.

De beaucoup exprime une différence de *quantité*.

Ex. : Il s'en faut *de beaucoup* que la somme y soit.

PLUS TÔT, PLUTÔT.

§ 365. — *Plus tôt*, écrit en deux mots, éveille une idée de temps, c'est l'opposé de *plus tard*.

Ex. : Demain, venez me voir *plus tôt*.

Plutôt, en un seul mot, marque le choix, la préférence.

Ex. : *Plutôt* mourir que de nous rendre.

TOUT A COUP, TOUT D'UN COUP.

§ 366. — *Tout à coup* signifie *soudainement, en un moment*.

Ex. : La maison s'est écroulée *tout à coup*.

Tout d'un coup se dit de ce qui se fait *en même temps, d'une seule fois*.

Ex. : Il a gagné deux mille francs *tout d'un coup*.

TOUT DE SUITE, DE SUITE.

§ 367. — *Tout de suite* signifie *incontinent, sur l'heure*.

Ex. : Envoyez chercher le médecin *tout de suite*.

De suite signifie *successivement, sans interruption*.

Ex. : Il a marché deux jours *de suite*.

Il ne saurait dire deux mots *de suite*.

TRÈS, BIEN.

*§ 368. — *Très* ne peut modifier qu'un adjectif ou un adverbe.

Ex. : Il fait *très-chaud.*
Il se promène *très-souvent.*

Bien se met devant les noms.

Ex. : J'ai *bien faim*, j'ai *bien soif.*

Ne dites pas :

J'ai *très-faim*, j'ai *très-soif.*

AUSSI, AUTANT.

*§ 369. — *Aussi* se joint aux adjectifs, aux participes et aux adverbes, *autant* aux noms et aux verbes.

Ex. : Il est *aussi bon*, *aussi aimé* que vous.

Vous peignez *aussi habilement* que lui.

J'ai *autant de livres* que vous.

Le mauvais exemple *nuit autant* à la santé de l'âme que l'air contagieux à la santé du corps.

*§ 370. — *Autant* s'emploie néanmoins pour *aussi* avec les adjectifs; dans ce cas, *autant* suit l'adjectif, tandis que *aussi* le précède.

Il est *modeste autant* qu'instruit.

Cette qualité est *estimable autant* que rare.

Il est *aussi modeste* qu'instruit.

Cette qualité est *aussi estimable* que rare.

La tournure par *autant* est plus énergique et produit plus d'effet.

AUSSI, SI; AUTANT, TANT.

*§ 371. — *Si*, *tant* s'emploient dans les mêmes cas que *aussi*, *autant*, mais il y a entre eux une différence.

I. — *Aussi*, *autant* expriment la comparaison.

Ex. : Votre ami est *aussi savant que vous.*
Ce jardin contient *autant de fruits que de fleurs.*

II. — *Si, tant,* marquent l'extension et la quantité.

Ex. : La rivière est *si rapide* qu'on ne peut la traverser.
Il a *tant marché* qu'il est épuisé.

*§ 372. — Dans les comparaisons, *si*, *tant* ne peuvent s'employer pour *aussi*, *autant*, que si la phrase est négative.

Ex. : Tu n'es pas *si* courageux que ton ami.
Rien ne m'a *tant* réjoui que votre retour.

Remarque. — *Autant*, *aussi*, *si*, employés comme adverbes de comparaison, doivent toujours être suivis de *que* et jamais de *comme*.

Ex. : Il est aussi savant *que* son frère.
Vous travaillez autant *que* moi.

EMPLOI DES ADVERBES DE NÉGATION.

§ 373. — La négation proprement dite est *ne*; *pas* et *point* ne sont que des mots qu'on emploie comme termes de comparaison pour préciser la négation.

§ 374. — *Pas* nie une chose partiellement, avec une sorte d'atténuation; *point* la nie absolument et sans réserve.

Ex. : Cet homme *n'a pas* l'esprit qu'il faut pour une telle place.
Cet homme *n'a point* d'esprit.

Dans le premier cas, on veut dire qu'il n'est pas sans esprit, mais qu'il n'a pas celui de sa place ; dans le second cas, on fait entendre qu'il est entièrement dépourvu d'esprit.

*§ 375. — *Pas* s'emploie de préférence à *point* avec les adverbes de qualité ou de quantité.

Ex. : Cet enfant n'est *pas* aussi intelligent que son frère ; il n'a *pas* beaucoup d'ardeur.

*§ 376. — *Pas* s'applique à une chose passagère et accidentelle, *point* à quelque chose de permanent et d'habituel.

Ex. : Cet enfant ne lit *pas*.
C'est-à-dire ne lit pas présentement.
Cet enfant ne lit *point*.
C'est-à-dire ne lit jamais.

*§ 377. — Dans l'interrogation, il y a une différence de sens selon qu'on emploie *pas* ou *point*.

Pas exprime quelque chose de plus positif.

Ex. : N'avez-vous *pas* été là?
Celui qui parle ainsi est presque certain qu'on y est allé.

Point exprime quelque chose de douteux.

Ex. : N'avez-vous *point* été là?
Celui qui fait cette question ne sait pas si vous y êtes allé.

§ 378. — *Pas* et *point* ne sont pas négatifs par eux-mêmes, ce sont simplement des termes de comparaison ; c'est pourquoi on les supprime :

1° Quand la phrase renferme déjà un terme analogue de comparaison.

Ex. : Il ne voit *goutte*.
Il ne dit *mot*.

2° Quand il entre dans la phrase une des expressions *aucun*, *nul*, *personne*, *guère*, *jamais*, *nullement*, *ni* répété, *rien*.

Ex. : Je ne le verrai *jamais*.
Je ne l'aime *ni* ne l'estime.

*§ 379. — Il faut bien se garder d'attribuer un sens négatif aux expressions *rien*, *aucun*, *guère*, *jamais*, *personne*; ces mots par eux-mêmes sont affirmatifs.

Ex. : Avez-vous *rien* vu de plus beau?
Personne osa-t-il *jamais* le contredire.
C'est-à-dire, avez-vous vu *quelque chose* de plus beau? *quelqu'un* osa-t-il *en quelque circonstance* le contredire?

Ces mots ne servent à nier qu'en vertu d'une négation exprimée ou sous-entendue.

Ex. : Je *ne* vous demande *rien.*
Que vous a-t-il donné? — *Rien.*
Ne sortez-vous pas le matin? — *Jamais.*

C'est-à-dire, il *ne* m'a *rien* donné, je *ne* sors *jamais.*

*§ 380. — Après les verbes *oser*, *pouvoir*, *savoir*, *cesser*, on peut omettre ou employer *pas* ou *point,* selon que l'on veut nier plus ou moins fortement.

Ex. : Je *n'*ose vous dire.
Il *n'*ose *pas* le faire.
Il *n'*a *point* osé venir.

SYNTAXE DES PROPOSITIONS.

§ 381. — La *syntaxe des propositions* a pour objet l'*union* des propositions entre elles.

Les propositions s'unissent de deux manières :

1° Par *coordination;*

2° Par *subordination.*

COORDINATION DES PROPOSITIONS

§ 382. — On appelle *propositions coordonnées* celles qui, dans une même phrase, sont du même *ordre* ou de la même *nature.*

Ex. : Le chêne un jour dit au roseau : —
Vous avez bien sujet d'accuser la nature; —
Un roitelet pour vous est un pesant fardeau.

UNION DES PROPOSITIONS COORDONNÉES.

§ 383. — Les propositions coordonnées sont liées entre elles :

1° Par la simple gradation des idées.

Ex. : L'arbre tient bon, — le roseau plie, —
Le vent redouble ses efforts.

2° Par les conjonctions de coordination, à savoir : *et, ni, ou, mais, or, donc, car, au moins, d'ailleurs, cependant, c'est pourquoi, en effet,* etc., etc.

Ex. : Pratiquons la vertu, — *car* elle seule nous rend heureux.

Cet enfant pourrait réussir, — *mais* il est trop étourdi.

REMARQUE. — Le pronom conjonctif équivaut en certains cas à une conjonction de coordination et à un pronom personnel.

Ex. : Un chat, — *qui* faisait le modeste, — était entré dans une garenne peuplée de lapins.

Une ourse avait un petit ours, — *qui* venait de naître.

C'est comme s'il y avait : Un chat était entré dans une garenne peuplée de lapins, *et il* faisait le modeste. — Une ourse avait un petit ours, *or il* venait de naître.

EMPLOI DES CONJONCTIONS *ET*, *NI*, *OU*, DANS LES PROPOSITIONS COORDONNÉES.

ET

*§ 384. — La conjonction *et* sert à unir :

1° Deux propositions affirmatives.

Ex. : Le trait part *et* le frappe.

2° Deux propositions dont l'une est affirmative et l'autre négative.

Ex. : Je crains Dieu, cher Abner, *et* n'ai pas d'autre crainte.

3° Deux propositions négatives, dont chacune a un sens négatif qui lui est propre.

Ex. : Il n'a pas bu sa potion, *et* il ne s'en est pas trouvé plus mal.

4° Les parties semblables d'une proposition affirmative; il y a alors une proposition sous-entendue.

Ex. : Il aime le jeu *et* l'étude.

C'est-à-dire, il aime le jeu *et* il aime l'étude.

*§ 385. — Il ne faut pas faire usage de *et* :

1° Entre deux propositions qui expriment une opposition.

Ex. : Le lâche fuit le danger, le brave est heureux de l'affronter.

2° Entre deux propositions commençant par *plus*, *mieux*, *moins*, *autant*.

Ex. : *Plus* le malheur est grand, *plus* il est grand de vivre.

NI

*§ 386. — La conjonction *ni* sert à unir deux propositions négatives pleines ou elliptiques, lorsqu'elles renferment chacune un sens négatif.

Ex. : Il ne mange *ni* ne boit.
Il ne boit point d'eau *ni* de vin.

Remarque. — Dans ce dernier exemple, la négation tombe sur chacun des deux substantifs, voilà pourquoi on met *ni*; mais si l'on considère les deux substantifs ensemble, comme ne faisant qu'un tout, on emploie *et* : Il ne boit point d'eau *et* de vin.

*§ 387. — *Ni* employé à la place de *pas* sert à joindre les sujets, les attributs et les compléments.

Ex. : *Ni* l'homme *ni* aucun animal n'a pu se faire soi-même.
Ce livre n'est *ni* amusant *ni* instructif.
Il n'écoute *ni* conseils *ni* prières.

OU

*§ 388. — La conjonction *ou* ne peut lier que les termes semblables d'une proposition affirmative.

Ex. : Mon père *ou* ma mère viendra me voir.

Mais si la proposition est négative, il faut faire usage de *ni*.

Ex. : Mon père *ni* ma mère ne viendra.

Ne dites pas : Mon père *ou* ma père ne viendra pas.

SUBORDINATION DES PROPOSITIONS

§ 389. — On appelle *propositions subordonnées* celles qui dépendent d'une autre, qu'on nomme *proposition principale.*

Ex. : Je ne crois pas — *que* l'armée soit vaincue — *ni que* la ville soit prise.

Dans cette phrase on distingue la proposition *principale :*

Je ne crois pas

et les propositions qui en dépendent ou *subordonnées :*

Que l'armée soit vaincue —
Ni que la ville soit prise.

Remarque. Ces deux dernières propositions sont subordonnées par rapport à la principale, mais, entre elles, elles sont coordonnées (§ 382).

§ 390. — Une proposition déjà subordonnée peut en avoir d'autres qui lui soient subordonnées à elle-même, ou qui soient subordonnées entre elles.

Ex. : Je ne crois pas — *que* l'armée eût été vaincue, — *si* elle n'avait pas été surprise, — *quand* elle engagea le combat.

Si elle n'avait pas été surprise est subordonnée par rapport à la première subordonnée *que l'armée eût été vaincue ;* et *quand elle engagea le combat* est subordonnée par rapport à la deuxième subordonnée *si elle n'avait pas été surprise.*

§ 391. — Il y a deux sortes de propositions subordonnées.

Les unes sont tellement liées à la principale, qu'elles sont indispensables pour en compléter le sens : on les appelle propositions subordonnées *complétives.*

Ex. : Il faudra — *qu'*il me fasse l'aveu de sa faute.

Les autres modifient les propositions principales par les

circonstances de cause, de manière, de temps, de lieu: on les nomme propositions subordonnées *circonstancielles.*

Ex. : On est né pour de grandes choses, — *quand* on a la force de se vaincre soi-même.

PROPOSITIONS SUBORDONNÉES COMPLÉTIVES.

§ 392. — Il y a quatre espèces de propositions subordonnées complétives :

1° La proposition régie par la conjonction *que ;*
2° La proposition *infinitive ;*
3° La proposition *comparative;*
4° La proposition par *interrogation indirecte* (1).

I. — PROPOSITION RÉGIE PAR *QUE.*

§ 393. — La proposition subordonnée peut être liée à la principale par la conjonction *que.*

§ 394. — Cette conjonction est suivie du mode *indicatif*, du mode *subjonctif* ou du mode *conditionnel.*

Du mode indicatif et du mode subjonctif.

§395. — En principe, le mode indicatif exprime quelque chose de *certain* et de *positif;* le mode subjonctif, quelque chose de *vague* et de *douteux.*

L'emploi de l'un ou l'autre de ces modes dans une proposition subordonnée peut donc se ramener aux deux règles suivantes :

§ 396. — I. Si l'on considère comme certain et positif ce qui est exprimé dans la proposition subordonnée, on met à l'*indicatif* le verbe de cette proposition.

---

(1) Les propositions subordonnées *complétives* embrassent les propositions qui jouent le rôle de sujet, de complément direct ou de complément indirect. De sujet : Il est certain que Dieu est éternel (*Dieu être éternel* est certain) ; — de complément direct : Je crois que *Dieu est saint ;* — de complément indirect : Je vous exhorte *à lire.*

Ex. : Vous ne pouviez ignorer que j'*étais* malade.
Je soutiens qu'il n'y *a* rien de si vrai.
On dira que vous *avez eu* tort.
Je suis assuré que Dieu *voit tout*.
Il est évident qu'il *est parti*.

Étais est à l'indicatif, parce qu'on affirme positivement l'état de maladie, etc.

§ 397. — II. Si l'on considère comme vague et douteux ce qui est exprimé dans la proposition subordonnée, on met au *subjonctif* le verbe de cette proposition.

On emploie donc le subjonctif :

1° Après les verbes ou les locutions qui marquent le doute, la crainte, la volonté, le désir, la défense, la permission, la nécessité, etc.

Ex. : Je doute qu'il *vienne*.
Je veux que vous *fassiez* votre devoir.
Je permets qu'on le *punisse*.
Il serait bon qu'on *obéît* aux lois.
Il est urgent qu'il *parte* de suite.

2° Après les impersonnels *il faut*, *il importe*, *il convient*.

Ex. : Il faut que je *travaille*.
Il convient que vous *soyez* plus humble.

*§ 398. — Ces deux règles s'appliquent à tous les cas qui peuvent se présenter.

I.

*§ 399. — Lorsque la proposition principale est *interrogative*, on met le verbe de la proposition subordonnée à l'indicatif ou au subjonctif, selon que dans sa pensée on considère comme certaine ou comme douteuse la chose dont il s'agit.

INDICATIF.	SUBJONCTIF.
Ne trouves-tu pas que j'*ai* raison de le chasser?	Où avez-vous vu que des gens ruinés *aient* des amis?
Croirai-je qu'une nuit *a pu* vous ébranler?	Crois-tu donc que je *sois* insensible à l'outrage?

Dans le premier cas on *affirme* qu'on a raison, dans le second on *doute* qu'il reste des amis après le malheur, etc.

Quelquefois l'interrogation n'est qu'apparente ; dans ce cas, le verbe de la proposition subordonnée se met toujours à l'indicatif.

Ex. : Madame, oubliez-vous
Que Thésée *est* mon père, et qu'il *est* votre époux ?

C'est-à-dire, vous devez savoir que Thésée est mon père, et qu'il est votre époux.

II.

*§ 400. — La même distinction a lieu quand le verbe de la proposition principale est *négatif.*

INDICATIF.	SUBJONCTIF.
. ous ne devez pas dire qu je vous *ai* battu.	Il ne pense pas qu'on *veuille* lui dresser des piéges.

III.

*§ 401. — Après *il semble, il me semble, on dirait.*

INDICATIF.	SUBJONCTIF.
A ce feu d'artifice, il semblait que les fusées *allaient* tomber sur nos têtes.	Il semble que ce *soit* pour vous un plaisir de me tourmenter.
Il me semble que vous *êtes* malade.	Il me semble que mon cœur *veuille* se fendre par la moitié.
On dirait en lisant cet auteur que le mot juste lui *vient* naturellement.	A voir la pluie, on dirait que le ciel *veuille* inonder la terre.

IV.

§ 402. — Après les pronoms conjonctifs, comme après la conjonction *que*, on emploie tantôt l'indicatif, tantôt le subjonctif :

1° Lorsque la proposition principale est affirmative, négative ou interrogative.

INDICATIF.	SUBJONCTIF.
Montrez-moi la faute que j'*ai* faite.	Montrez-moi une faute que j'*aie* faite.
Il n'y eut que moi qui *espérai* la victoire.	Je n'ai rien fait dont *je me repente*.
Quel est l'homme qui *a commis* cette faute?	Quel est l'homme qui *ne se soit* jamais *trompé*.

2° Lorsque la proposition principale renferme une expression superlative, comme *le plus*, *la plus*, *le premier*, *le seul*.

INDICATIF.	SUBJONCTIF.
J'ai fait de mon héros le portrait le plus brillant que j'*ai pu*.	L'Évangile est le plus beau présent que Dieu *ait pu* faire aux hommes.
Les Tyriens furent les premiers qui *domptèrent* les flots.	Néron est le premier qui *ait persécuté* l'Eglise.
Vouloir ce que Dieu veut est la seule science qui nous *met* en repos.	On peut dire que le chien est le seul animal dont la fidélité *soit* à l'épreuve.

*§ 403. — Le pronom conjonctif se construit toujours avec le subjonctif, lorsqu'il a le sens de *tel que*.

Ex. : Reprends des sentiments qui soient dignes de toi.

*§ 404. — Le subjonctif dépend toujours d'une proposition exprimée ou *sous-entendue*.

Ex. : *Plaise* à Dieu qu'il n'en soit pas ainsi !
Fasse le Ciel qu'il échappe à ce danger !

En rétablissant les propositions sous-entendues, on aura : *Je souhaite qu'*il plaise, etc. ; *Je désire que* le Ciel fasse, etc.

Du mode conditionnel.

§ 405. — Ordinairement, le *conditionnel* exprime une action dépendante d'une condition.

Ex. : Je *viendrais*, si je pouvais.

*§ 405. — Cependant, dans les propositions subordonnées, quand le verbe de la proposition principale est à un temps passé, on emploie le *conditionnel* au lieu du futur dans un sens moins affirmatif.

Ex. : On nous a fait espérer que la moisson *serait* abondante cette année.

Mais si le fait à venir est certain, ou ne présente pour le moment rien de douteux, il faut employer le futur, et non le conditionnel.

Ex. : Jésus-Christ a promis qu'il *viendra* juger les vivants et les morts.

Vous m'avez écrit que vous *travaillerez* désormais.

Mon père m'a écrit qu'il *viendra* demain me voir.

*§ 406. Il est des cas où, après un verbe au *présent*, on peut employer le conditionnel présent ou le présent du subjonctif.

Ex. : Il semble que le roman et la comédie *pourraient* ou *puissent* être aussi utiles qu'ils sont nuisibles.

De même, après un verbe à un temps *passé*, on peut quelquefois employer l'une ou l'autre forme du conditionnel (voir § 94).

Ex. : Orphée obtint qu'Eurydice *retournerait* ou *retournât* parmi les vivants.

Pittacus ordonna qu'un homme qui commettrait quelque faute *serait* puni ou *fût* puni doublement.

*§ 407. — Quelquefois la proposition conditionnelle n'est pas exprimée.

Ex. : Je *serais* heureux de vous obliger (sous-entendu *si je le pouvais*).
Je *désirerais* vous parler (sous-entendu *si je l'osais*).

Le conditionnel ainsi employé seul sert à exprimer la pensée avec réserve. Il en est de même des locutions : je ne *saurais*, je ne *voudrais*, moins affirmatives que : je ne *sais*, je ne *veux*.

A QUEL TEMPS ON DOIT METTRE LE VERBE DE LA PROPOSITION RÉGIE PAR *QUE* OU *QUI*.

I. — Temps de l'indicatif.

§ 408. — Lorsque le verbe de la proposition principale et celui de la proposition subordonnée sont tous deux à l'indicatif, le présent ne correspond pas toujours au présent, le passé au passé, le futur au futur ; la seule règle à suivre est de mettre le verbe de la proposition subordonnée au temps qu'on a en vue d'exprimer.

Ex. : Je suis assuré qu'il *vit* encore (temps présent).
Ils ne disent pas qu'ils *ont eu* peur (temps passé).
Je ne sais si ces fruits *mûriront* (temps futur).
Je pensais que j'*ai* tort de parler ainsi (temps présent).
Nous croyions que vous *étiez venu* (temps passé).
Il disait que Dieu nous *jugera* selon nos œuvres (temps futur).
Vous *avez appris* que je *souffrais*.
Vous *saurez* qu'il *faut* être bienveillant envers tout le monde.
On *dirait* qu'il *a plu*.
J'*avais pensé* que vous *étiez venu*.

§ 409.— S'il s'agit d'un fait existant au moment de la parole, ou d'une vérité de tous les temps, il faut avoir soin d'employer le présent après un premier verbe à un temps passé.

Ex. : J'écrivais aujourd'hui à votre frère que vous *êtes* en voyage (le fait est présent, puisqu'il dure encore).

Je vous ai démontré que la terre *est* ronde.

Il commença à comprendre qu'il *existe* un Dieu (le fait est présent, puisqu'il est vrai de tout temps).

Remarque. — Si l'on a plutôt en vue la simultanéité des deux actions, on peut employer l'imparfait : J'ai appris que vous *étiez* à Paris.

II. — Temps du subjonctif.

§ 410. — Pour savoir quel temps du subjonctif on doit employer, il faut examiner : 1° si le verbe de la proposition principale est au *présent*, au *futur* ou au *passé ;* 2° si l'action de la proposition subordonnée est *présente*, *future* ou *passée* par rapport à l'action de la proposition principale.

I.

§ 411. — Après le présent ou le futur de l'indicatif, on emploie le *présent* du subjonctif, si l'action est présente ou future ; le *passé*, si elle est passée.

Ex. : Il faut / Il faudra } que je lui *obéisse.*

Je doute / Je douterai } que vous *ayez travaillé.*

Remarque.— Si la phrase renferme quelque chose de conditionnel, ou fait naître l'idée d'une condition quelconque, on met le verbe de la proposition subordonnée à l'imparfait ou au plus-que-parfait du subjonctif (§ 94).

Ex. : Je ne crois pas qu'il *osât* venir, si on lui défendait.
Je ne pense pas que cette affaire *eût réussi* sans votre intervention.

II.

§ 412. — Après l'un des temps du passé ou du conditionnel, on emploie l'*imparfait* du subjonctif, si l'action est présente ou future ; le *plus-que-parfait*, si elle est passée.

Ex. : Les Romains ne *voulaient* pas de victoires qui *coûtassent* trop de sang.
Vous *avez* bien *voulu* que je *vinsse* avec vous.
Je *désirerais* que l'on *s'occupât* davantage de cet enfant.
Vous n'*avez* pas *cru* qu'on vous *eût tendu* un piége.
Je ne *savais* pas que vous *eussiez étudié* ce livre avec tant de soin.

REMARQUE. — Cependant on met le second verbe au présent, s'il exprime une action qui a lieu au moment de la parole ou qui se reproduit de tout temps (§ 409).

Ex. : Les Romains de ce siècle n'ont pas eu un seul poëte qui *vaille* la peine d'être cité.
Dieu a voulu que les vérités divines *entrent* du cœur dans l'esprit, et non de l'esprit dans le cœur.

*§ 413. — La même phrase présente quelquefois des temps différents sous la même dépendance ; c'est que chacun de ces temps est l'expression d'une idée particulière.

Ex. : Soit que Julie *eût étudié* la langue et qu'elle la *parlât* par principes, soit que l'usage *supplée* à la connaissance des règles, elle me semblait s'exprimer correctement.

II. — PROPOSITION INFINITIVE.

§ 414. — Quelquefois l'infinitif accompagné de son sujet remplace la conjonction *que* suivie d'un verbe à un mode personnel. Ainsi, au lieu de dire :

Il sent *que sa fin approche;*
Nous voyons *que le printemps vient ;*

on dit mieux :

Il sent *sa fin approcher.*
Nous voyons *venir le printemps.*

C'est ce qu'on appelle *proposition infinitive*. Cette tournure sert à rendre la phrase plus vive et plus rapide.

§ 415. — Quelquefois l'infinitif n'est pas accompagné de son sujet.

Ex. : Nous jurons *d'obéir*.
Je vous engage *à sortir*.
Le maître permet à ces enfants *de jouer* (1).

Dans ce cas, l'infinitif doit toujours se rapporter à un nom ou à un pronom exprimé dans la proposition principale.

Dans le premier exemple, *obéir* se rapporte au sujet *nous;* dans le deuxième, *sortir* se rapporte au complément direct *vous;* dans le troisième, *jouer* se rapporte au complément indirect, *à ces enfants*. C'est comme s'il y avait :

Nous jurons que *nous* obéirons.
Je *vous* engage à ce que *vous* sortiez.
Le maître permet *à ces enfants* qu'*ils* jouent.

§ 416. — Si l'infinitif ne se rapporte ni au sujet ni au

---

(1) Dans l'analyse, il n'y a réellement de *proposition infinitive* que si l'infinitif est accompagné de son sujet : Il sent *sa fin* approcher ; il voit *le printemps* venir. — Mais dans ces trois phrases : Nous jurons *d'obéir ;* je vous engage *à sortir ;* j'étudie *pour m'instruire*, où l'infinitif n'a pas de sujet, cet infinitif, grammaticalement parlant, est un simple complément, direct, indirect ou circonstanciel, comme on l'a vu §§ 250 et 272, et c'est ainsi qu'on doit l'analyser.

complément de la proposition principale, il ne faut pas l'employer.

Ne dites donc pas :

> Le temps est trop précieux *pour le perdre.*
> *Sans t'en avoir rien dit*, tout est déjà préparé.

En effet, en remplaçant l'infinitif par *que* et un mode personnel, on aura :

> Le temps est trop précieux *pour que je le perde.*
> *Sans que je t'en aie rien dit*, tout est déjà préparé.

Dans les deux cas, le sujet *je* n'est pas exprimé dans la proposition principale ; voilà pourquoi l'infinitif est incorrect.

*§ 417. — Il arrive même quelquefois que l'infinitif, quoique se rapportant au sujet ou au complément de la proposition principale, donne lieu à une équivoque.

Si l'on dit par exemple :

> Dieu nous donne des richesses *pour faire* des heureux,

on ne sait si c'est à *Dieu* ou à *nous* que l'infinitif se rapporte ; pour faire cesser toute ambiguïté, il faut remplacer l'infinitif par *que* et un mode personnel, et dire :

> Dieu nous donne des richesses *pour que nous fassions* des heureux.

*§ 418. — Dans les propositions exclamatives, l'infinitif s'emploie quelquefois seul, précédé d'un pronom personnel ; on sous-entend alors le verbe de la proposition principale.

Ex. : Moi, *manquer* à ma parole !
Lui, *ne pas remplir* sa promesse !

C'est-à-dire, moi, *je pourrais* manquer à ma parole ! lui, *il oserait* ne pas remplir sa promesse !

III. — PROPOSITION COMPARATIVE.

§ 419. — La proposition comparative est liée à la principale par les adverbes de comparaison : *aussi... que*, *autant... que*, *plus... que*, etc.

§ 420. — Après les adverbes de comparaison, on emploie toujours le mode indicatif.

Ex. : Rome fut aussi grande sous Auguste, qu'elle *avait été* petite sous Romulus.

Remarque. — Dans les propositions comparatives, le pronom *le* rappelle l'idée exprimée dans la proposition principale : Il est aussi affable que *l'*est son frère ; c'est comme s'il y avait : Il est aussi affable que son frère *est affable*.

AUSSI... QUE.

* § 421. — Quand on compare les qualités différentes d'une même personne, on commence par la qualité moins connue, et l'on place *que* immédiatement après : c'est ce qu'on appelle une comparaison d'égalité.

Ex. : Fénelon était *aussi* modeste *qu'*instruit.

PLUS... QUE ; MOINS... QUE.

* § 422. — Dans les comparaisons de supériorité ou d'infériorité, on peut sous-entendre le verbe dans la proposition subordonnée, quand le *que* est immédiatement suivi du second terme de comparaison ; il n'y a alors aucune équivoque.

Ex. : Pierre est plus savant *que Paul*.

C'est-à-dire *que Paul n'est savant*.

Mais on ne peut pas dire :

Pierre est moins étourdi aujourd'hui *qu'autrefois*, parce qu'ici l'on ne compare pas *aujourd'hui* à *autrefois*, mais *l'étourderie* d'aujourd'hui à *l'étourderie* d'autrefois. Pour être correct, on doit répéter le verbe et dire :

Pierre est moins étourdi aujourd'hui *qu'il ne l'était* autrefois.

* § 423. — Lorsque *mieux* est suivi de deux infinitifs, le second est généralement précédé de la préposition *de*.

Ex. : Il vaut mieux subir la mort que *de* s'y soustraire par une infamie.

AUTANT... AUTANT ; PLUS... PLUS.

* § 424. — La comparaison s'exprime quelquefois par les adverbes *autant*, *plus*, *moins* répétés ; la conjonction *que* est alors supprimée.

Ex. : *Autant* la modestie plaît, *autant* l'arrogance blesse et irrite.

Plus l'ambitieux obtient, *plus* il veut obtenir.

C'est comme s'il y avait : L'arrogance blesse et irrite *autant que* la modestie plaît ; l'ambitieux veut obtenir *d'autant plus qu'il* obtient plus.

IV. — INTERROGATION INDIRECTE.

§ 425. — Quelquefois l'interrogation, au lieu d'être directe, comme dans : *Que voulez-vous ?* est mise sous une forme indirecte : *Dites-moi ce que vous voulez*. C'est ce qu'en grammaire on appelle *interrogation indirecte*.

§ 426. — En français, l'interrogation indirecte est liée à la proposition principale par les adjectifs, les pronoms et les adverbes interrogatifs, et le verbe est toujours à l'indicatif.

Ex. : Dites-moi *quelle* heure il *est*.
Je ne sais *à qui* je *dois* m'adresser.
Il lui demanda *comment* il *était venu*.
Je ne sais *s'il* *travaillera*.

PROPOSITIONS SUBORDONNÉES CIRCONSTANCIELLES.

§ 427. — Il y a deux espèces de propositions subordonnées circonstancielles :

1° La proposition régie par certaines conjonctions ;

2° La proposition *participe* (1).

I. — PROPOSITION RÉGIE PAR CERTAINES CONJONCTIONS.

§ 428. — La proposition subordonnée peut être liée à la principale, soit par les conjonctions de subordination, soit par le pronom conjonctif.

I. — Conjonctions de subordination.

§ 429. — Parmi les conjonctions de subordination, il y en a qui veulent toujours après elles l'*indicatif*, à savoir :

A mesure que,	*Depuis que,*	*Peut-être que,*
Ainsi que,	*Dès que,*	*Puisque,*
Attendu que,	*Durant que,*	*Quand,*
Aussi bien que,	*Lorsque,*	*Si,*
Aussitôt que,	*Non plus que,*	*Tandis que,*
Autant que,	*Outre que,*	*Tant que,*
Comme,	*Parce que,*	*Tout... que,*
De même que,	*Pendant que,*	*Vu que.*

Ex. : Je partirai demain, si vous l'*exigez* (2).
Il faut, autant qu'on *peut*, obliger tout le monde.
Pendant qu'il *parlait*, nous étions attentifs.
Garde-toi, tant que tu *vivras*, de juger des gens sur la mine.

---

(1) Les propositions subordonnées circonstancielles embrassent les propositions qui expriment les quatre circonstances de cause, de manière, de temps et de lieu, modifiant la proposition principale.

(2) Il ne faut pas confondre le *si* de l'interrogation indirecte (§ 426), dans cette phrase, *je ne sais s'il travaillera*, avec *si* conditionnel. *Si*, interrogatif, peut se construire avec tous les temps ; tandis que *si* conditionnel est toujours suivi du présent ou d'un passé de l'indicatif, jamais du futur.

§ 430. — Les locutions conjonctives suivantes demandent toujours après elles le *subjonctif :*

A moins que,	*Loin que,*	*Quoique,*
Afin que,	*Non que,*	*Sans que,*
Avant que,	*Pour peu que,*	*Si peu que,*
Bien que,	*Pour que,*	*Si... que* (signifiant *quelque... que*),
De crainte que,	*Pourvu que,*	
De peur que,	*Quel que,*	*Si tant est que,*
En cas que,	*Quelque... que,*	*Soit que,*
Encore que,	*Qui que,*	*Supposé que,*
Jusqu'à ce que,	*Quoi que,*	*Tant s'en faut que.*

Ex. : Obéissez, pour qu'on vous *obéisse* un jour.
Quel que *soit* le mérite d'un homme, il ne peut échapper à l'envie.
Si mince qu'il *soit*, un cheveu fait de l'ombre.
Je ne sortirai pas avant que tout ne *soit* prêt.

§ 431. — Les locutions conjonctives suivantes : *de manière que, de sorte que, en sorte que, si ce n'est que, sinon que, tellement que, comme si,* se construisent tantôt avec l'*indicatif,* tantôt avec le *subjonctif.*

1° On emploie l'indicatif, si la phrase exprime quelque chose de positif et ne se rapporte pas à un fait futur.

Ex. : Il s'est conduit de telle sorte, que tout le monde *a été* content.

2° On emploie le subjonctif, si la phrase renferme quelque chose d'incertain et se rapporte à un fait futur.

Ex. : Conduisez-vous de telle sorte, que tout le monde *soit* content de vous.

* § 432. — La conjonction *que* tient lieu quelquefois de la conjonction *si ;* dans ce cas, le verbe suivant se met au subjonctif.

Ex. : Ma joie serait grande si mon frère venait, et *qu*'il *passât* les vacances avec moi.

Que sert aussi à remplacer une des locutions conjonctives *à moins que*, *sans que*, *avant que*, *depuis que*, *afin que*, *jusqu'à ce que*, *lorsque*, *puisque*, etc. ; dans ce cas, on emploie le mode qu'exige la conjonction représentée par *que*.

Ex. : Il y a deux ans *que* je ne l'*ai* vu (*depuis que* je ne l'ai vu).

Il ne peut sortir *qu*'il ne lui *survienne* quelque chose (*sans qu*'il ne lui survienne).

Qu'avez-vous, *que* vous ne *mangez* pas (*puisque* vous ne mangez pas) ?

§ 433. — Après les conjonctions de subordination, l'emploi des *temps* de l'indicatif et du subjonctif suit les règles déjà données (§§ 408 et suiv.).

Ex. : Il voulait vivre, parce qu'il *espérait*, et que l'espérance *soutient*.

Je parlais haut afin qu'on *sût* que j'étais là.

Il revint, quoiqu'on l'*eût maltraité*.

*§ 434. — Certaines locutions conjonctives se construisent avec l'infinitif précédé de la préposition *de*, comme *afin de*, *avant que de*, *avant de*, *à moins que de*, *à moins de*, *de peur de*, *de crainte de*.

Ex. : Je ne l'ai pas fait, de crainte de vous *déplaire*.

A moins que d'*être fou*, on ne peut raisonner de la sorte.

Avant d'*agir*, réfléchissez.

Emploi de quelques conjonctions.

PENDANT QUE, TANDIS QUE.

*§ 435. — *Pendant que* indique simplement que deux événements se passent en même temps, et signifie *dans le temps que* ; *tandis que* exprime une simultanéité entière et complète, et signifie *durant tout le temps que*, *aussi longtemps que*.

Ex. : *Pendant qu'*il faisait ses préparatifs, un vent favorable vint à s'élever.

Tandis que vous serez heureux, vous compterez beaucoup d'amis.

De plus, *pendant que* désigne que deux actions *quelconques* se passent en même temps, *tandis que* marque une opposition entre deux actions de même durée.

Ex. : Vous me parlez, *pendant que* j'écris.

Le sommeil du juste est paisible, *tandis que* celui du méchant est agité.

AINSI QUE, DE MÊME QUE, COMME.

*§ 436. — *Ainsi que* se rapporte au fait lui-même, et signifie *également; de même que* se rappporte à la façon dont on l'exécute, et signifie *de la même manière*.

Ex. : Un beau paysage nous charme *ainsi qu'*une musique délicieuse.

On ne construit plus aujourd'hui *de même qu'*autrefois.

Comme sert à remplacer *ainsi que* et *de même que;* de plus il s'emploie quand on compare des qualités.

Ex. : Il est hardi *comme* un lion.

II. — Pronom conjonctif.

§ 437. — Les conjonctions de subordination peuvent être remplacées par le pronom relatif *qui;* le pronom relatif équivaut alors à une conjonction de subordination et à un pronom personnel.

Ex. : L'homme *qui* est vertueux est estimé de tous.

C'est comme s'il y avait : l'homme, *s'il* est vertueux, est estimé de tous.

§ 438. — On a déjà vu que le pronom relatif remplace les conjonctions de coordination (§ 383); d'après ce dernier exemple, on voit qu'il peut aussi remplacer les conjonctions de subordination, mais il y a une différence dans ces deux emplois.

§ 439. — Quand le pronom relatif remplace une conjonction de coordination, la proposition dont il fait partie sert à expliquer la proposition précédente, et peut se retrancher sans nuire à cette dernière.

Ex. : Un chat, *qui* faisait le modeste, était entré dans une garenne peuplée de lapins.

On peut supprimer *qui faisait le modeste*, et ce qui reste offre un sens complet.

§ 440. — Mais quand le pronom relatif remplace une conjonction de subordination, la proposition dont il fait partie est liée intimement au sens de la phrase.

Dans cette phrase :

L'homme *qui est vertueux* est estimé de tous,

si l'on retranche *qui est vertueux*, la phrase est incomplète et exprime une chose qui n'est plus vraie.

II. — PROPOSITION PARTICIPE.

§ 441. — Les propositions circonstancielles, au lieu de s'exprimer par une conjonction et un mode personnel, s'expriment quelquefois par le participe soit présent, soit passé. C'est ce qu'on appelle proposition *participe*.

Ex. : *Dieu aidant*, je viendrai à bout de cette entreprise.

César mort, Rome fut livrée à l'anarchie.

C'est comme s'il y avait : *Si Dieu aide, lorsque César fut mort.*

EMPLOI DE LA NÉGATION

dans les propositions subordonnées.

§ 442. — I. Après les verbes *craindre*, *appréhender*, *avoir peur*, *trembler*, si la proposition principale est affirmative, et que la proposition subordonnée exprime une chose qu'on désire ne pas voir arriver, on emploie la négation *ne*.

Ex. : Je crains qu'il *ne pleuve*.

La personne qui parle ainsi désire qu'il ne pleuve pas.

II. Si la proposition principale est affirmative, et que la proposition subordonnée exprime une chose dont on désire l'accomplissement, on emploie *ne pas* au lieu de *ne*.

Ex. : Je crains qu'il *ne pleuve pas*.

La personne qui parle ainsi désire qu'il pleuve.

III. Si la proposition principale est négative ou interrogative, la proposition subordonnée rejette toute négation.

Ex. : Je ne crains pas qu'il *vienne*.

IV. Mais si l'interrogation n'est qu'une forme oratoire, on fait usage de *ne*, si la personne qui parle craint que la chose n'arrive.

Ex. : Ne craignez-vous pas que votre imprudence *ne* vous *soit* funeste ?

§ 443. — Après les verbes *empêcher*, *éviter*, *prendre garde*, *se garder*, signifiant *prendre des mesures pour*, le verbe de la proposition subordonnée s'emploie généralement avec la négation *ne*.

Ex. : Prends garde que ton père *ne* te *voie* désormais en ces lieux.

La pluie n'empêche pas que ces chemins *ne soient* praticables.

Évitez que votre faiblesse *n'encourage* son inconduite.

Remarque. — Après le verbe *défendre*, au contraire, le verbe de la proposition subordonnée s'emploie toujours sans négation.

Ex. : Il défendit qu'aucun étranger *entrât* dans la ville.

*§ 444. — I. Lorsque les locutions *il s'en faut*, *il s'en faut beaucoup*, *il tient à moi*, ne renferment aucune expression négative, le verbe de la proposition subordonnée s'emploie sans négation.

Ex. : Il s'en faut bien que cet endroit *soit* agréable.

II. Mais lorsque les mots *il s'en faut*, etc., sont accompagnés soit de la négation, soit de l'un des mots *peu*, *guère*, *presque rien*, ou bien encore si la proposition pricipale marque interrogation ou doute, la proposition subordonnée s'emploie avec *ne*.

Ex. : Peu s'en fallut que le voleur *n'échappât*.
Combien faut-il que la somme *n'y soit*.

§ 445. — I. Après les verbes *douter*, *nier*, *disconvenir*, *contester*, *désespérer*, employés sous la forme négative ou interrogative, le verbe de la proposition subordonnée s'emploie en général avec la négation *ne*.

Ex. : Nous ne pouvons pas douter que Cicéron *n'ait paru* toujours attaché à sa patrie.

Cependant, si l'on veut exprimer une chose positive et en quelque sorte incontestable, le verbe de la proposition subordonnée peut s'employer sans négation.

Ex. : L'homme vertueux ne doute point qu'il y *ait* un Dieu, à la vue de ses moissons.

II. Si la proposition principale où entrent ces verbes est affirmative, le verbe de la proposition subordonnée s'emploie sans négation.

Ex. : Il me paraît absurde de nier que la terre *tourne* autour du soleil.

§ 446.— Dans les comparaisons d'égalité le *que* n'est jamais suivi de *ne*.

Ex. : Il est aussi gai aujourd'hui *qu'il l'était* autrefois.

§ 447. — Après *plus*, *moins* et les expressions comparatives *mieux*, *autre*, *autrement*, on emploie la négation *ne*, si la proposition principale est affirmative.

Ex. : On se voit d'un autre œil qu'on *ne voit* son prochain.
Il est plus heureux aujourd'hui qu'il *ne* l'*était* autrefois.

Cet emploie de *ne* dans les phrases comparatives est particulier à la langue française. On veut faire entendre *qu'il n'était pas si heureux autrefois qu'il l'est aujourd'hui.*

Mais si la proposition principale est négative ou interrogative, le verbe de la proposition subordonnée s'emploie sans négation, si l'idée repousse la négation.

Ex. : Thèbes n'était pas moins peuplée qu'*elle était* vaste.

Est-il plus heureux qu'*il l'était.*

C'est-à-dire *il était heureux, l'est-il plus ?*

Si l'idée appelle la négation dans chacune des propositions, l'une et l'autre seront négatives.

Ex. : Le singe *n'est pas* plus de notre espèce que nous *ne sommes* de la sienne.

C'est-à-dire *nous ne sommes pas de l'espèce du singe, ni lui de la nôtre.*

* § 448. — I. Après les locutions conjonctives *avant que, sans que,* on supprime généralement la négation *ne.*

Ex. : Ayez soin de rentrer avant qu'il *fasse* nuit.

Cet enfant travaille sans qu'on l'y *oblige.*

Cependant, avec l'expression *avant que,* on fait usage de *ne,* si la proposition subordonnée exprime quelque chose de douteux et d'éventuel.

Ex. : J'irai vous voir avant que vous *ne preniez* aucune résolution.

Il en est de même après *sans que,* si la proposition principale est négative.

Ex. : Elle ne voyait aucun être souffrant sans que son visage *n'exprimât* la peine qu'elle en ressentait.

II. Après les locutions conjonctives *à moins que, de crainte que, de peur que,* et *que* employé pour *sans que,* on emploie la négation *ne.*

Ex. : Le lion n'attaque jamais l'homme, à moins qu'il *ne soit provoqué.*

On n'osait parler de peur qu'il *ne se troublât.*

Il ne peut faire un pas qu'il *ne soit* tout de suite hors d'haleine.

GALLICISMES [1].

§ 449. — On entend par *gallicismes* certaines tournures propres à la langue française, et qui, bien que contraires aux règles ordinaires de la grammaire, sont néanmoins autorisées par l'usage.

§ 450. — Les gallicismes se divisent en *gallicismes de mots* et *gallicismes de construction*.

GALLICISMES DE MOTS.

§ 451. — Le *gallicisme de mots* est une expression renfermant une irrégularité grammaticale, dont on peut se rendre compte par l'analyse.

§ 452. — Voici les principaux gallicismes de mots :

MON, TON, SON, au lieu de *ma*, *ta*, *sa* devant une voyelle ou une *h* muette : *mon* amitié, *ton* espérance, *son* humanité.

La régularité grammaticale voudrait *ma* amitié, *ta* espérance, *sa* humanité ; mais ce choc de voyelles a paru trop dur à l'oreille, et l'usage a, pour raison d'euphonie, substitué l'adjectif masculin à l'adjectif féminin.

VOUS ÊTES BON. — C'est encore un gallicisme que l'emploi du pronom pluriel *vous* appliqué à une seule personne et suivi d'un attribut au singulier : *Vous* êtes *bon*, *vous* êtes *aimé*.

Ici c'est une habitude de respect, de déférence, qui a introduit l'irrégularité, contrairement à la grammaire qui voudrait *vous êtes bons* ou plutôt *tu es bon*.

---

(1) Le chapitre des gallicismes et de la construction ne se trouve pas dans la *Grammaire abrégée*.

C'EST NOUS. — On dit : *c'est nous* qui viendrons vous voir, *c'est vous* qui nous recevrez. Il y a là une véritable incorrection, puisque la grammaire exigerait : *ce sommes nous*, *c'êtes vous*. Autrefois, en effet, on a parlé ainsi. L'usage a introduit, pour la rapidité de l'expression, la forme actuelle.

Dans ces diverses locutions, *ce* est employé comme particule indicative pour ajouter plus d'énergie au sens du verbe *être*.

QUELLE HEURE EST-IL? *Il est six heures.* — La régularité exigerait : Quelle heure *est-elle? La sixième heure.*

La locution irrégulière a été introduite par la rapidité de la pensée qui, dans la demande, se porte avant tout sur l'idée du moment présent *est-il*, et dans la réponse sur le nombre *six*, laissant en quelque sorte de côté l'idée d'*heure*.

LE VINGT-QUATRE DU MOIS. — Correctement, on devrait dire : *vingt-quatrième jour du mois*, et c'est ainsi que l'on a parlé originairement. L'usage a successivement supprimé les mots qui ne sont pas indispensables à la clarté de la phrase et substitué le nombre cardinal au nombre ordinal; d'où est venue la locution actuelle.

AVOIR FAIM. — Le verbe *avoir* est souvent employé pour exprimer l'idée de possession appliquée à des choses qui, à proprement parler, semblent ne pas pouvoir être possédées.

Ex. : *J'ai faim* *j'ai peur.*
J'ai soif *j'ai tort.*
J'ai honte *j'ai raison.*

IL FAIT BEAU. — *Faire* suivi d'un adjectif sert à exprimer les divers états de la température; dans ce cas, l'adjectif modifie le sujet vague *il.*

Ex. : *Il fait beau* (ceci, beau, fait).
Il fait froid (ceci, froid, fait).

Dans le même sens, le verbe *faire* est aussi suivi d'un substantif qui modifie le sujet *il.*

Ex. : *Il fait* du vent (ceci, du vent, fait).
Il fait de l'orage (ceci, de l'orage, fait).
Il fait jour (ceci, jour, fait).
Il fait nuit (ceci, nuit, fait).

Le verbe *faire* donne encore lieu aux locutions *c'est fait, c'en est fait,* qui expriment l'accomplissement définitif d'une chose.

Ex. : *C'est fait* de son bonheur (cela, la chose de son bonheur, est faite, finie).
C'en est fait de ma tranquillité (cela, la chose de ma tranquillité, est faite, finie).

Aller, venir. — Ces deux verbes jouent souvent en français le rôle d'auxiliaires. Ils perdent tous deux leur sens propre pour désigner : *aller*, une action qui va avoir lieu prochainement ; *venir*, une action accomplie tout récemment.

Ex. : Nous *allons* partir.
Je *viens* de le voir.
N'allez pas le trahir.

Laisser de. — Cette locution s'explique par le rétablissement d'une idée intermédiaire.

Ex. : *Il ne laisse pas* de m'en vouloir (il ne laisse pas *de côté le fait* de m'en vouloir).

On dit aussi, dans le même sens, *ne pas laisser que de*.

Ex. : Il ne laisse pas que de me contredire.

GALLICISMES DE CONSTRUCTION.

§ 453. — Les *gallicismes de construction* sont ceux qui, dans l'ordre des mots d'une proposition, ou dans celui des propositions entre elles, s'écartent des règles ordinaires de *concordance* et de *dépendance*.

§ 454. — *Ce*, placé devant le verbe *être*, donne lieu à un très-grand nombre de gallicismes, dont on peut se rendre compte par l'analyse.

1° *Ce* sert par pléonasme à représenter un sujet exprimé avant ou après le verbe *être*.

Ex. : Végéter, *c*'est mourir (*ceci*, végéter, est mourir).

Le plus beau des biens, *c*'est la vertu (*ceci*, la vertu, est le plus beau des biens).

C'est à vous de parler (*ceci*, de parler, est à vous).

2° Dans les locutions *c'est*, *ce sont*, etc., suivies de *qui*, *ce* antécédent de *qui* est employé pour *celui*, *ceux*, etc.

Ex. : *Ce* furent les Français *qui* assiégèrent la place (les Français furent *ceux qui* assiégèrent la place).

Il en est de même dans les interrogations où *ce* est placé après le verbe.

Ex. : *Est-ce* vous *qui* parlez? (*celui qui* parle est vous?)

3° Dans la locution *c'est... que*, *ce* est l'antécédent du relatif *que*, et la seconde proposition est elliptique.

Ex. : *C*'est un lourd fardeau *que* l'épiscopat (*ce qu'*(est) l'épiscopat *est* un lourd fardeau).

Il en est de même dans les interrogations.

Ex. : Qu'est-*ce que* la géographie? (*ce qu'* (est) la géographie est quoi?)

Remarques. — Avec la locution *c'est... que* le complément du second verbe est souvent attiré dans la proposition principale.

Ex. : C'est *à vous* que je parle (*ceci*, que je parle *à vous*, est).

C'est *hier* que je vous ai vu (*ceci*, que je vous ai vu *hier*, est).

C'est *là* que je vais (*ceci*, que je vais *là*, est).

On ne dira donc pas : c'est là *où* je vais.

Mais on dira : *c'est* là *où* vous êtes *que* je le vis tomber, parce qu'on analyse cette phrase : *ceci que* je le vis tomber là *où* vous êtes, est

VERBES IMPERSONNELS.

§ 455. — Il pleut. — Les verbes essentiellement impersonnels expriment un phénomène de la nature, à l'exception de *il faut.* Le sujet de ces verbes est le mot vague *il.*

Tout verbe impersonnel ou employé comme tel ne peut avoir de complément direct. Si ce verbe est suivi d'un mot, comme dans : il tombe *du givre*, *du givre* n'est pas un complément direct; c'est simplement un mot qui donne au sujet vague *il* un sens plus précis et plus déterminé; c'est comme s'il y avait : *il* (*du givre*) *tombe.*

Ex. : *Il pleut.*

Il pleut des pierres (*il*, *des pierres*, pleut).

Il est beau. — L'impersonnel *il est*, *il était*, est suivi soit d'un infinitif précédé de la préposition *de*, soit d'une proposition: l'un ou l'autre forme le sujet de la proposition.

Ex. : *Il est beau de mourir pour sa patrie* (ceci, *de mourir pour sa patrie*, *est beau*).

Il est honteux que vous soyez si paresseux (ceci, que vous soyez si paresseux, *est honteux*).

Il est des lois (*cela*, *des lois*, *est*).

Il s'est glissé une erreur (*ceci*, *une erreur*, *s'est glissé*).

Il y a. — Quelquefois l'impersonnel *il est* est remplacé par *il y a.* Pour en rendre compte, il faut ramener *il y a* à la valeur du verbe *être*, dont il est l'équivalent. Ce gallicisme est d'un emploi très-fréquent.

Ex. : *Il y a de la honte à mentir* (*ceci*, *de la honte*, *est à mentir*).

Il y a des hommes (*ceci*, *des hommes*, *est*).

Il y a cinq ans que je vous connais (*ceci*, *cinq ans*, est depuis que je vous connais).

Il fait. — Nous avons déjà vu (§ 452) que le verbe *faire* est employé impersonnellement avec un adjectif pour exprimer les divers états de la température; dans les locutions suivantes l'adjectif modifie le verbe *faire*.

Ex. : *Il fait cher vivre en cet endroit* (*ceci, vivre en cet endroit, fait cher*).
Il fait bon s'arrêter ici (*ceci, s'arrêter ici, fait bon*).

Il me tarde de. — *Il me tarde de* vous voir (*ceci*, de vous voir, *me tarde*).

Il s'en faut. — *Il s'en faut de beaucoup* que je sois content (*ceci*, que je sois content, *s'en manque de beaucoup*).

Peu s'en fallut *qu'il ne mourût* (*ceci*, qu'il mourût, *s'en manqua de peu*).

Il y va de. — *Il y va de* ma gloire, il faut que je me venge (*ceci*, le salut de ma gloire, *y va*, que je me venge).

Il tient a moi que. — *Il tient à moi que* vous soyez heureux (*ceci*, que vous soyez heureux, *tient à moi*, dépend de moi).

Il va sans dire que. — *Il va sans dire que* vous resterez à dîner (*ceci*, vous resterez à dîner, se fera sans qu'il soit besoin de le dire).

LOCUTIONS DIVERSES.

Quelques gallicismes ne peuvent s'expliquer qu'en rétablissant les mots sous-entendus :

Ex. : *Pas d'argent, pas de Suisse* (*si l'on n'a* pas d'argent, l'on n'aura pas de Suisse).

N'était que. — *N'était que* je suis de vos amis (*si ce n'était que* je suis de vos amis).

Si j'étais que de vous. — *Si j'étais que de vous*, je partirais sur-le-champ (si j'étais *dans la même position que celle de vous*).

Qui, répété. — Nous payâmes tous, *qui* plus, *qui* moins (nous payâmes tous, *ceux-ci payèrent plus, ceux-là payèrent moins*).

QUAND MÊME. — Je sortirai *quand même* (je sortirai *quand même on voudrait m'empêcher*).

DE suivi d'un infinitif :

Et grenouilles de se plaindre,
Et Jupiter *de leur dire* (LA FONTAINE)
(et les grenouilles *se mirent à se plaindre;* Jupiter *se mit à leur dire*).

Infinitif seul :

Vous, *tenir* ce langage (vous, *vous osez* tenir ce langage) !

PLUTOT MOURIR que de se rendre (*il vaut mieux mourir* que de se rendre).

A QUI MIEUX MIEUX. — Ils travaillent *à qui mieux mieux* (*à qui travaillera mieux qu'un autre qui travaille de son mieux*).

QUE JE SACHE. — Il n'est pas venu, *que je sache* (il n'est pas venu, *du moins, ce n'est pas une chose que je sache*).

Quant à l'expression *je ne sache pas*, elle sert à exprimer une opinion avec réserve, avec une sorte de doute, et c'est ce qui explique l'emploi du mode subjonctif; voilà pourquoi on ne fait pas usage de cette locution dans une phrase négative.

Il en est de même de *je ne saurais*. Ces deux expressions, *je ne saurais*, *je ne sache pas*, atténuent la force de l'affirmation, et ôtent ce que pourrait avoir de trop décisif et de trop absolu le mode indicatif *je ne sais pas*.

COUTE QUE COUTE. — Nous voulons en finir, *coûte que coûte* (*que cela coûte tout ce que cela coûtera*).

VAILLE QUE VAILLE.

Enfin, *vaille que vaille*,
J'aurais sur le marché fort bien fourni la paille
(quelle que fût la valeur de la paille, je l'aurais fournie).

CONSTRUCTION.

§ 456. — On entend par *construction* l'ordre des mots de la proposition et celui des propositions entre elles, d'après les règles et l'usage de la langue qu'on parle.

De là *construction, des mots, construction des propositions.*

§ 457. — Il y a deux sortes de constructions, la *construction directe*, la *construction inverse* ou *renversée.*

CONSTRUCTION DIRECTE

CONSTRUCTION DES MOTS.

PLACE DES TROIS TERMES DE LA PROPOSITION.

§ 458. — Des trois termes qui composent la proposition, le sujet, nom ou pronom, se place ordinairement le premier, ensuite le verbe, puis l'attribut.

Ex. : *La fortune est inconstante.*
Il est laborieux.

§ 459. — Si l'attribut est compris dans le verbe, le sujet garde en général le premier rang.

Ex. : *Le soleil brille.*
Nous marchons.

§ 460. — Cependant le sujet se place après le verbe dans les cas suivants.

I. — Dans les phrases interrogatives.

Ex. : Que devint *votre frère ?*

II. — Dans les phrases exclamatives.

Ex. : Puisse le ciel vous conserver à vos enfants !

III. — Lorsqu'au milieu d'une phrase on rapporte soit les paroles d'un autre, soit ses propres paroles.

Ex. : Heureux, disait *Mentor*, le peuple qui est conduit par un sage roi.

§ 461. — Après les expressions *à peine*, *ainsi*, *au moins*, *encore*, *aussi*, *en vain*, *peut-être*, *toujours*, *tel*, le sujet se place ordinairement après le verbe.

Ex. : Ainsi parla *la déesse*.
Telle est *la fragilité* des choses humaines.
Peut-être aimeriez-*vous* mieux partir.

PLACE DE L'ADJECTIF.

§ 462. — Parmi les adjectifs, les uns se placent toujours avant le substantif ; les autres, et ce sont les plus nombreux, se placent toujours après le substantif : c'est l'usage, l'oreille et le goût qui en décident.

AVANT LE NOM.	APRÈS LE NOM.
Ex. : Votre sœur est une *bonne* personne.	Il montra un cœur *intrépide*.
La mort est une *dure* nécessité.	Les soldats anglais portent un habit *rouge*.

§ 463. — Outre les adjectifs dont la place est invariable, il y en a un assez grand nombre qui se mettent tantôt avant, tantôt après le substantif; voici la nuance qui distingue ces deux constructions.

I. Placé avant, l'adjectif exprime une qualité essentielle et absolue.

Ex. : Pierre est un *habile* ouvrier.

C'est-à-dire, Pierre exécute tout ce qui se rapporte à son art, et ce qu'il exécute est parfait.

II. Placé après, l'adjectif exprime une qualité accidentelle et relative.

Ex. : Vous vous êtes conduit en homme *habile*.

C'est-à-dire, dans telle circonstance vous avez montré une certaine habileté que vous pourriez bien ne pas avoir dans d'autres occasions.

§ 464. — Quelques adjectifs changent de signifi tion, selon qu'ils sont placés avant ou après le nom.

Ex. : Un *grand* homme est un homme d'un gra mérite.

Un homme *grand* est un homme d'une gran taille.

Un *bon* homme est un homme simple, faib crédule.

Un homme *bon* est un homme charitable, fectueux, bienveillant.

Un *pauvre* homme est un homme sans mér ou incapable.

Un homme *pauvre* est un indigent.

Un *brave* homme est un homme de bien, probité.

Un homme *brave* est un homme intrépide.

Un *honnête* homme est un homme qui a de probité.

Un homme *honnête* est un homme poli.

Le *grand* air indique les manières d'un gra seigneur.

L'air *grand* se dit d'une physionomie noble.

PLACE DES COMPLÉMENTS.

§465.—Le complément du nom se place après le no

Ex. : Les dons *de la fortune* sont périssables.

La vue *du danger* n'effraie pas l'homme *de cœu*

§ 466. — Le complément de l'adjectif se place apr l'adjectif.

Ex. : Soyez fidèle *à vos serments.*

Il se montra ingrat *envers son bienfaiteur.*

COMPLÉMENTS DU VERBE.

Place du complément direct et du complément indire substantif.

§ 467. — Lorsque le complément direct est un nor on le place après le verbe.

Ex. : J'aime *la musique.*

Si, outre le complément direct, le verbe a un complément indirect exprimé également par un nom, le complément indirect se place ordinairement après le complément direct.

Ex. : J'ai écrit une lettre *à mon père.*
Faites du bien *aux pauvres.*

Cependant, si le complément indirect est plus court que le complément direct, l'euphonie exige que le complément indirect soit placé le premier.

Ex. : J'ai écrit *à mon père* une lettre pleine d'excellentes raisons.

Remarque. — Dans les phrases interrogatives, quand le complément, soit direct, soit indirect, est joint à l'adjectif *quel*, *quelle*, on le place avant le verbe : *quel livre* lisez-vous ? *à quelle science* vous appliquez-vous ?

Place du complément direct et du complément indirect pronoms.

§ 468. — Lorsque le complément direct est un pronom, on le place avant le verbe.

Ex. : Il faut mériter les louanges et *les fuir.*

Cependant, à l'impératif, on le place après le verbe, si la proposition est affirmative.

Ex. : Aimez votre mère, rendez-*la* heureuse.

§ 469. — Si le verbe, outre le complément direct, a pour complément indirect un des pronoms personnels *moi*, *toi*, *lui*, *leur*, le complément indirect se place après le complément direct, et tous deux précèdent le verbe.

Ex. : Ce livre n'est pas intéressant, je *le lui* rendrai.

Mais si le complément indirect est exprimé par un des pronoms personnels *me*, *te*, *se*, *nous*, *vous*, *y*, on le place avant le complément direct, et tous deux précèdent le verbe.

Ex. : Si mon cheval vous plaît, je *vous* le prêterai.

Cependant, à l'impératif, ces pronoms se placent après le verbe, si la proposition est affirmative.

Ex. : Ce couteau vous blessera, rendez-*le-moi*.

§ 470. — *Moi* se place après l'adverbe de lieu *y*, soit comme complément direct, soit comme complément indirect.

Ex. : Vous allez à la ville, menez-*y-moi*.
Si vous habitez votre maison de campagne, donnez-*y-moi* une chambre.

Il vaut mieux, en pareil cas, prendre une autre tournure et dire : *Veuillez m'y mener*, *je vous prie de m'y donner*.

Place des compléments circonstanciels.

§ 471. — On met les compléments circonstanciels tantôt avant le verbe, tantôt après, selon qu'ils préparent ou qu'ils expliquent l'action exprimée par le verbe.

Ex. : *A la lueur des éclairs*, nous aperçûmes un navire près de s'engloutir.
Les grands cœurs se reconnaissent *dans l'adversité*.
On aime, *au retour du printemps*, à se promener *dans un jardin délicieux*.

§ 472. — Il est important de choisir avec soin la place du complément circonstanciel ; quelquefois une construction incorrecte pourrait donner lieu à un non-sens.

Si je dis, par exemple :

N'espérez pas ramener cette multitude égarée *par la douceur*,

le complément circonstanciel de manière, *par la douceur*, placé après *égarée*, offre un sens contradictoire ; en le rétablissant à sa vraie place, c'est-à-dire en le mettant après *ramener*, dont il dépend, la phrase sera correcte et juste.

Ex. : N'espérez pas ramener *par la douceur* cette multitude égarée.

PLACE DE L'ADVERBE.

Adverbes de manière.

§ 473. — Les adverbes de *manière* se placent ordinairement avant l'adjectif.

Ex. : Il est *dangereusement* malade.

§ 474. — Les adverbes de manière se placent ordinairement après le verbe, dans les temps simples ; entre l'auxiliaire et le participe, dans les temps composés.

Ex. : Il se conduit *honnêtement*.
Vous êtes *heureusement* sorti de ces difficultés.

§ 475. — Certains adverbes de manière se placent tantôt avant, tantôt après le verbe, avec la même nuance qu'exprime l'adjectif placé avant ou après le substantif.

Placé avant, l'adverbe modifie le verbe d'une manière complète et absolue ; placé après, il le modifie d'une manière restreinte et adoucie.

Ex : Il a *maltraité* cet homme.
Vous *traitez mal* un homme si bon.

Dans le premier exemple, *maltraiter*, c'est se porter à des injures et à des violences ; dans le second, *traiter mal*, c'est ne pas avoir pour une personne tous les égards qu'elle mérite.

Remarque. — Il en est de même des expressions analogues *mal parler*, *parler mal ; bien faire*, *faire bien ; mal faire*, *faire mal*, etc.

Adverbes de temps.

§ 476. — Les adverbes de temps *souvent*, *toujours*, *aujourd'hui*, *autrefois*, etc., peuvent se mettre avant ou après le verbe, mais rarement entre l'auxiliaire et le participe.

Ex. : Un roi ne sait *jamais* s'il a de vrais amis.
Souvent on se repent d'avoir trop parlé.
Il a fait beau *hier*, mais *aujourd'hui* il pleuvra.

REMARQUE. — Cependant on place après le verbe les adverbes qui marquent le temps d'une manière indéfinie : On a tort de veiller *tard ;* mieux vaut se coucher *de bonne heure* et se lever *matin.*

CONSTRUCTION DES PROPOSITIONS.

CONSTRUCTION DES PROPOSITIONS COORDONNÉES.

§ 477. — Les propositions coordonnées se placent les unes après les autres, selon l'ordre des idées. Cet ordre est marqué :

1° Par la simple gradation :

Ex. : Je suis venu, *j'ai vu, j'ai vaincu.*

2° Par la gradation et par les conjonctions de coordination.

Ex. : Cet animal est triste, *et la crainte le ronge.*

3° Par l'opposition.

Ex. : L'homme s'agite, *Dieu le mène.*

4° Par l'opposition et les conjonctions de coordination.

Ex. : La pauvreté n'est pas un vice, *mais la colère en est un.*

5° Par l'explication qu'une proposition donne d'une autre.

Ex. : Il ne se faut jamais moquer des misérables,
Car qui peut s'assurer d'être toujours heureux ?
Rien n'éblouit les grandes âmes, *parce que rien n'est plus haut qu'elles.*

CONSTRUCTION DES PROPOSITIONS SUBORDONNÉES.

Propositions subordonnées complétives.

§ 478. — Les propositions subordonnées complétives se placent ordinairement après la proposition principale.

Ex. : Quoi! tu crois, cher Osmin, *que ma gloire passée*
Flatte encor leur mémoire et vit en leur pensée!

§ 479. — On peut placer après une proposition principale une suite de propositions subordonnées complétives.

Ex. : N'attendez pas, Messieurs, *que j'ouvre ici une scène tragique, que je représente ce grand homme étendu sur ses propres trophées, que je découvre ce corps pâle et sanglant, et que j'expose à vos yeux les tristes images de la Religion et de la Patrie éplorées.*

Cette phrase est bien construite, parce que la conjonction *que*, quoique répétée plusieurs fois, dépend de la même proposition principale; la liaison des idées est alors nette et claire.

§ 480. — Mais il serait incorrect de construire une suite de propositions successivement subordonnées les unes aux autres.

Ex. : Le Corrége était si rempli de ce qu'il entendait dire de Raphaël, qu'il s'était imaginé qu'il fallait que l'artisan qui faisait une si grande fortune dans le monde fût d'un mérite bien supérieur.

Ce qui choque dans cette phrase, ce n'est pas la répétition de *que*, mais c'est l'emploi de cette conjonction, servant à marquer des subordinations toutes différentes.

Il eût été mieux de dire :

Le Corrége, rempli de ce qu'il entendait dire de Raphaël, s'était imaginé que l'artisan qui s'était fait une si grande fortune dans le monde devait être d'un mérite bien supérieur.

Construction des propositions relatives.

§ 481. — Les propositions relatives se placent après le nom qu'elles modifient.

Ex. : Les Romains de ce siècle n'ont pas un seul *poëte qui vaille la peine d'être cité.*

§ 482. — Quelquefois le nom antécédent est suivi d'un autre nom précédé d'une préposition; dans ce cas, la proposition relative se rapporte sans équivoque au premier nom.

Ex. : La sagesse de Turenne répandait dans les troupes un *esprit de force qui leur faisait tout entreprendre.*

Dans cet exemple, *qui* se rapporte sans équivoque à *esprit*, et non à *force.*

§ 483. — Ce serait même une faute de faire rapporter un relatif à un nom qui n'est lié à un autre que par une préposition sans aucun adjectif déterminatif.

Ainsi Vertot s'est mal exprimé lorsqu'il a dit :

Il les fit patriciens avant de les élever à la dignité de *sénateurs, qui se trouvèrent jusqu'au nombre de trois cents.*

La proposition relative s'applique au mot *sénateurs*, qui, étant employé d'une manière vague et indéterminée, n'est pas susceptible d'être modifié : voilà pourquoi la phrase est incorrecte.

§ 484. — Mais, si le second substantif est lié au premier par une préposition et un déterminatif, la proposition relative se rapporte alors au second substantif.

Ex. : On vous a montré avec soin l'histoire *de ce grand royaume, que vous êtes obligé de rendre heureux.*

Ici *royaume* commence à être déterminé par *ce grand,*

et la proposition relative ne fait que compléter la modification.

Remarque. —Il suit de là que le relatif ne se rapporte pas toujours au substantif qui le précède immédiatement, mais qu'il appartient au substantif le plus éloigné, toutes les fois que le dernier substantif, étant employé sans déterminatif, ne demande lui-même aucune modification.

§ 485. — Plusieurs propositions relatives peuvent se rapporter à un seul substantif.

Ex. : Tel fut cet empereur, *sous qui Rome adorée*
Vit renaître les jours de Saturne et de Rhée,
Qui rendit de son joug l'univers amoureux,
Qu'on n'alla jamais voir sans revenir heureux,
Qui soupirait le soir si sa main fortunée
N'avait par ses bienfaits signalé sa journée.

Ces propositions relatives dépendent toutes du même mot *empereur,* qu'elles modifient ; elles expriment toutes un même rapport et forment par conséquent une construction régulière.

§ 486. — Mais, si les propositions relatives dépendent successivement d'un nom qui change sans cesse, la construction sera défectueuse.

Ex. : Il faut se conduire par les lumières de la foi, *qui nous apprennent que l'insensibilité est d'elle-même un très-grand mal, qui doit nous faire appréhender cette menace terrible que Dieu fait aux âmes qui ne sont pas assez touchées de sa crainte.*

Cette construction est incorrecte, parce que le premier relatif se rapporte à *lumière*, le second à *insensibilité*, le troisième à *menace* et le dernier à *âmes*. Cette diversité de rapports rompt la liaison des idées ; ce n'est plus une phrase, mais une suite de propositions qui tiennent mal ensemble.

Il eût été mieux de dire :

Il faut se conduire par les lumières de la foi, qui nous apprennent que l'insensibilité est d'elle-même un très-grand mal, et qu'elle doit nous faire appréhender cette menace terrible que Dieu fait aux âmes trop peu touchées de sa crainte.

Construction des propositions subordonnées circonstancielles.

§ 487. — Les propositions circonstancielles se placent tantôt avant, tantôt après la proposition principale, selon la succession des faits.

Ex. : Il faut bonne mémoire, *après qu'on a menti.*

Quoiqu'il puisse tout obtenir, il ne demande rien

§ 488. — Une proposition principale peut être soit précédée ou suivie de plusieurs propositions subordonnées circonstancielles, soit placée au milieu d'elles; dans chacun de ces cas, la règle à suivre est de mettre avant la proposition principale celles qui l'annoncent et qui la préparent; après, celles qui l'expliquent.

Ex. : *Puisqu'on plaide, qu'on meurt, et qu'on devient malade,*
Il faut des médecins, il faut des avocats.

Il faut travailler pour l'avenir, *pendant que nous sommes jeunes et que nos facultés sont dans toute leur vigueur.*

Quand une fois on a trouvé moyen de prendre la multitude par l'appât de la liberté, elle suit en aveugle, *pourvu qu'elle en entende seulement le nom.*

Construction des propositions participes.

§ 489. — Ce que nous avons dit des propositions subordonnées circonstancielles s'applique aux *propositions participes.*

Ex. : *Eux venus*, le lion sur ses ongles compta.

Je réussirai, *Dieu aidant.*

CONSTRUCTION INVERSE

§ 490. — La construction *inverse* est celle qui, bien qu'autorisée par l'usage, n'est pas conforme à l'ordre de la construction directe et grammaticale.

491. — Parmi les façons de parler qui contribuent à produire la construction inverse, on en distingue surtout quatre, qu'on nomme figures grammaticales, à savoir : l'*inversion proprement dite*, l'*ellipse*, le *pléonasme*, la *syllepse*.

DE L'INVERSION.

§ 492. — L'*inversion* consiste à changer l'ordre grammatical des mots d'une proposition et des propositions entre elles.

§ 493. — Tantôt le sujet est placé après le verbe.

Ex. : Là périssent et s'évanouissent *toutes les grandeurs de la terre.*

Quelquefois le sujet est placé après le verbe et les compléments.

Ex. : Déjà prenait l'essor, pour se sauver dans les montagnes, *cet aigle*, dont le vol hardi avait d'abord effrayé nos provinces.

Au lieu de : *Cet aigle*, dont le vol hardi avait d'abord effrayé nos provinces, prenait déjà l'essor pour se sauver dans les montagnes.

§ 494. — Par l'inversion, le complément d'un nom le précède au lieu de le suivre.

Ex. : Sitôt que *de ce jour*
La trompette sacrée annonçait le retour.

§ 495. — Le complément d'un adjectif se placé avant l'adjectif.

Ex. : *A tous les cœurs bien nés* que la patrie est chère !

§ 496. — Le complément direct ou indirect peut, par l'inversion, se trouver à la tête de la phrase.

Ex. : *Châteaux, maisons, cabanes*, le vainqueur incendia tout.

A mon dévouement pour lui il a répondu par l'ingratitude.

Remarque. — On voit que dans tous ces exemples l'inversion est d'usage, surtout dans le style soutenu et en poésie.

DE L'ELLIPSE.

§ 497. — L'*ellipse* est la suppression d'un ou de plusieurs mots dont la construction grammaticale aurait besoin.

Ex. : Le cœur est pour Pyrrhus, et les vœux pour Oreste.
C'est-à-dire : et les vœux *sont* pour Oreste.

La paix rend les peuples plus heureux, et les hommes plus faibles.

C'est-à-dire : et *elle rend* les hommes plus faibles.

Moi ! des tanches, dit-il ; moi ! héron, que je fasse
Une si pauvre chère ? Et pour qui me prend-on ?

C'est-à-dire : *Convient-il à moi de manger des tanches ? convient-il que moi, qui suis un héron, je fasse une si pauvre chère ?*

§ 498. — L'ellipse a lieu fréquemment dans la conversation ordinaire ; il nous suffira d'en indiquer quelques exemples.

Où allez-vous? *A Paris.*
Qui a mangé cette pomme? *Moi.*
Voyagez-vous quelquefois? *Jamais.*

C'est-à-dire : *Je vais à Paris, j'ai mangé cette pomme, je ne voyage jamais.*

§ 499. — Aussi l'ellipse abonde-t-elle chez les auteurs dont le style est familier.

Chemin faisant, il vit le cou du chien pelé.
« Qu'est-ce là? lui dit-il. — Rien. — Quoi rien? — Peu de chose. — Mais encor? — Le collier dont je suis attaché
De ce que vous voyez est peut-être la cause. — Attaché! dit le loup ; vous ne courez donc pas
Où vous voulez? — Pas toujours; mais qu'importe? »

Et ailleurs :

Regardez bien, ma sœur :
Est-ce assez, dites-moi, n'y suis-je point encore? — Nenni. — M'y voici donc? — Point du tout. — M'y voilà? — Vous n'en approchez pas.

Rien, quoi rien? peu de chose, c'est-à-dire : *Ce n'est rien, quoi, ce n'est rien? c'est peu de chose.*

Pas toujours, c'est-à-dire : *Je ne cours pas toujours où je veux.*

Point du tout, c'est-à-dire : *Vous n'y êtes point du tout*, etc., etc.

On peut donc faire usage de l'ellipse; mais, pour que l'ellipse soit justifiée, il faut que le mot ou les mots retranchés se présentent naturellement à l'esprit.

DU PLÉONASME.

§ 500. — Le *pléonasme* est le contraire de l'ellipse : il consiste dans l'emploi de mots qui paraissent superflus par rapport à l'intégrité du sens grammatical, mais qui servent pourtant à donner à la phrase plus de grâce ou d'énergie.

Ex. : Et que *me* fait, *à moi,* cette Troie où je cours?
Je l'ai vu, dis-je, vu, *de mes propres yeux* vu,
Ce qu'on appelle vu.

Il suffisait, pour le sens grammatical, de dire : *Je l'ai vu*, puisque la personne qui dit : *Je l'ai vu*, fait assez entendre que c'est par les yeux, et de plus que c'est par les siens. Mais, en ajoutant *de mes propres yeux*, on veut dire qu'on n'a pas vu la chose par hasard et sans attention, mais qu'on l'a vue avec réflexion, et qu'on n'affirme le fait qu'après expérience bien et dûment constatée.

DE LA SYLLEPSE.

§ 501. — La *syllepse* consiste à faire accorder un mot, non pas avec celui auquel il se rapporte grammaticalement, mais avec celui que l'esprit a en vue.

Ex. : Les personnes d'esprit ont en *eux* les semences de tous les sentiments.

Entre le pauvre et vous vous prendrez Dieu pour juge,
Vous souvenant, mon fils, que, caché sous ce lin,
Comme *eux* vous fûtes pauvre et comme *eux* orphelin.

Dans le premier exemple, on met *eux*, et non pas *elles*, parce que l'on considère plutôt les *hommes* que les *personnes*; dans le second, *eux* rappelle l'idée des *pauvres*, et l'accord se fait avec *pauvres*, et non pas avec *pauvre*, comme cela devrait être grammaticalement.

La *syllepse* nous a servi à expliquer l'accord assez délicat de certains points de syntaxe : c'est par la *syllepse*, par exemple, que nous avons déterminé l'accord de l'attribut avec le sujet *on* représentant une femme, avec *qui* représentant une première ou une troisième personne, avec un *collectif* général ou partitif, etc.

PONCTUATION.

§ 502. — La ponctuation a pour but de distinguer, au moyen de signes, les différentes parties d'une proposition ou les propositions entre elles.

§ 503. — Ces signes sont au nombre de quatre : la *virgule* (,), le *point-virgule* (;), les *deux points* (:), le *point*, qui comprend le *point simple* (.), le *point d'interrogation* (?), le *point d'exclamation* (!), les *points suspensifs* (...).

DE LA VIRGULE.

§ 504. — La virgule sert à séparer les parties semblables d'une même proposition, sujets, attributs et compléments.

Ex. : La richesse, le plaisir, la santé, deviennent des maux pour qui ne sait pas en user.
La charité est douce, patiente, bienfaisante.
Il faut régler ses goûts, ses travaux, ses plaisirs.

On emploie encore la virgule pour séparer plusieurs verbes se rapportant au même sujet.

Ex. : César accourt, atteint l'ennemi, le bat, le met en fuite.

§ 505. — Quand les deux parties semblables d'une proposition sont liées par une des conjonctions *et*, *ni*, *ou*, on ne les sépare pas par la virgule, si elles ne sont accompagnées d'aucune modification.

Ex. : L'exercice *et* la frugalité fortifient le tempérament.
Il ne fait *ni* chaud *ni* froid.
Il faut vaincre *ou* mourir.

Mais, si chacune des deux parties ou l'une seulement est accompagnée d'une modification, il faut les séparer par la virgule.

Ex. : L'exercice que l'on prend à la chasse, et la frugalité que l'on observe dans les repas, fortifient le tempérament.

§ 506. — Il faut mettre entre deux virgules toute proposition coordonnée purement explicative.

Ex. : Les passions, qui sont les maladies de l'âme, ne viennent que de notre révolte contre la raison.

Mais, si une proposition subordonnée sert non-seulement à expliquer, mais à déterminer le sens de la proposition principale, on n'emploie pas la virgule.

Ex. : La gloire des grands hommes se doit toujours mesurer aux moyens dont ils se sont servis pour l'acquérir.

§ 507. — On sépare encore par la virgule les additions mises à la tête ou à la fin d'une proposition et les apostrophes.

Ex. : Soumis avec respect à sa volonté sainte,
Je crains Dieu, cher Abner, et n'ai point d'autre crainte.

Le fruit meurt en naissant, dans son germe infecté.

§ 508. — La virgule s'emploie pour remplacer le verbe sous-entendu dans le second membre d'une phrase.

Ex. : On a toujours raison; le Destin, toujours tort. C'est-à-dire (le Destin *a* toujours tort).

La virgule sert encore à séparer les propositions de peu d'étendue et formant chacune un sens complet.

Ex. : On se menace, on court, l'air gémit, le ciel brille.

DU POINT-VIRGULE.

§ 509. — Le point-virgule sert à marquer les principales divisions de la phrase.

On emploie le point-virgule entre les parties semblables d'une même phrase, quand ces parties sont elles-mêmes déjà subdivisées par des virgules.

Ex. : Il faut qu'en cent façons, pour plaire, il se replie;
Que tantôt il s'élève, et tantôt s'humilie;
Qu'en nobles sentiments il soit partout fécond;
Qu'il soit aisé, solide, agréable et profond.

§ 510. — Quoique chaque partie semblable d'une phrase ne soit pas subdivisée par des virgules, on emploie néanmoins le point-virgule après chacune d'elles lorsqu'elles sont d'une certaine étendue.

Ex. : Il faut se représenter que sous ses pas l'éléphant ébranle la terre ; que de ses mains il arrache les arbres; que d'un coup de son corps il fait brèche dans un mur.

§ 511. — On sépare encore par le point-virgule deux propositions dont la seconde est le développement de la première.

Ex. : La douceur est une vertu; mais il ne faut pas qu'elle dégénère en faiblesse.

DES DEUX POINTS.

§ 512. — On met les *deux points :*

1° Après une phrase finie, mais suivie d'une autre qui sert à étendre ou à éclaircir la pensée précédente.

Ex. : Il faut, autant qu'on peut, obliger tout le monde : On a souvent besoin d'un plus petit que soi.

2° Après une proposition qui annonce une énumération.

Ex. : Le goût dépend de deux choses : d'un sentiment délicat dans le cœur, et d'une grande justesse dans l'esprit.

Quand l'énumération vient en premier lieu, les deux points se placent également après l'énumération.

Ex. : Du lait, du pain, des fruits, de l'herbe, une onde pure :
C'était de nos aïeux la saine nourriture.

3° Après une phrase qui annonce une citation.

Ex. : Pythagore a dit : Mon ami est un autre moi-même.

DU POINT.

§ 513. — Il y a quatre sortes de *points :* le *point simple*, le *point d'interrogation*, le *point d'exclamation* et les *points suspensifs*.

§ 514. — Le *point* se met après tout assemblage de mots qui exprime un sens complet et indépendant de toute autre phrase.

Ex. : On donne le signal du combat. Ce fut alors un terrible spectacle.

Remarque. — La phrase qui suit le point doit toujours commencer par une lettre majuscule.

§ 515. — Le *point d'interrogation* se met à la fin d'une phrase qui exprime une interrogation.

Ex : Que vouliez-vous qu'il fît contre trois? — Qu'il mourût.

§ 516. — Le *point d'exclamation* se met à la fin d'une phrase qui exprime une admiration ou une exclamation.

Ex. : Quel émail! quelles couleurs! quelles richesses!
Qu'un ami véritable est une douce chose!

Les *points suspensifs* servent à indiquer une sorte d'interruption dans la pensée, soit par une réticence calculée, soit par suite d'un mouvement vif et passionné.

Ex. : Et ce même Sénèque et ce même Burrhus,
Qui depuis... Rome alors estimait leurs vertus.
Cresphonte... ô Ciel! j'ai cru... que... J'en rougis de honte.

DE LA PARENTHÈSE.

§ 517. — Par la *parenthèse* ( ) on interjette, au milieu d'une phrase, une proposition qui ne s'enchaîne pas avec les autres et qu'on pourrait retrancher sans nuire au sens général.

Ex. : Un songe (me devrais-je inquiéter d'un songe?)
Entretient dans mon cœur un chagrin qui le ronge.

Un mal qui répand la terreur,
Mal que le Ciel en sa fureur
Inventa pour punir les crimes de la terre,
La peste (puisqu'il faut l'appeler par son nom),
Capable d'enrichir en un jour l'Achéron,
Faisait aux animaux la guerre.

APPENDICE

COMPOSITION DES MOTS, DÉRIVATION

DÉFINITIONS.

En général, tout mot rappelle à l'esprit plusieurs idées. Parmi ces idées, il y en a une plus importante que les autres : c'est *l'idée principale*. Les autres idées sont appelées *idées secondaires*, *accessoires* ou *particulières*.

On appelle *racine* d'un mot la partie de ce mot qui représente l'idée principale. Par exemple, dans le mot *station*, la racine est *sta*, qui exprime l'idée de *se tenir debout*.

On appelle *préfixe* toute partie d'un mot qui se trouve placée *devant* la racine. Dans *bienfait*, la partie *bien* est un préfixe, attendu qu'elle est placée devant la racine *fait*.

On appelle *suffixe* toute partie d'un mot qui se trouve placée *après* la racine. Dans *station*, la partie *tion* est un suffixe, attendu qu'elle est placée après la racine *sta*.

La racine d'un mot peut être précédée de plusieurs préfixes : Exemple : *dé-com*-poser.

La racine d'un mot peut être suivie de plusieurs suffixes. Exemple : vertu-*euse-ment*.

On regarde comme appartenant à la même *famille* de mots, tous ceux qui sont formés par la même racine. Ainsi le substantif *pose*, les mots *repos*, *poser*, *position*, *proposer*, *superposer*, *reposer*, *supposer*, etc., constituent une famille.

Nous appellerons *radical* le mot le plus simple d'une famille. En général, il sera formé de la racine et d'un seul suffixe très-court : *pose*. Quand on se borne à l'étude du français, on peut considérer le radical comme ayant à peu de chose près la même valeur que la racine. — Bien qu'il soit formé de deux parties, on donne souvent à un radical la qualification de *mot simple*.

On appelle *mot composé*, un mot que l'on obtient en plaçant un ou plusieurs préfixes devant un mot simple. Ex. : *repos*.

On appelle *mot dérivé*, un mot que l'on obtient en plaçant un ou plusieurs suffixes après un mot simple. Ex. : *poser*, *position*.

Un mot peut être à la fois composé et dérivé. Cela arrive quand il provient d'un mot simple auquel on a ajouté des préfixes et des suffixes. Ex. : *proposer*, *superposer*, *reposer*, *supposer*, qui ont pour préfixes respectifs *pro*, *super*, *re*, *sup*, et pour suffixe commun la terminaison qui caractérise les verbes de la première conjugaison.

DES PRÉFIXES.

Un *préfixe* est le plus souvent une préposition ou un adverbe. Quelquefois, mais plus rarement, c'est une particule qui ne s'emploie jamais seule.

Les principaux préfixes employés en français sont : *a*, *ad*, *ambi*, *anté*, *béné*, *bis*, *circon*, *com*, *contra*, *dé*, *dis*, *e*, *extra*, *for*, *in*, *inter*, *intro*, *male*, *mes*, *ne*, *ob*, *par*, *pré*, *pro*, *re*, *retro*, *sub*, *super*, *trans*, *ultra*.

Nous n'étudierons que les plus usités.

1° **Ad.** — Ce préfixe marque la tendance vers un but, le mouvement, le rapprochement, le voisinage, l'addition, l'augmentation. Ce préfixe se modifie de différentes manières et devient :

ac	devant	un mot	commençant par	*c*
af	—	—	—	*f*
ag	—	—	—	*g*
al	—	—	—	*l*
an	—	—	—	*n*
ap	—	—	—	*p*
ar	—	—	—	*r*
as	—	—	—	*s*
at	—	—	—	*t*

Il devient tout simplement *a* devant *m*, *sp*, *st*, *b*, *ch*, et quelquefois *n*. Exemples : *adverse*, *adversité*, *adjonction*, *accommoder*, *afférent*, *agglomérer*, *allier*, *annoncer*, *apprêter*, *arriver*, *asseoir*, *attendre*, *amaigrir*, *asperger*, *astreindre*, *abaisser*, *achalander*, *anoblir*.

2° **Ante.** — Ce préfixe a deux autres formes : *anti*, *an*. Il marque l'antériorité, la primauté, l'action de marcher devant. Exemples : *antécédent*, *ancêtres*.

Il ne faut pas confondre ce préfixe avec *anti* ou *anté*, tiré du grec, et marquant l'opposition. Exemple : l'*antichrist* ou l'*antéchrist*.

3° **Bis.** — Ce préfixe marque le redoublement. — Il sert surtout à composer des mots désignant un objet formé de deux parties semblables. La forme de ce préfixe varie beaucoup ; il est représenté suivant les cas par : *bis*, *bi*, *bes*, *be*, *bar*, *ber*, *ba*, *be*. Nous citerons, entre autres exemples : *bajoue* (double joue), partie inférieure de chaque joue chez différents animaux ; *brouette*, autrefois *berouette*, de *be* pour *bis*, et *rouette*, petite roue (la brouette, qui n'a plus qu'une seule roue aujourd'hui, en avait deux autrefois).

4° **Circon.** — Le préfixe *circon*, *circum*, *circu*, marque l'action d'environner, d'entourer, ou bien l'état de ce qui environne, de ce qui entoure. Exemples : *circonflexe*, *circonspect*, *circuit*.

5° **Com.** — Ce préfixe n'a cette forme que devant *m*, *b* et *p*. Il devient *col* devant *l*, *cor* devant *r*, *co* devant *h* ou devant une voyelle, *con* dans tous les autres cas. Exemples : *compenser*, *compère*, *collection*, *correction*, *coaccusé*, *concentration*, etc.

6° **Contra.** — Le préfixe *contra* et ses deux modifications, *contro*, *contre*, expriment une idée d'opposition. Exemples : *contradiction*, *controverse*, *contrefaire*.

7° **Dé.** — Le préfixe *dé* devient parfois *des*. Il exprime l'éloignement, le mouvement de haut en bas, la déviation, le changement, le décroissement, la privation, la négation, l'opposition, et quelquefois tout le contraire de ces choses. Exemple : *dépayser*, *déposer*, *détendre*.

8° **E.** — Ce préfixe prend les différentes formes *e*, *ex*, *ef*, *es*, *ess*; toutes rappellent l'idée de sortie, d'expulsion, d'extraction, d'enlèvement, de mouvement accompli de dedans en dehors, et par suite l'idée d'aboutissement, de résultat obtenu, d'augmentation, d'excès, de surabondance : *écorcher*, *extirper*, *éruption*. On emploie toujours *ef* devant un mot commençant par un *f* : *effacer*.

9° **In.** — Les différentes formes de ce préfixe sont *in*, *im*, *ig*, *il*, *ir*, *en*, *em*. *Im* et *em* se mettent devant *b* et *p* ; *ig*, devant *n*; *il*, devant *l*; *ir*, devant *r*; *in* et *en*, devant toutes les autres lettres. *In* a trois significations : 1° il rappelle une idée de contenance, de situation intérieure, d'introduction, de pénétration, d'application, de superposition ; 2° il marque la tendance vers un but ; 3° il indique la privation, la négation.

10° **Mes.** — *Mes* et *mé* devant un mot indiquent que ce mot est pris dans un sens défavorable, ou avec une signification contraire à celle qu'il possède habituellement. On emploie généralement *mes* devant les voyelles, et *mé* devant les consonnes. Exemples : *mésintelligence*, *mécompte*.

11° **Pré.** — Le préfixe *pré* marque l'antériorité, la supériorité, la précellence. Exemples : *préféser* (de *pré* et d'un ancien verbe signifiant *porter*, lequel se retrouve dans un grand nombre de composés).

12° **Pro.** — *Pro*, *por*, *pol*, *pour*, sont quatre formes d'un même préfixe qui marque une situation ou une direction en avant, un point de départ, l'extraction, la provenance, le prolongement, l'extension et même la substitution. Exemples : *Produire* (de *pro* et de *duire*, qui signifiait anciennement *conduire*).

13° **Re.** — *Re* et ses trois modifications *ré*, *red*, *r*, indiquent le redoublement, la réciprocité, la rétrogradation, l'isolement, la résistance, l'opposition, le retour, la réintégration, la rénovation et quelquefois même la compensation. Exemples : *réaction* (action d'un être sur un autre qui vient d'agir sur le premier), *rémunérer*.

14° **Sub.** — Ce préfixe prend les formes multiples suivantes : *sub*, *sup*, *suc*, *suf*, *sug*, *su*, *sous*, *sou*, *se*, *subter*. — Il exprime l'infériorité ou l'action de placer un objet au-dessous d'un autre pour lui servir de support. Il indique de plus la postériorité, la subordination. Exemples : *sujet*, *substance*, *secourir*.

15° **Super.** — *Super* et ses différentes altérations *soubre*, *sur*, *sour*, *sus* et *sou*, indiquent la supériorité d'une chose sur une autre, l'élévation, la priorité. Exemples : *suscription*, *soubreveste*, veste de dessus, sans manches, que portaient autrefois les mousquetaires.

16° **Trans.** — Les différentes formes de ce préfixe sont : *trans*, *tran*, *tra*, *très*, *tré*. Elles marquent le passage d'une situation à une autre. Elles sont en outre le signe de la transformation, de la mutation, de la supériorité, de la prééminence. Exemples : *transporter*, *tressaillir*, *traverser*.

DES SUFFIXES.

Tous les suffixes sont des particules qui ne s'emploient jamais seules.

Il existe en français un très-grand nombre de suffixes; nous n'étudierons que les principaux.

1° **Al, el.** — Le suffixe *al* ou *el* forme des adjectifs dérivés. Il signifie *qui appartient à un objet*, *qui s'y rapporte*, *qui lui est analogue*, *qui en possède les qualités*, *qui en a la nature*, *qui le concerne*, *qui lui est conforme*. Exemples : *naval*, *matinal*, *patriarcal*, *minéral*.

2° **An, ain, en.** — Ces trois suffixes marquent une idée d'habitation d'un lieu, et par extension ils indiquent qu'une personne ou une chose appartient à une espèce, à un pays, à une école, à une secte, à un ordre religieux, à une profession, à un état. Exemples : *charlatan*, *épicurien*, *biscaïen*.

3° **Aire, ier, er.** — Ces trois suffixes, dont la valeur est la même, servent à former des mots dérivés désignant une fonction, une occupation, un emploi, un état, un arbre fruitier, un arbuste. — Exemples : *vicaire, barbier, châtaignier.*

4° **Atre.** — Le suffixe *âtre* sert à atténuer ou à déprécier totalement la qualité exprimée par le radical. — Exemples : *blanchâtre, opiniâtre, saumâtre.*

5° **Bile, ble, able, ible.** — Ces quatre suffixes, qui ont une signification identique, forment des adjectifs exprimant une action qui peut ou qui doit être subie par un individu. Ces adjectifs ont donc généralement un sens passif : *visible, tangible, aimable, adorable.* Cependant quelques-uns ont pris insensiblement une signification active.

6° **Cide.** — Le suffixe *cide* indique à la fois le meurtre et le meurtrier lui-même. Exemple : *Fratricide.* Ce mot a deux sens : 1° il indique le meurtre d'un frère; 2° il désigne le meurtrier d'un frère.

7° **Et, ée, aye aie, oie.** — Ces cinq suffixes servent à former des substantifs désignant un terrain couvert des plantes représentées par le radical du mot. Exemples : une *aunaie*, une *châtaigneraie.*

8° **É.** — Le suffixe *é* termine des adjectifs ayant le sens de : qui est formé par la substance représentée par le radical, ou qui a l'aspect, la couleur de cette substance. Exemples : *cendré, orangé.*

9° **Fier.** — Le suffixe *fier* entre, dans des verbes dérivés, avec la signification de : faire devenir, ou simplement de faire. Exemples : *raréfier, torréfier.*

10° **Fère.** — Le suffixe *fère* signifie qui *porte* ou qui procure la chose exprimée par le radical du mot auquel on l'ajoute. — Exemple : *léthifère,* qui porte la mort (de *lethum,* mort).

11° **Fique, fice.** — Ces deux suffixes signifient : *qui fait la chose exprimée par le radical,* ou *qui accompagne l'accomplissement de cette chose.* Exemple : *sudorifique,* qui produit la sueur.

12° **Fuge.** — Ce suffixe veut dire : qui met en fuite l'être représenté par le radical. Exemple : *vermifuge*. (Quelquefois ce suffixe est pris dans un sens intransitif.)

13° **Iller.** — Ce suffixe termine des verbes exprimant une action faite à petits coups, avec peu d'intensité. Exemple : *frétiller*.

14° **Itie, ice, esse.** — Ces trois suffixes marquent l'état, la manière d'être. Exemples : *calvitie*, *allégresse*.

15° **Ment.** — Le suffixe *ment* indique le moyen par lequel on exécute une action, ou bien encore le résultat de cette action.

16° **Ose, eux, u.** — Ces trois suffixes veulent dire : *qui a une chose en abondance*, ou bien *qui ressemble à cette chose.* — Exemples : *vénéneux*, *morose*, *barbu*.

17° **Tion, sion, son.** — Ces suffixes expriment une action ou son résultat, ou bien encore les circonstances dans lesquelles elle a été accomplie (manière, temps, lieu). Exemples : *attention*, *dévotion*.

18° **Teur, seur, eur, tre.** — Ces quatre suffixes forment des noms désignant l'individu qui fait l'action exprimée par le radical. Exemple : *instituteur*.

19° **Ture, sure, ure.** — Ces trois suffixes donnent des substantifs exprimant le résultat d'une action, ou bien cette action elle-même ; et enfin l'art, le procédé qui servent à l'accomplir. Exemples : *agriculture*, *structure*.

20° **Oïde.** — Ce suffixe signifie : *qui a la forme de l'objet désigné par le radical*. Exemple : *arachnoïde*, littéralement : *qui ressemble à une toile d'araignée*. C'est l'une des trois membranes qui enveloppent le cerveau et la moelle épinière.

SUFFIXES DIMINUTIFS

On appelle *suffixe diminutif* celui qui a pour effet d'amoindrir, de diminuer les proportions de l'objet représenté par le radical. Les suffixes diminutifs du français sont :

1° **El, elle, eau ; cel, celle, ceau ; sel, selle, seau.** Exemples : *château*, *damoiseau* (tout jeune homme), *venelle* (petit chemin).

2° **Ule, oule, ouille, le.** Exemples : *grenouille*, *campanule*, du latin *campana*, cloche ; *ciboule*, du latin *cæpa*, oignon.

3° **Cule.** Exemple : *opuscule*, petit ouvrage.

4° **Chon, che, on.** — Exemples : *ducaton*, demi-ducat ; *guenuche*, petite guenon : *mioche*, de *mignon* ou *mion*.

5° **In, ine.** — Exemple : *gradin*, degré peu élevé.

6° **Et, ette, ot, otte.** — Exemples : *un archet*, littéralement un petit arc ; *seulet*, diminutif de l'adjectif *seul; angelot*, petit ange ; *vieillot*, qui commence à vieillir.

DES SYNONYMES.

On dit que deux ou plusieurs mots sont *synonymes* lorsqu'il existe entre leurs significations respectives une grande ressemblance, qui ne va pas, toutefois, jusqu'à l'identité.

Des mots synonymes sont donc toujours séparés par des différences légères, mais réelles.

Abhorrer, détester.

Abhorrer exprime un sentiment de répugnance spontanée, instinctive ; *détester*, indique un sentiment d'aversion fondé sur la réflexion, s'appuyant sur des raisons bonnes ou mauvaises. Beaucoup de gens *abhorrent* le crapaud inoffensif, à cause de sa laideur ; beaucoup *détestent* les plus jolis lézards, parce qu'ils les croient venimeux.

Abandonnement, abdication, renonciation, démission, désistement.

On fait un *abandonnement* de ses biens, une *abdication* de sa dignité et de son pouvoir, une *renonciation* à ses droits et à ses prétentions, une *démission* de ses charges, emplois et bénéfices, et l'on donne un *désistement* de ses poursuites (Girard). — Ce que nous disons de ces substantifs s'applique aux verbes qui en dérivent.

Accusateur, dénonciateur, délateur.

L'*accusateur* poursuit le crime et s'efforce de le prouver; le *dénonciateur* se borne à signaler un méfait à qui de droit, sans chercher à en établir la preuve; il n'est mû que par l'intérêt public, il veut accomplir un devoir. Le *délateur* révèle un fait punissable, uniquement parce qu'il a intérêt à faire cette révélation.

Anesse, bourrique.

Quand on parle de l'*ânesse*, on a spécialement en vue la femelle de l'âne; la *bourrique* désigne, au contraire, la bête de somme.

Alliance, ligue, confédération.

On appelle *alliance* une union d'amitié et de convenance entre des puissances; une *ligue* est un pacte conclu entre des gens qui veulent atteindre le même but, mais pour des motifs différents; on donne le nom de *confédération* à l'union des peuples qui associent leurs intérêts et s'engagent à se prêter un mutuel appui.

Arrêter, retenir.

Arrêter, c'est interrompre le mouvement d'une manière absolue; *retenir*, c'est se rendre maître du mouvement de façon à pouvoir l'interrompre, le ralentir, l'accélérer, en un mot, le changer à son gré.

Bonté, humanité, sensibilité.

L'homme *sensible* est ému des souffrances et des infortunes, et il y compatit; l'homme *humain* les soulage; mais l'homme *bon* fait plus que tout cela : il est *bon* dans toutes les circonstances de sa vie, même dans les cas où il n'est question ni des souffrances, ni des infortunes d'autrui.

Danger, péril, risque.

Le dernier de ces trois mots se distingue nettement des deux autres en ce qu'il contient essentiellement l'idée d'une chance défavorable. Quand *danger* et *péril* ont une signification passive, ils peuvent être employés indifféremment l'un pour l'autre, parce qu'alors ils sont complétement synonymes. Cependant, dans l'usage, *péril* désigne une situation plus fâcheuse que *danger*. Au contraire, dans le sens actif, on ne peut se servir que de *danger*, attendu que l'emploi de *péril* ne serait pas français. On ne dit point, par exemple, un *homme périlleux*, mais un *homme dangereux*.

Cité, ville.

Chez les anciens, la *ville* comprenait les murailles et les maisons, tandis que la *cité* était le corps politique formé par la réunion des habitants. Non-seulement la cité pouvait ne pas être renfermée dans l'enceinte d'une ville, mais encore elle pouvait être dipersée dans plusieurs villages, plusieurs villes, et même dans des provinces entières.

Chez les modernes, la distinction entre *ville* et *cité* n'est pas tout à fait aussi absolue; la ville comprend les murailles, les maisons, les édifices et même les habitants considérés soit individuellement, soit par fractions, mais jamais comme constituant un être collectif. La *cité*, au contraire, est en quelque sorte la personnification de la ville; c'est la *ville* en action, la *ville* exerçant ses droits, remplissant ses devoirs, douée comme un individu de plus ou moins de force, jouissant d'une considération plus ou moins grande, etc.

Civilité, politesse.

La *civilité* est l'ensemble des règles de convention qui président aux relations des hommes entre eux ; la *politesse* est la qualité de celui dont l'esprit a été cultivé par l'éducation. La *civilité* est à la *politesse* ce qu'en religion le culte extérieur est à la vraie dévotion. La *politesse* ajoute à la *civilité* quelque chose de noble, de fin, de délicat. On ne peut pratiquer la *civilité* sans connaître les usages. A la rigueur, cette connaissance n'est point nécessaire pour posséder la *politesse*. L'homme distingué par l'esprit et par l'éducation a, en dehors de la connaissance des usages, une *politesse* naturelle.

Matinal, matineux, matinier.

Matinier signifie qui *appartient au matin*, et n'est usité que dans cette expression : *L'étoile matinière*. C'est donc un adjectif qui ne peut qualifier qu'un nom de choses. *Matineux* ne s'applique qu'aux personnes; d'après l'Académie, il veut dire *habitué à se lever matin*. *Matinal* se dit des choses et des personnes ; appliqué à ces dernières, il signifie, toujours d'après la même autorité, *celui qui par hasard s'est levé matin*.

Présomption, conjecture.

La *présomption* est une opinion que l'on se fait d'avance d'une chose, et qui est fondée sur un commencement de preuves; la *conjecture* est une supposition que l'on fait d'après des indices vagues et plus ou moins trompeurs. La *présomption*, pour être bonne, doit être changée en conviction au moyen de preuves ; la *conjecture* n'a de valeur qu'autant qu'elle mène à une découverte. La *présomption* a lieu surtout à l'égard des faits positifs, des affaires, des actions morales qu'il s'agit de juger; la *conjecture* s'exerce principalement dans la philosophie et dans les sciences. On a comparé la *présomption* à un poids qui fait pencher la balance sans la faire tomber, et la *conjecture* à une voie ouverte pour chercher la vérité. Ce qui vient d'être dit des mots *présomp-*

tion et *conjecture*, s'applique aux verbes *présumer* et *conjecturer*.

Ravir, arracher.

Arracher implique résistance de celui à qui on arrache; l'action de *ravir* s'exerce plutôt sur des personnes ou des choses non défendues ou mal défendues.

Rébellion, révolte.

La *rébellion* a pour but de se soustraire au pouvoir établi; la *révolte* se propose de le renverser et de le détruire. Même différence entre les mots qui dérivent de ces deux-là.

Sentiment, opinion, pensée.

Un *sentiment* est une croyance, vraie ou fausse, dont notre esprit est profondément pénétré; une *opinion* est une connaissance ou notion douteuse que nous adoptons provisoirement; une *pensée* est une idée qui n'a pas encore été assez réfléchie, assez mûrie, assez raisonnée; elle n'est que hasardée : c'est, pour ainsi dire, une esquisse, une ébauche, comme on dit en terme d'art.

DES PARONYMES.

On appelle *paronymes* des mots de sens tout à fait différents, qui se ressemblent assez par la forme pour qu'on les prenne quelquefois l'un pour l'autre. Voici les principaux :

1° *Anoblir*, *ennoblir*. — *Anoblir* signifie donner, conférer la noblesse; *ennoblir* veut dire donner de l'importance, de la considération, de l'éclat.

2° *Amnistie*, *armistice*. — Une *amnistie* est un pardon général accordé par un souverain à une ou plusieurs catégories de condamnés ; un *armistice* est une suspension d'armes.

3° *Astrologue, astronome.* — Un *astrologue* était un individu qui prétendait connaître l'avenir d'après l'inspection des astres. — Un *astronome* est un savant qui étudie les lois du mouvement des astres.

4° *Colorer, colorier.* — *Colorer* signifie donner de la couleur ; *colorier* veut dire appliquer une ou deux couleurs sur un objet.

5° *Conjecture, conjoncture.* — Une *conjecture* est une opinion qui n'est fondée que sur des probabilités ; *conjoncture* se dit de la rencontre fortuite de plusieurs événements.

6° *Consommer, consumer.* — *Consommer* suppose une destruction utile et, par conséquent, faite à dessein ; *consumer* ne présente que l'idée d'une destruction pure et simple et à laquelle la volonté n'a généralement point de part.

7° *Eminent, imminent.* — *Eminent* signifie élevé, supérieur, très-grand ; *imminent* veut dire qui est près de tomber sur.

8° *Flairer, fleurer.* — *Flairer* équivaut à respirer une odeur, et *fleurer* signifie répandre une odeur.

9° *Infecter, infester.* — *Infecter* est la même chose que gâter, corrompre ; *infester* veut dire ravager, faire une irruption, stationner dans un lieu, de manière à y tout détruire.

10° *Venimeux, vénéneux.* — *Venimeux* se dit seulement du venin des animaux, et *vénéneux*, de toute autre espèce de poison.

COMPARAISON DE CERTAINES EXPRESSIONS.

Imposer, en imposer.

Celui qui *impose* inspire le respect, l'estime, la considération ; celui qui *en impose* est un fourbe dont on doit se défier.

Insulter quelqu'un; insulter à quelqu'un, à quelque chose.

Insulter quelqu'un, c'est l'outrager ; *insulter à une personne, à une chose*, c'est ne pas les traiter avec toute la déférence qu'il convient et ne pas en faire le cas que l'on devrait.

Plier, ployer.

Des grammairiens ont voulu établir entre *plier* et *ployer* la distinction suivante : ils veulent que l'on *plie* les objets minces en plusieurs feuillets qui se superposent, et que l'on *ploie*, c'est-à-dire que l'on courbe, les objets plus ou moins élastiques, de façon, par exemple, à mettre en contact leurs deux extrémités, ou à ramasser ces objets en boule. En admettant cette manière de voir, il faudrait toujours dire : *plier une étoffe*, une feuille de papier; et *ployer* un arc, un arbre, une baguette, une barre de fer. L'Académie n'admet pas cette distinction.

Induire à erreur, en erreur. — Pire, pis.

Induire à erreur, faire tomber volontairement ou involontairement dans une erreur; *induire en erreur*, tromper à dessein.

Pire, comparatif de *mauvais*, est un adjectif qui ne peut modifier qu'un nom ou un pronom; *pis* est un adverbe qui ne modifie que les verbes. — *Le pire* et *le pis* s'emploient aussi substantivement.

TABLE MÉTHODIQUE.

PREMIÈRE PARTIE.

	Pages.
Préface.	III
Introduction.	1
Voyelles.	1
Consonnes.	2
Syllabes.	2
Diphthongues.	2
Accents.	2
Des mots.	3
Du nom ou substantif.	4
Noms collectifs.	4
Genre.	5
Distinction du genre.	5
Nombre.	7
Formation du pluriel dans les noms.	7
De l'adjectif.	9
ADJECTIFS QUALIFICATIFS.	9
Formation du féminin dans les adjectifs qualificatifs.	9
Formation du pluriel dans les adjectifs qualificatifs.	11
Degrés de signification dans les adjectifs.	12
ADJECTIFS DÉTERMINATIFS.	14
Article.	14
Adjectifs numéraux.	15
Adjectifs ou pronoms démonstratifs.	17
Adjectifs ou pronoms possessifs.	18
Adjectifs ou pronoms conjonctifs.	19
Adjectifs ou pronoms interrogatifs.	20
Adjectifs ou pronoms indéfinis.	20
Du pronom.	21
PRONOMS PERSONNELS.	21
Pronoms composés.	22
PRONOMS ADJECTIFS.	22
Le, en, y.	22
Du verbe.	23
Verbe substantif.	23
Verbes attributifs.	24
Du sujet.	24
Des compléments du verbe.	24
Nombres.	25
Personnes.	26
Temps.	26
Modes.	27
VERBES ACTIFS OU TRANSITIFS.	29
Verbes auxiliaires.	29
Verbe auxiliaire *avoir*.	30
Verbe auxiliaire *être*.	32
Tableau du verbe *aimer*.	34
Tableau du verbe *finir*.	36
Tableau du verbe *recevoir*.	38
Tableau du verbe *rendre*.	40
Différence essentielle entre les temps et les modes.	42
Remarques sur certains verbes qui se conjuguent sur ces quatre modèles.	42
Formation des temps.	45
Conjugaison unique.	47
Verbes irréguliers et défectifs.	49
Première conjugaison.	49
Deuxième conjugaison.	49
Troisième conjugaison.	51
Quatrième conjugaison.	53
Verbes conjugués sous la forme interrogative.	57
Id. sous la forme négative.	58
VERBES PASSIFS.	59
Verbe passif *être aimé*.	59
VERBES NEUTRES OU INTRANSITIFS.	60
Tableau comparatif des verbes neutres *dormir* et *arriver*.	61
VERBES RÉFLÉCHIS OU PRONOMINAUX.	63
Tableau du verbe pronominal *se repentir*.	64
Verbes essentiellement réfléchis.	66
Verbes accidentellement réfléchis.	66
Verbes réciproques.	66
VERBES IMPERSONNELS.	67
Du participe.	68
De la préposition.	69
Rapports exprimés par la préposition.	69
Locutions prépositives.	70
De l'adverbe.	70
Modifications exprimées par l'adverbe.	71
Degrés de signification dans les adverbes.	72
Locutions adverbiales.	72
De la conjonction.	73
Locutions conjonctives.	74
De l'interjection.	75

SUPPLÉMENT.

Supplément au nom.	76
Noms qui ont deux formes au féminin.	76
Noms qui s'emploient aux deux genres.	76
Noms qui ont deux formes au pluriel.	81
Noms qui ne s'emploient qu'au singulier.	82

Pages.
Noms qui ne s'emploient qu'au pluriel. 82
Noms dérivés des langues étrangères. 83
Mots invariables. 83
Pluriel des noms propres. 84
Nombre dans les noms composés. 85
Supplément aux signes orthographiques. 88
Des accents. 88
De l'apostrophe. 89
Du trait d'union. 90
Des majuscules. 91

DEUXIÈME PARTIE.

SYNTAXE.

SYNTAXE DES MOTS. 93
De la proposition. 93
SYNTAXE D'ACCORD. 9
ACCORD DU VERBE AVEC LE SUJET. 91
Substantifs et pronoms sujets. 94
Plusieurs sujets au singulier unis par *et*. 94
Plusieurs sujets au singulier unis par *ni*. 96
Plusieurs sujets au singulier unis par *ou*. 96
L'un et l'autre, ni l'un ni l'autre, l'un ou l'autre employés comme sujets. 97
Plusieurs infinitifs employés comme sujets. 98
Collectif sujet. 98
Ce, sujet. 99
Qui, sujet. 100
ACCORD DE L'ATTRIBUT AVEC LE SUJET. 101
On, sujet. 102
Quiconque, sujet. 103
ACCORD DES MOTS MODIFIANT LE SUJET OU L'ATTRIBUT. 103
APPOSITION. 103
ACCORD DE L'ADJECTIF. 104
Accord de l'adjectif qualificatif. 104
Accord de l'adjectif dans l'expression *avoir l'air*. 105
Expressions adjectives de couleurs. 105
Accord de l'adjectif numéral. 106
Accord de l'adjectif possessif. 107
Accord de l'adjectif indéfini. 108
Adjectifs employés comme adjectifs et comme adverbes. 108
Feu, nu, demi, ci-joint, ci-inclus, franc, possible, proche, témoin. 109
Même. 111
Quelque. 112
Tout. 113
Le, la, les. 114
ACCORD DU PARTICIPE. 116
Participe présent et adjectif verbal. 116
Participe passé. 118
— dans les verbes actifs. 118
— dans les verbes passifs. 121
— dans les verbes neutres. 122
— dans les verbes réfléchis. 123
— dans les verbes impersonnels. 124
SYNTAXE DE COMPLÉMENT. 125
COMPLÉMENT DU NOM. 125
Nombre des substantifs compléments d'un autre substantif. 126
COMPLÉMENT DE L'ADJECTIF. 127
COMPLÉMENT DU VERBE. 129
Complément direct. 129
Complément indirect. 130
Compléments circonstanciels. 134
— de cause. 134
— de manière. 135
— de temps. 138
— de lieu. 139
Compléments circonstanciels exprimés par un adverbe. 139
RÈGLES PARTICULIÈRES D'EMPLOI. 141
EMPLOI DE L'ADJECTIF. 141
Adjectifs qualificatifs. 141
Adjectifs déterminatifs. 141
Emploi de l'article. 141
— avec les noms propres. 143
Répétition de l'article. 144
Suppression de l'article. 145
Emploi de l'adjectif numéral. 146
Emploi de l'adjectif ou pronom démonstratif. 146
Emploi de l'adjectif ou pronom possessif. 147
Répétition de l'adjectif possessif. 149
Emploi de l'adjectif ou pronom relatif et interrogatif. 150
Emploi de l'adjectif ou pronom indéfini. 152
EMPLOI DU PRONOM PERSONNEL. 153
Répétition des pronoms personnels sujets. 154
Répétition des pronoms personnels compléments. 155
EMPLOI DU VERBE. 156
Emploi des auxiliaires *avoir* et *être* dans les verbes neutres. 156
Emploi particulier de certains temps. 157
Présent. 157
Parfait défini et parfait indéfini. 158
Temps de l'impératif. 159
EMPLOI DE LA PRÉPOSITION. 160

Pages.
Emploi des prépositions dans certaines locutions. 160
Emploi particulier de quelques prépositions. 161
Au travers, à travers. 161
Vis-à-vis de, en face. 162
Entre, parmi. 162
Voici, voilà. 162
Répétition des prépositions. 163
EMPLOI DE L'ADVERBE. 163
Alentour, autour. 163
Auparavant, dessus, dessous, dedans, dehors. 164
Davantage, plus. 164
Plus d'à demi, plus qu'à demi. 165
Au moins, du moins ; au reste, du reste. 165
Beaucoup, de beaucoup. 166
Plus tôt, plutôt. 166
Tout à coup, tout d'un coup. 166
Tout de suite, de suite. 166
Très, bien. 167
Aussi, autant. 167
Aussi, si ; autant, tant. 167
Emploi des adverbes de négation. 168
SYNTAXE DES PROPOSITIONS. 171
COORDINATION DES PROPOSITIONS. 171
Union des propositions coordonnées. 171
Emploi des conjonctions *et, ni, ou,* dans les propositions coordonnées. 172

Pages.
SUBORDINATION DES PROPOSITIONS. 174
PROPOSITIONS SUBORDONNÉES COMPLÉTIVES. 175
PROPOSITION RÉGIE PAR LA CONJONCTION *que.* 175
Du mode indicatif et du mode subjonctif. 175
Du mode conditionnel. 179
A quel temps on doit mettre le verbe de la proposition conjonctive. 180
Temps de l'indicatif. 180
Temps du subjonctif. 181
PROPOSITION INFINITIVE. 183
PROPOSITION COMPARATIVE. 185
Aussi... que. 185
Plus... que; moins... que. 185
Autant... autant; plus... plus. 186
INTERROGATION INDIRECTE. 186
PROPOSITIONS SUBORDONNÉES CIRCONSTANCIELLES. 187
PROPOSITION RÉGIE PAR CERTAINES CONJONCTIONS. 187
Conjonctions de subordination. 187
Emploi de quelques conjonctions. 189
Quand, lorsque, comme. 189
Pendant que, tandis que. 189
Ainsi que, de même que, comme. 190
Pronom conjonctif remplaçant les conjonctions de subordination. 190
PROPOSITION PARTICIPE. 191
Emploi de la négation dans les propositions subordonnées. 192

GALLICISMES, CONSTRUCTION, PONCTUATION, APPENDICE.

GALLICISMES. 195
GALLICISMES DE MOTS. 195
GALLICISMES DE CONSTRUCTION. 197
Ce, c'est... que. 198
Verbes impersonnels. 199
Locutions diverses. 200
CONSTRUCTION. 202
CONSTRUCTION DIRECTE. 202
CONSTRUCTION DES MOTS. 202
Place des trois termes de la proposition. 202
Place de l'adjectif. 203
Place des compléments. 204
Place de l'adverbe. 207
CONSTRUCTION DES PROPOSITIONS. 208
Construction des propositions coordonnées. 208
— des propositions subordonnées. 209
— des subordonnées complétives. 209
— des subordonnées relatives. 210
— des subordonnées circonstancielles. 212
— des propositions participes. 213
CONSTRUCTION INVERSE. 213
De l'inversion. 212
De l'ellipse. 214
Du pléonasme. 215
De la syllepse. 216
PONCTUATION. 217
De la virgule. 217
Du point-virgule. 218
Des deux points. 219
Du point. 219
De la parenthèse. 220
APPENDICE. 221
COMPOSITION DES MOTS, DÉRIVATION. 221
DÉFINITIONS. 221
DES PRÉFIXES. 222
DES SUFFIXES. 225
DES SYNONYMES. 228
DES PARONYMES. 232
COMPARAISON DE CERTAINES EXPRESSIONS. 233
TABLE MÉTHODIQUE. 235
TABLE ALPHABÉTIQUE DES MATIÈRES. 238

FIN DE LA TABLE MÉTHODIQUE.

TABLE ALPHABÉTIQUE

DES MATIÈRES.

[Les chiffres indiquent les pages.]

A et *à*, page 69.
A, prép., son emploi, 130 et suiv.
— se répète, 163.
A ou *ou*, 161.
A l'envi, 72.
A l'insu, 72.
A moins que ou *que... ne*, 188, 194.
Able (adj. en), 141.
Absoudre, sa conj., 53.
Accents, 2,88.
Accord (synt. d'), 94.
— du verbe avec le sujet, 94.
— de l'attribut avec le sujet, 101.
— des mots modifiant le sujet ou l'attribut, 103.
— de l'adjectif, 101, 104.
— du participe, 116.
Accourir, avec *avoir* ou *être*, 156.
Accroire, sa conj., 53.
Acquérir, sa conj., 49.
Actif (verbe), 29, 118.
Adjectif (de l'), 9.
— Employés comme adverbes, 71, 108.
— (accord de l'), 101, 104 et suiv.
— (compl. de l'), 127.
— (emploi de l'), 141 et suiv.
— (place de l'), 203.
Adjectifs numéraux, 15, 106, 146.
— démonstratifs, 17, 146.
— possessifs, 18, 107, 147.
— conjonctifs, 19, 100, 150.
— indéfinis, 20, 108, 152.
Adjectif verbal, 116.
Adverbe, 70.
—(adj. employés comme), 71, 108.
— (emploi de l'), 139, 163.
— (place de l'), 207.
Afin que ou *de*, 188, 189.
Aide, 79.
Aider, *aider à*, 132.
Aïeul, 81.
Aigle, 76.
Aigre-doux, 109.
Ail, 81.
Ainsi que, unissant deux sujets, 95.
Ainsi que, *de même que*, 187, 190.
Air (accord avec le mot), 105.
Alentour, *autour*, 163.
Aller, sa conj. 49.
— avec *être*, 156.
— empl. comme auxiliaire, 197.
Amour, 77.
Apostrophe, 3, 89.
Apparaître, avec *avoir*, ou *être*, 156.
Apposition, 103.
Appréhender que ou *que.. ne*, 191.
Approuvé, accord, 122.
Arriver, avec *être*, 156.
Article, 14, 114, 141, 148.
— avec les noms propres, 143.
— (répétition de l'), 144.
— (suppression de l'), 145.
Assaillir, sa conj., 49.
Asseoir, sa conj., 51.
Atteindre, sa conj., 53.
Atteindre, *atteindre à*, 132.
Attendu, accord, 122.
Attribut (accord de l'), 101.
Au moins, *du moins*, 165.
Au reste, *du reste*, 165.
Au travers, *à travers*, 161.
Aucun, 20, 108.
Auparavant, 164.
Aussi, *autant*, 167.
Aussi bien que, unissant deux sujets, 95.
Aussi... que, 185.
Autant... autant, 186.
Automne, 77.
Autour, *alentour*, 163.
Auxiliaires (verbes), 29.
— leur emploi dans les verbes neutres, 156.
Avant que ou *que... ne*, 188, 194.
Avec, unissant deux sujets, 95.
— son emploi, 135.
Avoir faim, gall., 196.
Avoir l'air, 105.
Avoir peur que ou *que... ne*, 191.
Battre, sa conj., 53.
Beaucoup de, sujet, 99.
Beaucoup, *de beaucoup*, 166.
Béni, *bénit*, 44.
Boire, sa conj., 53.
Bouillir, sa conj., 49.
Braire, sa conj., 54.
Bruire, sa conj., 54.
Cause (compl. circ. de), 134.
Ce sujet, 99.
C'est à vous à ou *de*, 131.
C'est... que, gall., 198.
Cédille, 3.
Ceindre, sa conj., 54.
Celui, *celle*, etc., suivis d'un adj. ou d'un part., 146.
Celui-ci, *celui-là*, 147.
Cent, 90, 106.
Cesser, avec *avoir* ou *être*, 156.
Chacun, avec *son*, *sa*, *ses*, ou *leur*, *leurs*, 148.
Changer, avec *avoir* ou *être*, 156.
Chanteur, 76.
Chaque ou *chacun*, 152.
Chasseur, 76.
Choir, sa conj., 52.
— avec *être*, 156.
Chose (*quelque*), 79.
Ciel 81.

Ci-inclus, *ci-joint*, 110.
Clair-semé, 109.
Clore, sa conj., 54.
Collectifs (noms), 4.
— sujets, 98, 105.
— compl. d'un part., 121.
Comme unissant deux sujets, 95.
Comme, *lorsque*, *quand*, 187.
Commencer à ou *de*, 130.
Comment, adv. interr., 71.
— conjonction, 75.
Comparatif dans les adj., 13.
— dans les adv., 72.
Comparative (prop.), 185.
Complément du nom, 125.
— de l'adjectif, 127.
— du verbe, 24, 129.
— direct, 129.
— indirect, 130.
— circonstanciel, 134.
— (place des), 204.
Composés (noms), 85, 91.
Compris (*non*, *y*), 122.
Conclure, sa conj., 54.
Conditionnel, sa valeur, 28.
— son emploi dans les prop. sub., 179.
— au lieu du subj., 179.
Conduire, sa conj., 54.
Confire, sa conj., 54.
Conjonctif (voy. Relatif).
Conjonctions, 73.
— (emploi des), 172, 187.
— *que* (proposition régie par la), 175.
— (proposition régie par certaines), 187.
Conjugaisons, 30 et suiv.
Conjugaison unique, 47.
Connaître, sa conj., 54.
Connaître, *connaître de*, 132.
Consonnes, 2.
Construction des mots, 202.
— des propositions, 208.
— inverse, 213.
Construire, sa conj., 54.
Contester que ou *que... ne*, 193.
Continuer à ou *de*, 130.
Contraction, 15.
Contraindre, sa conj., 54.
Contraindre, *à* ou *de*, 131.
Convenir, avec *avoir* ou *être*, 157.
Convient (*il*), avec le subj., 176.
Coordination des prop., 171.
Coudre, sa conj., 54.
Couleurs (adj. de), 105.
Couple, 77.
Courir, sa conj., 49.
— son participe, 123.
Court-vêtu, 109.
Coûter, son participe, 123.
Craindre, sa conj., 54.
Craindre que ou *que... ne*, 191.
Croire, sa conj., 54.
Croire à ou *en*, 131.
Croître, sa conj., 54.
— avec *avoir* ou *être*, 156.
Cueillir, sa conj., 50.
Cuire, sa conj., 55.
Dans, *pendant*, *durant*, 138.
Davantage, 165.
De, son empl., 130 et suiv.
— se répète, 163.
De crainte que ou *que... ne*, 188, 194.
De même que unissant deux sujets, 95.
De même que, *ainsi que*, 190.
De peur que ou *que... ne*, 188, 194.
Débiteur, 76.
Décéder, avec *être*, 156.
Déchoir, sa conj., 52.
— avec *avoir* ou *être*, 156.
Décider, *décider de*, 132.
Dedans, 164.
Déduire, sa conj., 55.
Défectifs (verbes), 49.
Défendre que, 192.
Dehors, 164.
Délice, 77.
Demandeur, 76.
Demeurer, avec *avoir* ou *être*, 157.
Demi, 110.
Démonstratifs (adj. ou pr.), 17, 99, 146.
Des et *dès*, 69.
Descendre, avec *avoir* ou *être*, 156.
Désespérer que ou *que... ne*, 193.
Dessus, *dessous*, 164.
Déterminatifs (adj.), 14, 106, 141.
Deux points (des), 219.
Devoir, sa conj., 52.
— son participe, 119.
Diphthongues, 2.
Dirait (*on*), avec le subj. ou l'ind., 177.
Dire, sa conj., 55.
Disconvenir que ou *que.. ne*, 193.
Disparaître, avec *avoir* ou *être*, 156.
Dont ou *d'où*, 152.
Dormir, sa conj., 50.
Douter que ou *que... ne*, 193.
Durant, *pendant*, *dans*, 138.
E, sa prononciation, 1.
Échapper, avec *avoir* ou *être*, 156.
Échoir, sa conj., 52.
Éclore, sa conj., 55.
— avec *être*, 156.
Écrire, sa conj., 55.
Élision, 15.
Ellipse (de l'), 214.
Embellir, avec *avoir* ou *être*, 156.
Empêcher que ou *que... ne*, 192.
Empirer, avec *avoir* ou *être*, 156.
Emploi de l'adj., 141.
— du pron. pers., 153.
— du verbe, 156.
— de la préposition, 161.
— de l'adverbe, 163.
Emprunter à ou *de*, 131.
En, pronom, 22.
— ses trois rôles 72.
— avec un part. passé, 120.
— se dit des choses, 154.
En, prép., son empl., 138.
— se répète, 162.
En face, *vis-à-vis*, 162.
Enfant, 77.
Enseigne, 79.
Entre, *parmi*, 162.
Entrer, avec *être*, 156.
Envoyer, sa conj., 49.
Espace, 79.
Espérer à ou *en*, 131.
Et (plusieurs sujets unis par), 94, 102, 104.
— son emploi, 172.
Être à la campagne, *en campagne*, 161.
Eviter que ou *que... ne*, 192.
Excepté, accord, 122.
Expirer, avec *avoir* ou *être*, 157.
Faillir, sa conj., 50.
Faire, sa conj., 55.
— son part. passé, 119.
— (gall. avec), 197.
Falloir, sa conj., 52.
Faut (*il*), avec le subj., 176.

Faut (*il s'en*) *que* ou *que... ne*, 192.
Férir, sa conj., 50.
Feu, 109.
Fleurir, 44.
Forcer à ou *de*, 131.
Formation des temps, 45.
Foudre, 77.
Frais-cueilli, etc., 109.
Franc, 110.
Frire, sa conj., 55.
Fuir, sa conj., 50.
Futur simple, sa valeur, 27.
— remplacé par le prés., 158.
— remplaçant l'impératif, 159.
Futur antérieur, sa val., 27, 159.
Gallicismes de mots, 195.
— de construction, 197.
Garde, 79.
— dans les noms composés, 87.
Genre dans les noms, 5, 76.
— dans les adjectifs, 9.
Gens, 78.
Gésir, sa conj., 50.
Grandir, avec *avoir* ou *être*, 156.
Guide, 79.
H, muette ou aspirée, 2.
Haïr, 44.
Hymne, 78.
Imparfait de l'ind. sa valeur, 26.
— du subj., 182.
Impératif, sa val., 28, 159.
Impersonnel (verbe), 67, 124.
— (gall. avec les), 199.
Importe (*il*), avec le subj., 176.
Indéfinis (adj. ou pr.), 20, 108, 152.
Indicatif, sa val., 27.
— son empl. dans les prop. sub., 175 et suiv., 187.
— (quel temps de l') dans les prop. sub., 180.
Infinitif, sa val., 28.
— sujet, 98.
— compl., 125, 128, 129, 137.
Infinitive (prop.), 183.
Instruire, sa conj., 55.
Insulter, *insulter à*, 132.
Interjection, 75.
Interrogatifs (adj. ou pr.), 20, 150.
Interrogation indir., 186.
Inversion (de l'), 213.
Irréguliers (verbes), 49.
Ivre-mort, 109.
Jamais, 169.
Joindre, sa conj., 55.
La et *là*, 72.
Là... que, *là... où*, 198.
La plupart, sujet, 99.
Laisser de, gall., 197.
Laque, 80.
Le, *la*, *les*, article, 14, 114, 142.
— pronom, 21, 115.
— avec un part. passé, 120.
Leur, adj. poss., 18, 107.
Leur, *leurs* ou *en*, 147.
— avec *chacun*, 148.
Leur, pronom, 21.
Lieu (compl. circ. de), 139.
Lire, sa conj., 55.
Lorsque, 187.
Loin que, 188.
L'un et l'autre, sujet, 97.
L'un ou l'autre, sujet, 97.
Lui, se dit des pers., 154.
Luire, sa conj., 55.
Majuscules (empl. des), 91.
Manière (compl. circ. de), 135.
Même, 111.
Mentir, sa conj., 50.
Mettre, sa conj., 55.
Mille, 90, 106.
Mode, 80.
Modes, 27.
— (leur diff. avec les temps), 42.
Moins... que, 185.
Monter, 156.
Mort-né, 109.
Mots variables, 4.
— invariables, 69, 83.
Moudre, sa conj., 55.
Mourir, sa conj., 50.
— avec *être*, 156.
Mouvoir, sa conj., 52.
Naître, sa conj., 56.
— avec *être*, 156.
Ne...pas, *ne... point*, 168.
Négation (empl. des adv. de), 168.
— son empl. dans la prop. sub., 191.
Neutres (verbes), 60.
— (part. passé des), 122.
— empl. des auxil. avec les), 156.
Ni (plusieurs sujets unis par), 96.
— son emploi, 173.
Ni l'un ni l'autre, sujet, 97.
Nier que ou *que... ne*, 193.
Nom (du), 4.
— (supplément au), 76.
— (compl. du), 125.
Noms étrangers (pluriel des), 83.
— propres (pluriel des), 84.
— composés (pluriel des), 85.
Nombre dans les noms, 7, 126.
— dans les adj., 11.
— dans les verbes, 25.
Nouveau-né, 109.
Nu, 109.
Nuire, sa conj., 56.
Nul, 20, 108.
Numéraux (adj.), 15, 106, 146.
Obliger à ou *de*, 131
Œil, 81.
Œuvre, 78.
Office, 80.
Offrir, sa conj., 50.
Oindre, sa conj., 56.
On, sujet, 102, 153.
On et *l'on*, 153.
Orge, 79.
Ou (ses deux rôles), 73, 75.
— (plusieurs suj. unis par), 96, 104.
— ou *à*, 161.
— son emploi, 173.
Où (*d'*) ou *dont*, 152.
Ouïr, sa conj., 50.
Ouvrir, sa conj., 50.
Paître, sa conj., 56.
Pâques, 79.
Par, son empl., 134 et suiv.
Par ce que, 74.
Paraître, sa conj., 56, 65.
Parallèle, 80.
Parce que, 74, 187.
Parenthèse (de la), 220.
Parfait défini, sa valeur, 26, 158.
— indéfini, 27, 159.
— antérieur, 27.
— du subj., 181.
Parmi, *entre*, 162.
Participe (mode), 28.
— (du), 68.
Participe présent, 116.
Participe passé, 118.
— dans les verbes actifs, 118.
— avec un inf., 119.
— avec deux *que*, 120.
— avec *en*, 120.
Participe passé avec *le peu*, 121.
— dans les v. passifs, 121,

— dans les v. neutres, 122.
— dans les v. réfléchis 123.
— dans les verbes impersonnels, 124.
Participe (prop.), 191.
Partir, sa conj., 50.
— avec *avoir* ou *être*, 156.
Pas, point, 168.
Passé (voy. Parfait).
Passés (temps doublement), 47.
Passé, accord, 122.
Passer, avec *avoir* ou *être*, 156.
Passif (verbe), 59, 121.
Pendant, durant, dans, 138.
Pendant que, tandis que, 189.
Pendule, 80.
Période, 80.
Personne, 79, 169.
Personnels (pr.), 21.
— leur emploi, 153.
Peser, son part. passé, 23.
Peu de, le peu, 99, 121.
Père, adj., modifie un nom ou un pron., 13.
Pis, adv., modifie un verbe ou un autre adv., 72.
Plaindre, sa conj.,
Plaire, sa conj., 56.
Pléonasme (du), 215.52.
Pleuvoir, sa conj., 56.
Pluriel (noms qui ne s'emploient qu'au), 82.
— des noms étrangers, 83.
— des mots invariables, 83.
— des noms propres, 84.
— des noms composés, 85.
Plus, 165.
Plus d'à demi, 165.
Plus d'un, sujet, 99.
Plus... plus, 185.
Plus... que, 185.
Plus-que-parfait de l'ind., 27.
— du subj., 182.
Plus tôt, plutôt, 166.
Poindre, sa conj., 56.
Point, pas, 168.
Point (du), 219.
Point-virgule, 218.
Ponctuation (de la), 217.
Possessifs (adj. ou pr.), 18, 107, 147.
Possible, 111.
Pour, son emploi, 134.
Pour que, 188.
Pourpre, 80.
Pourquoi, adv. inter., 71.
— conjonction. 75.
Pourvoir, sa conj., 52.
Pouvoir, sa conj., 52.
— son part. passé, 119.
Premier-né, 109.
Prendre, sa conj., 56.
Prendre garde que ou *que... ne*, 192.
Préposition, 69.
— (emploi de la), 160, 163.
Présent pour le passé, 157.
— pour le futur, 158.
— pour une vérité de tous les temps, 181, 182.
— du subj., 181.
Principale (prop.), 174.
Pronominal (verbe), 63, 123.
Pronoms démonstratifs, 17, 99, 146.
— possessifs, 18, 147.
— conjonctifs, 19, 100, 150.
— indéfinis, 20, 152.
— personnels, 21, 153.
Proposition (de la), 93.
— (synt. des), 171.
— coordonnées, 171.
— subordonnées, 174.
— sub. complétives, 175.
— sub. circonstanc., 187.
Puer, sa conj., 49.
Qualificatifs (adj.), 9, 101 et suiv., 141.
Quand, ses deux rôles, 74, 75.
Quant, lorsque, comme, 187.
Quant à. 74.
Que, ses trois rôles, 73.
— avec un part. passé, 120,
— son emploi, 150.
— avec le subj. ou l'ind., 178.
Que, remplaçant d'autres conj., 188.
Quelque, 112.
Quelque chose, 79.
Quérir, sa conj., 51.
Qui, sujet, 100.
— son emploi, 151.
— dans les prop. coord., 172.
— dans les prop. sub., 190.
Qui, avec le subj. ou l'ind., 178.
Quiconque, 103.
Quoi, son emploi, 151.
Quoi que, 74, 188.
Quoique, 74, 188.
Rajeunir, avec *avoir* ou *être*, 156.
Ravoir, sa conj., 52.
Réciproques (verbes), 66.
Réfléchi (verbe), 63, 123.
Règles particulières d'emploi, 141.
Relâche, 80.
Relatifs (adj. ou pr.), 19, 100, 150.
Remise, 80.
Repentir (se), sa conj., 51, 64.
Résoudre, sa conj., 56.
Rester, avec *avoir* ou *être*, 156.
Rien, 169.
Rire, sa conj., 56.
Sache (que je), gall., 201.
Saillir, sa conj., 51.
Sans que ou *que... ne*, 188, 194.
S'arroger, son part. passé, 124.
Savoir, sa conj., 52.
Se garder que ou *que... ne*, 192.
Semble (il), avec le subj. ou l'ind., 177.
Sentir, sa conjug., 51.
Seoir, sa conj., 52.
Servir, sa conj., 51.
Servir à ou *de*, 131.
Si, ses deux rôles, 74.
Si, 187.
Si, tant, 167.
Signes orthographiques, 3, 88.
Singulier (noms qui ne s'emploient qu'au), 82.
Soi, son emploi, 154.
Solde, 80.
Son, sa, ses ou *en*, 148.
— ou *leur*, avec *chacun*, 148.
— ou *le, la, les*, 149.
Sortir, sa conj., 51.
— avec *être*, 156.
Souffrir, sa conj., 51.
Sourdre, sa conjug., 56.
Subjonctif, sa valeur, 28.
— son emploi dans les prop. sub., 175 et suiv.
— au lieu du conditionnel, 179.
Subordination des prop., 187.
Substantif (voy. Nom).
Suffire, sa conj., 56.
Suivre, sa conj., 56.
Sujet du verbe, 24.
Sujet (accord avec le), 94 et suiv.

Superlatif, 13.
Supplément au nom, 76.
— aux signes orthographiques, 88.
Supposé, accord, 122.
Sur, son emploi, 136.
Surseoir, sa conj., 53.
Syllabes, 2.
Syllepse (de la), 216.
Syntaxe, 93.
— d'accord, 94.
— de complément, 125.
— d'emploi, 141.
— des propositions, 171.
Taire, sa conj., 56.
Tandis que, durant que, 189.
Tant, si, 167.
Tel... qui, 152.
Témoin, 111.
Temps, 26.
— (leur différence avec les modes), 42.
Temps (emploi part. de certains), 157.
Verbe, 23.
— (compl. circ. de), 138.
Tenir, sa conj., 51.
Tomber, avec *avoir* ou *être*, 156.
Tomber à terre ou *par terre*, 160.
Tout, 113.
Tout à coup, tout d'un coup, 166.
Tout de suite, 166.
Tout... que, 187.
Traire, sa conj., 57.
Trait d'union, 3, 90.
Travail, 81.
Tréma, 3.
Trembler que ou *que... ne*, 191.
Très, bien, 167.
Trompette, 80.
Un de, avec un part., 121.
Vaincre, sa conj., 57.
Valoir, sa conj., 53.
— son part. passé, 123.
Vendeur, 76.
Venir, sa conj., 51.
— avec *être*, 156.
— empl. comme auxil. 197.
— (sujets et compléments du), 24.
— actif, 29, 118.
— auxiliaires, 29, 156.
— passif, 59, 121.
— neutre, 60, 122.
— impersonnel, 67, 124.
— (accord du), 120.
— (compl. du), 129.
— (emploi du), 150.
Vêtir, sa conj., 51.
Vieillir, avec *avoir* ou *être*, 156.
Vingt (accord de), 106.
Virgule (de la), 217.
Vis-à-vis, en face, 162.
Vivre, sa conj., 57.
Voici, voilà, 69, 162.
Voile, 80.
Voir, sa conj., 53.
Vouloir, sa conj., 53.
— son part. passé, 119.
Voyelles, 1.
Y, sa prononciation, 1.
Y, pronom, 22.
— ses deux rôles, 72.
— se dit des choses, 154.

www.ingramcontent.com/pod-product-compliance
Lightning Source LLC
Chambersburg PA
CBHW070837300326
41935CB00038B/890

* 9 7 8 2 0 1 4 4 8 4 1 2 0 *